Préface

Co-auteurs de ce livre, nous avons enseigné l'ancien français à des étudiants de DEUG, de licence, de CAPES et d'Agrégation, aboutissant par des approches différentes (phonétique, dialectologie, critique et édition de textes pour l'un de nous, étude comparative des systèmes morpho-syntaxiques du latin au français moderne pour l'autre) à la constatation commune que les horaires universitaires ne permettent pas de mener à la fois un enseignement valable de la langue médiévale et la lecture expliquée des textes au programme.

Cette dernière tâche étant par nature appropriée chaque année à des textes renouvelés, il était souhaitable qu'un manuel de large initiation pût soulager les professeurs d'une bonne partie de la première tâche, la plus lourde et la plus ingrate, en fournissant aux étudiants le cadre, les paradigmes et les règles d'agencement d'un état ancien de la langue relativement stable d'un texte à l'autre.

Les manuels existants nous ont paru à l'usage ou trop succincts pour servir au-delà de la première année, ou inaccessibles aux débutants (que sont souvent même les candidats aux concours). Sans méconnaître la lumineuse simplicité des uns, la richesse et la rigueur des autres auxquels nous devons beaucoup, nous nous sommes tenus à mi-chemin entre les deux, réalistes, conscients de n'offrir qu'une « petite grammaire » suffisant aux besoins courants d'un bout à l'autre de la scolarité universitaire, et d'autant mieux mémorisable. En fin de volume, un copieux index doit permettre une consultation fréquente et rapide.

A la suite de cette préface (p. 6) est donnée une courte liste d'ouvrages dont l'étudiant ne doit pas ignorer l'existence. Nous rendrons à chaque auteur ce qui lui revient quand nous partagerons son choix sur un point litigieux (mais nous avons renoncé à signaler les emprunts limités à des exemples). La destination modeste de notre livre, la prolifération et la caducité des manuels, des thèses ou des articles concernant l'ancien français nous ont détournés d'offrir ici l'inventaire plus complet qu'il appartient aux professeurs d'établir, de tenir à jour et d'ajuster chaque année aux besoins de leur auditoire.

Cette liste sera suivie d'un répertoire des textes, collections et ouvrages les plus souvent cités, dans l'ordre alphabétique des titres ou des noms d'auteur éventuellement abrégés (pp. 7-8).

Quelques pages (9-12) présenteront enfin, avant le début de l'exposé grammatical, les conventions que nous avons observées pour l'écriture de l'ancien français. Quant au latin, nous l'avons écrit en usant pour la clarté des « lettres ramistes » j et v figurant respectivement les consonnes yod et [w] que les Latins confondaient graphiquement avec les voyelles [i] et [u].

Les étudiants de français ne sont pas les seuls lecteurs qu'intéressent la clarté et la concision de l'exposé. A l'historien pour déchiffrer les documents du Moyen Age et à tout amateur de littérature pour savourer dans le texte même Perceval *ou* Aucassin, *un auxiliaire comme notre petite grammaire est nécessaire et souvent suffisant. Nous n'avons visé ni haut, ni bas, mais large.*

Henri BONNARD et Claude RÉGNIER

Principaux ouvrages à consulter

Latin vulgaire

Veikko VÄÄNÄNEN, *Introduction au latin vulgaire*, 2e éd. 1967, Klincksieck.

Grammaires

Kristoffer NYROP, *Grammaire historique de la langue française*, tomes II, III, V, VI (1924-1936), Picard.

Gérard MOIGNET, *Grammaire de l'ancien français*, 2e éd. 1976, Klincksieck.

Gaston ZINK, *L'ancien français*, 1987, P.U.F. (Que sais-je ?)

Guy RAYNAUD de LAGE, *Introduction à l'ancien français*, nouvelle édition par G. Hasenohr, 1990, SEDES.

Morphologies

M.K. POPE, *From Latin to modern French*, revised edition 1952, Manchester University Press.

Hans RHEINFELDER, *Altfranzösische Grammatik*, t. 2, 1967, Max Hueber Verlag.

Pierre FOUCHÉ, *Le Verbe*, éd. refondue 1967, Klincksieck.

André LANLY, *Morphologie historique des verbes français*, 1977, Bordas.

François de LA CHAUSSÉE, *Initiation à la morphologie historique de l'ancien français*, 1977, Klincksieck.

Gaston ZINK, *Morphologie du français médiéval*, 1989, P.U.F.

Syntaxes

Lucien FOULET, *Petite syntaxe de l'ancien français*, 3e éd. 1930, Champion.

Philippe MÉNARD, *Syntaxe de l'ancien français*, 3e éd. 1988, Bière.

Références fréquentes

(Sauf indication contraire, un seul numéro de référence est celui du premier vers cité)

Alexis : *Vie de saint Alexis* (milieu du XIe siècle, aut. inconnu), éd. Christopher Storey, TLF 1968.

Auc. : *Aucassin et Nicolette,* chantefable (env. 1200, aut. inconnu, du N. ou du N.-E.), éd. Mario Roques, CFMA 1965 (Réf. : n^{o} de laisse ou de chapitre, n^{o} de vers ou de ligne).

3 Av : *Des trois aveugles de Compiègne* (XIIIe siècle, Courtebarbe), v. plus loin *Fabliaux.*

Becket : *La vie de saint Thomas Becket* (1171-74, Guernes de Pont-Sainte-Maxence), éd. Em. Walberg, CFMA 1936.

Béroul : *Le roman de Tristan* (XIIe siècle), éd. Ernest Muret, CFMA, 4e éd. revue par L. M. Defourques 1957.

CFC : *Code du français courant* (H. Bonnard, Magnard 1981).

CFMA : Collection *Classiques français du Moyen Age,* éditions Honoré Champion.

Ch. Ch. : *Le Chevalier de la Charrette,* v. Chrétien de Troyes.

Chrétien de Troyes : *Les romans de Chrétien de Troyes* (fin du XIIe siècle), d'après la copie de Guiot, CFMA ; tome I : *Erec et Enide,* éd. Mario Roques 1955 ; t. II : *Cligès,* éd. Alex. Micha 1957 ; t. III : *Le chevalier de la charrete,* éd. Mario Roques 1967 ; t. IV : *Le chevalier au lion* (*Yvain*), éd. M. Roques 1967 ; t. V-VI : *Le conte du Graal* (*Perceval*), éd. Félix Lecoy 1972-75.

Cligès : v. Chrétien de Troyes.

Cour. : *Le couronnement de Louis* (XIIe siècle, aut. inconnu), éd. Lepage, TLF (rédaction de A2, accessoirement de B1 ou C).

3 D. : *Des trois dames de Paris* (environ 1320, Watriquet de Couvin), v. plus loin *Fabliaux.*

Dole : *Le roman de la rose ou de Guillaume de Dole* (1228, Jean Renart), éd. F. Lecoy, CFMA 1977.

Erec : *Erec et Enide,* v. Chrétien de Troyes.

Eul. : *Cantilène de sainte Eulalie* (env. 881, aut. inconnu), éd. R.-L. Wagner dans *Textes d'étude* TLF 1949.

Fabliaux français du Moyen Age : éd. Ph. Ménard, TLF t. I 1979.

Feuillée : *Le jeu de la Feuillée* (env. 1276, Adam de la Halle), éd. Dufournet, Story-Scientia 1977.

Mort Artu : *La mort le roi Artu* (XIIIe siècle, aut. inconnu), éd. J. Frappier, TLF 1964 (Réf. : chapitre, ligne).

Perc. : *Le conte du Graal (Perceval)* v. Chrétien de Troyes.

***P. Or.* :** *La prise d'Orange* (XIIe siècle, aut. inconnu), éd. Cl. Régnier, Klincksieck 1970.

***Queste* :** *La queste del saint Graal* (env. 1220, aut. inconnu), éd. A. Pauphilet, CFMA 1923 (Réf. : page, ligne).

***Renart* :** *Le roman de Renart* (XIIIe siècle, aut. inconnu), éd. Ernest Martin, 3 vol. Strasbourg 1882-87 (Réf. : branche, vers) ; éd. Mario Roques, CFMA, 5 vol. 1948-60 (Réf. : vers).

***Rol.* :** *La chanson de Roland* (fin du XIe, peut-être de Turold ; ms. anglo-normand), éd. G. Moignet, Bordas 1969.

***Rose* :** *Le roman de la Rose* (v. 1-4028 écrits par G. de Lorris entre 1225 et 1230, v. 4029-8226 écrits par J. de Meun entre 1268 et 1278), éd. F. Lecoy, CFMA 3 vol. 1966-70.

***SATF* :** collection *Société des anciens textes français,* éd. Picard.

***SPH* :** *Synopsis de phonétique historique* (H. Bonnard, SEDES).

***Thèbes* :** *Le roman de Thèbes* (milieu du XIIe siècle, aut. inconnu s. d. poitevin), éd. Raynaud de Lage, CFMA t. I 1966, II 1968.

***TLF* :** collection *Textes littéraires français,* éd. Droz, Genève, et Minard, Paris.

***Vair P.* :** *Le vair palefroi* (XIIIe siècle, Huon le Roi), éd. Arthur Långfors, 2e éd. 1921.

***Villeh.* :** Villehardouin, *La conquête de Constantinople* (début du XIIIe siècle), éd. Ed. Faral, Les Belles Lettres 1961 (Réf. : n^{o} du §).

***Yvain* :** *Le chevalier au lion (Yvain),* v. Chrétien de Troyes.

Notions préliminaires sur l'écriture de l'ancien français

Une description grammaticale élémentaire du français moderne ne pourrait faire abstraction ni des différences entre l'orthographe des formes et leur prononciation, ni des signes oraux et graphiques marquant la structure des phrases. Le problème se pose aussi, mais dans d'autres conditions, à qui entreprend de décrire l'ancien français.

Dans un manuel accessible à des débutants, nous n'avons pas voulu adopter systématiquement une graphie phonétique trop éloignée de l'usage des textes, comme il est fait dans des ouvrages plus savants. Quand l'exposé de la norme ancienne imposait une notation phonétique, nous avons choisi le système de transcription le plus proche de l'alphabet usuel, celui de J. Bourciez dont les conventions, données par cet auteur dans plusieurs ouvrages, sont rappelées pp. 8 et 9 de la *Synopsis de Phonétique Historique.* Quand il était utile de distinguer les syllabes frappées de l'accent, nous l'avons fait en les soulignant (par ex. p. 96).

Nous avons appelé « ancien français » la langue écrite commune au domaine d'oïl jusqu'à la fin du XIIIe siècle, marquée dans les textes de différences dialectales surtout phonétiques et graphiques dues à l'origine des écrivains ou des copistes, mais dont l'unité structurale était favorisée par les déplacements des clercs et des trouvères et par la prépondérance de l'administration royale. Nos tableaux de déclinaison et de conjugaison font état des formes **de ce français commun qui portait en germe le français moderne**. Les variantes dialectales importantes sont indiquées dans des notes et des remarques, à moins qu'elles ne découlent de la seule application des règles phonétiques propres à chaque dialecte (comme *chil* pour *cil* en picard).

Certains points ont demandé réflexion. Ainsi, nous attirons l'attention du lecteur sur la graphie des mots qui comportaient en roman un *o* fermé tonique libre comme *flore, meliore, dolorosu, toa* (cl. *tŭa*). Cet *o* fermé s'est diphtongué par renforcement de la fermeture dans la partie finale de la voyelle : [ọ] > [ou], diphtongaison attestée par la *Cantilène de sainte Eulalie* (Xe siècle) qui distingue *ou* de *bellezour* (lat. *bellatiorem*) et *o* venu d'*o* fermé entravé dans *colpes* (lat. *culpas*). Mais les plus anciens manuscrits ont *flor, meillor, doloros, toe* ; partant de ces formes, Kr. Nyrop a supposé que la diphtongaison de l'*o* n'était pas faite au XIIe siècle et a adopté dans sa grammaire historique (t. II) les formes avec *o* (*flor,* etc.), suivi par la plupart de ses continuateurs. En fait, ces manuscrits étaient normands ou anglo-normands, copiés dans des régions où la diphtongue [ou] s'est simplifiée en *o* fermé par chute de l'élément *u* ; cet *o,* devenu rapidement [u], est noté par *o* ou *u* dans les manuscrits anglo-normands comme celui de la *Chanson de Roland* ; plus tard, la graphie la plus répandue sera *ou.*

Dans une autre zone comprenant essentiellement le domaine picard et l'Ile-de-France, [ou] s'est différencié en [œu̯] qui a abouti à [œ̣] noté *eu* (SPH p. 24). On trouve *eu* au XIe siècle dans le *Domsday Book*, puis dans des manuscrits comme ceux de Chrétien de Troyes (*aventureuse, merveilleuse*) sauf devant *r*, où le *u* a été absorbé par *r* à la mode champenoise (*seignor, enor*). Dans la région parisienne, il semble qu'on ait utilisé les deux traitements jusqu'à ce qu'une option ait été prise en faveur de [œ̣]. Les chansons de geste posent un problème particulier : dans presque toutes, par tradition poétique, les assonances en [u] admettent ensemble les produits d'*o* fermé libre et d'*o* fermé entravé ; *plurt* (de *plōret*) assone avec *jurs* (de *diŭrnus*) dans la *Chanson de Roland ; proz* (de *prōdis*) assone avec *cort* (de *cōrtem*) dans le *Charroi de Nîmes.*

Le [l] latin devant consonne s'est vocalisé en français vers le XIe siècle, prenant un timbre proche de [u], écrit *l* ou *u* ; nous avons choisi en principe la graphie *u* dans les paradigmes où le cas se présentait.

Là où nous avions à illustrer d'exemples authentiques les valeurs d'emploi des catégories morphologiques et les règles de l'agencement syntaxique, nous avons évidemment respecté à la lettre les textes cités, avec leurs particularités dialectales ou régionales d'orthographe et de morphologie, en les reproduisant sous la forme qui leur est donnée dans les éditions modernes classiques. Les éditeurs du XXe siècle ne corrigent pas systématiquement les textes comme l'ont fait leurs prédécesseurs du XIXe siècle : quand il existe plusieurs manuscrits différents d'une même œuvre, ils les comparent tous page par page pour déterminer le meilleur témoin, qu'ils publient alors avec un minimum de retouches. Une interprétation et une adaptation du texte original restent en effet nécessaires pour le rendre accessible à des lecteurs sans formation de paléographes. Il faut savoir qu'on applique pour cela les conventions suivantes, publiées par Mario Roques (*Romania* LII, 1926, pp. 243-249) :

a) Résolution des abréviations :

Pour ménager le parchemin, les scribes usaient largement d'abréviations comme *DS* pour *Deus, mlt* pour *multum* ou *mout* ; les éditeurs modernes restituent les mots sous leur forme complète. Les scribes marquaient souvent l'abréviation par un trait horizontal plus ou moins sinueux, appelé *titulus* (de *titulare*, abréger), d'où le mot espagnol *tilde* ; le tilde notait particulièrement le timbre nasal des voyelles suivies d'un *n* ou d'un *m* qu'il dispensait d'écrire : *tāt* (= *tant*), *cōte* (= *conte*) ; les éditeurs modernes restituent les consonnes nasales. De toutes ces abréviations, ils ne conservent que l'emploi d'*-x* pour *-us* après voyelle en fin de mot : *Diex* (= *Dieus*), *chevax* (= *chevaus*).

b) Distinction de *u* et *v*, *i* et *j* :

Les consonnes françaises [v] (ex. *vous*) et [ž] (ex. *majeur*), inconnues du latin, provenaient le plus souvent de semi-consonnes latines écrites respectivement *u* et *i* (*uos, maiorem*) comme les voyelles [u] de *tum* et [i] de *is*, qui avaient les mêmes points d'articulation. Les lettres *u* et *i*, suffisantes en latin, continuèrent dans les manuscrits français, et dans les livres imprimés jusqu'au XVIIe siècle, à noter d'une part deux voyelles et d'autre part deux consonnes très différentes de celles-ci. Pour éviter les ambiguïtés qui en résultent continuellement, les éditeurs modernes notent les deux consonnes par des lettres *v* et *j* (introduites par Ramus en 1562 dans l'impression de sa *Gramere*).

c) Emploi de l'accent aigu :

L'usage moderne des accents (aigu, grave, circonflexe) est né dans les premiers siècles de l'imprimerie. Les manuscrits latins usaient seulement d'un *apex*, sorte d'accent aigu, pour lever certaines ambiguïtés, et notamment pour distinguer la voyelle *i* comme le fera plus tard le point. Les éditeurs modernes de textes français du Moyen Age ont délibérément introduit l'accent aigu pour marquer l'*e* tonique (ouvert ou fermé) par opposition à l'*e* atone en finale absolue (comparer *pié* de *pedem* et *pie* de *pica*) et devant *-s* final (comparer *celés* de *celatos* et *celes* de *eccillas*) sauf dans les monosyllabes (comme *des* de *de illos, nes* de *nasum* ou *naves, tres* de *trabes*) où la confusion n'est pas à craindre.

d) Emploi du tréma :

Le tréma apparaît dans certains manuscrits anglo-normands du XIIe siècle sous la forme d'un double accent distinguant les syllabes lorsque deux voyelles contiguës admettaient plusieurs interprétations. L'usage en a été rare et très flottant jusqu'à l'époque de l'imprimerie. C'est donc de leur propre chef que les éditeurs modernes en usent systématiquement pour marquer l'appartenance d'une voyelle à une syllabe distincte, comme l'a fait F. Lecoy dans ces vers de *Perceval*, octosyllabes (éd. Champion) :

> *Qant mes sire Gauvains l'oï,*
> *si s'an mervoillë et tressaut* (4454-5).

e) Emploi de la cédille :

La cédille (espagnol *zedilla*, « petit *z* »), usitée anciennement en Espagne, était inconnue des manuscrits en langue d'oïl, qui usaient quelquefois d'un *e* intercalaire pour marquer le timbre « doux » de la lettre *c* devant un *a* (*il lancea*) ou un *o* (*nos lanceons*). Quand les scribes ont omis ce signe, les éditeurs modernes y ont généralement suppléé en recourant à la cédille ; par exemple, F. Lecoy écrit dans *Perceval* : *ça* (4201), *chauça* (1685), *peçoier* (3128).

f) Emploi de l'apostrophe :

L'usage de l'apostrophe était inconnu des scribes. L'élision de la voyelle finale des petits mots grammaticaux devant l'initiale vocalique d'un mot suivant était notée par sa simple disparition : *jai* (= *jo* ou *je ai*), *nont* (= *ne ont*), *leüst* (= *le* ou *la eüst*), *loriot* (= *le oriot*), *samie* (= *sa amie*). Dans tous ces cas, les éditeurs modernes usent de l'apostrophe.

g) Emploi de la majuscule :

Dans les manuscrits médiévaux, des lettres capitales étaient usitées dans les titres, au début de certains développements et au début des vers ; c'est à partir du XIVe siècle qu'elles distinguèrent le début de certains mots. Les éditeurs modernes de textes anciens en font le même usage que pour le français d'aujourd'hui.

h) Ponctuation :

Les manuscrits français des XIIe-XIIIe siècles ne connaissent guère d'autre signe de ponctuation que le point, dont la signification était plus logique ou rythmique que grammaticale, délimitant des phrases ou des membres de phrase sans obligation et sans observation stricte d'une hiérarchie syntaxique. Un point renforcé d'un trait oblique (point-virgule) marquait dans certains manuscrits une ponctuation forte, en particulier exclamative (*Ha* ; *lasse* ;). Deux points pouvaient entourer des mots distingués du texte et principalement des lettres employées en fonction de chiffres ; les éditeurs modernes conservent ce dernier usage :

> *Bués .XII. et sis hierches avoient* (*Perc.* 84)
> [Ils avaient douze bœufs et six herses].

Pour le reste, ils distribuent la ponctuation (points, virgules, points-virgules, tirets, parenthèses, guillemets) de leur propre chef selon les règles de grammaire et de sens qu'applique l'écriture du français moderne. Toute ponctuation d'un texte ancien édité repose donc sur une interprétation et peut être corrigée en fonction d'une interprétation meilleure.

Voici comment il faut lire, et comment on éditerait aujourd'hui, la colonne de droite du manuscrit illustrant la couverture de cette grammaire (folio 165 recto du *Tristan* en prose, XIIIe s., B.N. fonds français MS 776) :

"Car, certes, fait ele, por l'amor d'un seul chevalier errant qui jadis soloit herbegier en son ostel, voel je bien a tous chevaliers errans". Aprés ce que li doi chevalier qui l'ostel avoient demandé vinrrent, il se misent maintenant en une chambre et la furent maintenant desarmé. La dame vint a eus, si les prent par les mains et les maine avec l'autre chevalier et se aucuns me demande qui li doi chevalier estoient, je diroie que li uns ot non Kex li senescaus et li autres Dynadans. Ambedoi boin chevalier estoient et boines paroles avoient.

Quant il furent tout trois assis li uns contre l'autre, Dynadans, qui plus estoit emparlés que ses compains, parole tout premerainement et dit au chevalier : "Qui estes vous ?" Li chevaliers respont tantost : "Sire, je sui chevaliers errans. Et estes vos

I. LES MOTS

1. MOTS NON VERBAUX

A. LA DÉCLINAISON EN ANCIEN FRANÇAIS

1. Réduction du nombre des cas

Les noms, pronoms et adjectifs du français proviennent en majorité du latin. Ces classes de mots étaient affectées en latin d'une variation en **cas** (*désinence casuelle*) marquant leur fonction dans la phrase.

Les désinences casuelles des noms et des adjectifs différaient selon le nombre du mot (ex. accus. sing. *rosam*/plur. *rosas*), selon son genre (ex. acc. masc. *bonum*/fém. *bonam*) et selon la classe de déclinaison (ex. génitif : 1e *rosae*/2e *muri*/3e *civis*/4e *manus*/5e *glaciei*).

En latin vulgaire, les 4e et 5e déclinaisons, très peu représentées, furent assimilées respectivement à la 2e (génitif *mani* d'après *muri*) et à la 1re (génitif *glaciae* d'après *rosae*).

Le cas vocatif avait la même terminaison que le nominatif, sauf à la 2e déclinaison (nom. *amicus*/voc. *amice*) ; le latin parlé acheva de supprimer cette distinction (*Amicus, vale* Inscriptions de Pompéi). A la même époque, l'*m* écrit à la fin des mots avait cessé de se prononcer : on ne distinguait plus à l'oreille *rosăm* et *rosă, consulem* et *consule* ; l'ouverture de *ŭ* en *o* (SPH p. 12) fit confondre *murum* et *muro* ; ces confusions de cas s'ajoutaient à d'autres plus anciennes (datif et ablatif singulier *muro, forti,* plur. *muris, fortibus*) et furent aggravées par la disparition aux IIIe et IVe siècles des distinctions de durée (nom. *rosă*/ablat. *rosā*). Mais le développement d'autres marques fonctionnelles (prépositions, ordre des mots) avait rendu le plus souvent superflues les marques casuelles, si bien qu'on aboutit vers le milieu du premier millénaire après J.-C. sur tout le domaine latinophone (la Romania) à la réduction de la déclinaison des noms et des adjectifs à deux cas :

- un **cas sujet** (CS en abrégé) continuant le nominatif latin confondu avec le vocatif ;
- un **cas régime** (CR en abrégé) assumant seul ou avec préposition les fonctions précédemment dévolues à l'accusatif, au génitif, au datif et à l'ablatif.

Cette distinction même disparut à peu près partout sauf en Gaule, où elle se transmit au français et au provençal.

Remarques : a) Le génitif pluriel latin en *-ōrum* survit en ancien français dans le pronom et adjectif *lor, leur* (de *illorum*, § 23) et dans quelques locutions fossiles comme *la Geste Francor* (« les Annales des Francs » *Rol.* 1443), *la gent paienur* (« la race des païens » *Rol.* 1019).

b) Dans la déclinaison des pronoms, un datif s'est souvent maintenu, avec des fortunes diverses (v. §§ 23, 25, 32, 34, 37, 42, 46, 47, 48).

2. Elimination du neutre

Un changement important du latin au français dans la morphologie du nom est la **disparition du genre neutre.**

A l'accusatif singulier, les mots neutres comme *dorsu(m), vinu(m)* et *cornu* se confondaient avec les masculins comme *muru(m)* ; par analogie, leur nominatif singulier fut très souvent refait sur le modèle de *murus* : on lit *dorsus* chez Plaute, *vinus* chez Pétrone, *cornus* chez Varron. Le rattachement au masculin gagna d'autres types de neutres comme *caput* qui devint au singulier CS **capus* (a. fr. *chiés*)/CR**capum* (a. fr. *chief*).

Au nominatif et à l'accusatif pluriel, tous les neutres latins se terminaient par une voyelle *-ă*, ancienne marque de « collectif ». La confusion de cette désinence avec l'*-ă* du CS singulier de la 1re déclinaison féminine (*rosa*) entraîna le remplacement du singulier *gaudium* par le féminin *gaudia* (a. fr. *joie*), de *granum* par *grana* (a. fr. *graine*), de *labrum* par *labra* (a. fr. *levre*), etc.

Certains noms neutres latins, par l'effet des deux analogies, ont donné en ancien français un nom masculin et un nom féminin :

le grain (de *granum*)	*le fueil* (de *folium*)	*le pré* (de *pratum*)
la graine (de *grana*)	*la fueille* (de *folia*)	*la pree* (de *prata*)

Le sens est différent dans *braz*, « membre supérieur » (de *bracchium*) et *brace*, « les deux bras » ou « la brassée » (de *bracchia*) ; la *brasse* marine mesure 1,60 m.

Remarques : a) Plusieurs noms féminins comme *arme, paire,* continuant des neutres pluriels latins en *-a* (*arma, paria*), se sont écrits au pluriel sans *-s* en ancien français :

> *S'oste ses arme* (*Richars li biaus* 2255)
> [Il ôte son armure]

Cet usage, vite éliminé, s'est conservé jusqu'à nos jours pour le nom de nombre cardinal *milie, mile, mille,* du lat. *milia* (§ 53).

b) Alors que le neutre a disparu dans la déclinaison du nom avant les premiers textes français, il s'est conservé jusqu'à nos jours dans le domaine des pronoms.

c) L'adjectif conserve en ancien français une forme de neutre, employée seulement en fonction d'attribut d'un mot neutre (pronom, infinitif) :

> *Ço est* ***bon*** (au lieu de *bons*, masculin, cf. § 12).

B. L'ARTICLE

3. Formes de l'article défini

Le démonstratif latin *ille* (v. *cil* § 32), selon qu'il était employé comme pronom ou comme adjectif, a donné en français le pronom personnel de la 3e personne *il* (v. § 23) ou l'article défini.

En position proclitique (partageant l'accent du nom qu'il déterminait), l'adjectif *ille* a perdu sa première syllabe (« aphérèse », SPH 13) : *illu(m) muru(m)* > **lu muru.*

L'article présentait en ancien français les formes suivantes :

	MASCULIN		FÉMININ	
	Singulier	Pluriel	Singulier	Pluriel
Cas sujet Cas régime	***li*** (1) ***lo, le*** (3)	***li*** (2) ***les*** (4)	***la*** (5)	***les*** (6)

(1) lat. vulg. **ĭllī* (§ 23) ;
(2) lat. *ĭllī* ;
(3) lat. *illŭm* ; affaiblissement du timbre [u] en [o], puis [ẹ] dès le XIIe siècle ; l'*o* a pu se refermer en *u* en anglo-normand : *lu* ;
(4) lat. *illos* ;
(5) lat. *illa* et *illam* ;
(6) lat. *illas*, CS et CR (cf. *dominas*, § 7).

Les articles *le* et *la* s'élident toujours en ancien français : *l'ami, l'erbe* ; *li* s'élide facultativement au singulier : *l'amis* ou *li amis* ; mais jamais au pluriel : *li ami.*

Des formes contractées par enclise (SPH p. 15) apparaissent dès les plus anciens textes :

— lat. *ad illum* > *a lo, al, au*
  lat. *ad illos* (*illas*) > *als* (Xe), *as* refait en *aus* (d'après *au*) au XIIIe siècle.

— lat. *de illum* > *del* > *deu* > *dou* ou *du* (SPH p. 13)
  lat. *de illos* (*illas*) > *dels* (Xe) > *des*

— lat. *in illum* > *enl* (IXe) > *el* > *eu* > *ou* > [u] écrit *ou* (SPH pp. 32, 13)
  lat. *in illos* (*illas*) > **enls* > *els* > *es*

Remarques : a) Alors qu'en français moderne les formes contractées s'emploient seulement si la préposition régit le nom suivant, l'ancien français les employait même dans des cas où le nom suivant n'est pas régi par la préposition, mais par le verbe que régit la préposition :

> *As dras vestir plus ne repose* (*Perc.* 1618)
> [Il ne tarde plus à mettre les vêtements]
>
> *Des seles metre sont engrés*
> *Li escuier.* (*Vair P.* 949)
> [Les écuyers sont empressés de mettre les selles]

b) L'article contracté *ou*, employé encore au XVe siècle (*Ou temps de ma jeunesse folle* Villon), sera remplacé au milieu du XVIe par *au*, dont la prononciation tendait vers [u] ; par analogie, *es* sera remplacé par *aux*, qui l'éliminera au XVIIe (il subsiste dans des locutions figées, comme *docteur es lettres*). Ces substitutions expliquent pourquoi on dit aujourd'hui : *en mon nom et au vôtre* (anciennement : *ou vostre*), *croire en Dieu et au diable* (anciennement : *ou diable*).

c) Le picard et le wallon ont réduit phonétiquement *illa(m)* à *le* et, par analogie, remplacé souvent *le* par *li* au CS féminin singulier.

4. Formes de l'article indéfini

En latin vulgaire, l'adjectif numéral *unus, una* pouvait perdre sa valeur numérale, redondante devant un nom singulier, en conservant seulement la valeur indéfinie : *una mulier lepida* (Plaute). Cet emploi a donné l'article indéfini français *un, une,* dont le pluriel se rencontre en ancien français devant des noms d'objets allant par paires : *unes botes, unes grosses levres,* ou des pluriels collectifs (souvent de tradition latine) : *unes lettres, unes armes* (= armure) *vermeilles,* ou pour évoquer l'étendue : *uns plains* (= plaine), *uns blés* (= champ de blé).

Sa déclinaison s'explique comme celles de *murs* et de *dame* (§ 7) :

	MASCULIN		FÉMININ	
	Singulier	Pluriel	Singulier	Pluriel
Cas sujet Cas régime	***uns*** ***un***	***un*** ***uns***	***une***	***unes***

5. Sens des articles

Si l'on appelle « référent » d'un nom (soit *r)* la « substance », c'est-à-dire la (ou les) personne(s) ou chose(s) particulière(s) que ce nom désigne quand on l'emploie dans une phrase (CFC § 108-9), on peut répartir les noms en deux classes selon qu'ils ont un référent constant (noms **propres**) ou variable (noms **communs**).

Le latin pouvait ne pas marquer la différence entre ces deux classes ; comparer :

Nero Romam incendit : Néron a brûlé Rome.

Puella rosam carpsit : La jeune fille a cueilli une rose.

En français moderne le nom commun, s'il reçoit un référent dans la phrase (valeur de « **substantif** »), ne peut apparaître que précédé d'un mot **substantiveur** (§ 123), qui marque ce sens appelé par les uns « particulier », par les autres

« **actuel** » (au sens de l'anglais *actual,* « réel »). Dans la seconde phrase des exemples précédents, cette fonction est assurée par l'article *la* devant *jeune fille* et par l'article *une* devant *rose.*

Le nom commun peut se passer de substantiveur s'il ne désigne aucun référent réel ; on dit qu'il a le sens **virtuel** ; exemple :

> *Sa lettre avait un parfum de* ***rose.***

Dès l'ancien français, un article, à défaut d'autre substantiveur, devait en principe marquer le caractère substantif du nom commun, comme dans ce vers de la *Cantilène de sainte Eulalie* (écrite vers 882) :

> *Ad une spede li roveret tolir lo chief*
> [Il ordonna de lui couper la tête avec une épée].

Les articles, employés là où le latin aurait simplement dit *spatha* et *caput,* marquent :

1. que les noms *spede* et *chief* sont des « substantifs », ayant des référents dans la réalité du récit ;

2. que l'objet r1 désigné par *une spede* n'était pas connu du lecteur avant qu'il en fût fait mention (sens indéfini), alors que r2 désigné par *lo chief* est la tête que possède notoirement la sainte qui nous est connue par les vers précédents (sens défini).

L'article défini marque donc le sens substantif et déterminé du nom. Le référent est ordinairement connu par les circonstances du contexte, comme dans l'exemple de la *Cantilène.* Il peut l'être aussi par le fait qu'il s'étend à la classe infinie de personnes ou de choses désignée par le nom (sens générique) soit au pluriel :

> *Cist apostolies deit* ***les anames*** *baillir* (*Alexis* 366)
> [Ce pape doit protéger les âmes]

soit au singulier :

> *Femme ne puet tant amer* ***l'oume*** *con* ***li hom*** *fait* ***le fenme*** [La femme ne peut aimer l'homme autant que l'homme aime la femme] (*Auc.* XIV, 17).

Cependant, comme le signifié générique d'un nom est constant, non dépendant des circonstances contextuelles, l'article dans ce cas pouvait manquer en ancien français (comme devant *femme* au début du dernier exemple).

D'autres cas d'omission du substantiveur seront présentés au § 125.

Remarques : a) On relève dans les vieux textes des articles définis conservant la valeur démonstrative de *ille* :

> *Li rois ses peres li ot* ***le*** *jor doné* (*Cour.* 50)
> [Le roi son père la lui donna ce jour-là].

b) Dans les textes poétiques, l'article est quelquefois remplacé devant un nom (généralement pluriel) par l'adjectif démonstratif (*cil, ces, cez,* cf. § 34). Il s'agit toujours de descriptions traditionnelles évoquant des tableaux connus (la nature au printemps, l'équipement d'une troupe...) ; on appelle cet emploi « épique » :

> *Florissent bois et verdissent* ***cil*** *pré,*
> ***Ces*** *douces eves retraient en canel* (*P. Or.* 40)
> [Les bois fleurissent et les prés verdissent,
> les douces eaux se retirent dans leur lit].

6. Articles indéfinis *des, du, de la*

Le français moderne a des formes d'article qui n'ont pas été mentionnées dans les paragraphes précédents :

— l'article indéfini nombrable *des,* pluriel de *un(e)*

— l'article indéfini continu *du, de la* (improprement appelé « partitif », cf. CFC § 137).

Ces articles n'apparaissent qu'exceptionnellement dans l'ancienne langue :

Envoiez, dist il, enevois
Por ***de la*** *char et por* ***des*** *pois*
Et por de bon vin orlenois (*Richeut,* fabliau du XIIe)
[Envoyez quelqu'un, dit-il, tout de suite
pour de la viande et pour des pois
et pour du bon vin d'Orléans].

Et fist ***du*** *charbon el feu metre* (*3 Av.* 104 ; XIIIe)
[Et fit mettre du charbon dans le feu].

Au lieu de ces articles, l'ancienne langue se contentait de la construction nue, comme le latin (et comme aujourd'hui l'anglais) :

Ceignent ***espees*** *de l'acer vianeis* (*Rol.* 997)
[Ils ceignent des épées d'acier viennois]

si mangierent ***pain*** *et burent* ***cervoise*** (*Queste* 129, 2)
[ils mangèrent du pain et burent de la bière].

Remarques : a) L'usage des articles *des, du, de la* se répandra au XVe siècle (après l'amuïssement de l'*s* final du pluriel).

b) Ces articles ne sont pas à confondre avec les séquences homophones très courantes à toute époque illustrées par la phrase suivante :

Il li fist coillir ***dou*** *fruit mortel* ***de l'****arbre*
[Il lui fit cueillir du fruit mortel de l'arbre] (*Queste* 211, 5)

Dans ce texte, *dou fruit* est un groupe nominal de sens déterminé, à la « construction partitive » (§ 124), complément d'objet de *coillir* ; *l'arbre* est un nom de sens déterminé, complément du nom *fruit* auquel le rattache la préposition *de* marquant ici l'appartenance.

c) Toutes ces constructions remontent au latin vulgaire où la préposition *de* sans article assumait selon les contextes les trois sens, même celui de l'article indéfini :

dederunt nobis (...) ***de pomis***
[Ils nous donnèrent des fruits] (*Voyage d'Ethérie,* IVe siècle).

C. LE NOM

7. Déclinaison des noms à radical invariable

Dans les noms latins de la 1re et de la 2e déclinaison, et dans les « parisyllabiques » de la 3e, l'évolution phonétique du radical a été la même au CS singulier et aux autres cas ; ces mots présentent donc à tous les cas en ancien français, sauf accident, un radical unique, auquel s'ajoute à certains cas la désinence *-s*, modifiée en *-z* dans les conditions phonétiques exposées plus loin (§ 9) ; exemples :

NOMS MASCULINS		NOMS FÉMININS	
Sing.	CS *li mur**s*** CR *le mur*	Sing.	CS / CR *la dame*
Plur.	CS *li mur* CR *les mur**s***	Plur.	CS / CR *les dame**s***

La déclinaison des **noms masculins** s'explique à partir des formes de la 2e déclinaison latine :

Sg	CS lat. *murus> murs* CR lat. *muru(m)> mur*	Pl.	CS lat. *muri> mur* CR lat. *muros> murs*

Les noms masculins de la 3e déclinaison avaient reçu en latin vulgaire la désinence de la seconde au nominatif pluriel :

Sg.	CS lat. *panis> pains* CR lat. *pane(m)> pain*	Pl.	CS lat. **pani> pain* CR lat. *panes> pains*

Des noms imparisyllabiques comme *pĕs/pĕdem, bŏs/bŏvem, rex/regem, vox/vocem* avaient eu leur nominatif singulier refait sur le radical des autres cas d'après le modèle parisyllabique *panis/panem* ; leur CS *piez, bues, rois, voiz* (cf. § 9) remonte donc à **pedis, *bovis, *regis, *vocis,* etc.

Certains noms masculins comme *culter, pater* n'avaient pas d'*-s* en latin au CS singulier ; en a. fr. leur CS régulier sans *-s* est souvent remplacé par une forme à *-s* analogique (*li coutres, li peres*) le distinguant du CR comme dans le type prédominant.

Sg.	CS	*li pere(**s**)*
	CR	*le pere*
Pl.	CS	*li pere*
	CR	*les pere**s***

Les **noms féminins** remontant comme *dame* à la 1re déclinaison latine (*domina*) n'avaient pas de déclinaison en ancien français ; en effet :

— l'amuïssement de l'*m* final avait rendu l'accusatif singulier semblable au nominatif ;

— au nominatif pluriel classique *dominae* s'était substituée une forme vulgaire d'origine dialectale *dominas,* semblable à l'accusatif.

Dans les noms féminins remontant à la 3e déclinaison, les cas étaient indifférenciés au pluriel (où le nominatif en *-es*, semblable à l'accusatif, n'avait pas été refait). Au singulier, le CS présente dans les textes soit une forme marquée (*nes, fleurs, genz, vertez*, du latin *navis, *floris* pour *flos* d'après *florem, *gentis* pour *gens* d'après *gentem, *veritatis* pour *veritas* d'après *veritatem*), soit une forme sans *-s* (*nef, fleur, gent, vertet*).

Sg.	CS	*la fleur(**s**)*
	CR	*la fleur*
Pl.	CS / CR	*les fleur**s***

Remarques : a) Les noms d'arbre latins comme *alnus* (fr. *aune*), *fraxinus* (fr. *frêne*), **cassanus* (fr. *chêne*), *populus* (fr. *peuple*, « peuplier »), originellement féminins, ont pris le genre masculin de la plupart des noms en *-us*.

b) Quelques noms masculins invariables comme *temps, corps, pis* (a. fr. *tens, cors, piz*) remontent à des neutres latins (*tempus, corpus, pectus*) qui ont résisté à l'attraction du type *murus* ; ils n'ont vécu en gallo-roman qu'au singulier.

Pour d'autres, le *s* (ou *z*) final en ancien français remonte à une consonne radicale du latin : *nes* (lat. *nasum*), *voiz* (lat. *vocem*).

c) Le nom *amors* présente souvent un *-s* au CR singulier, soit qu'il désigne le dieu *Amour*, soit qu'il dénote le sentiment d'amour particulièrement en association lexicalisée avec *de, par, por* :

Mandez Orable, la dame d'Aufriquant,
Qu'ele secore ***par amors*** *son amant* (*P. Or.* 1338)
[Demandez à Orable, la dame d'Afrique,
de secourir son amant par amour].

Au v. 214 de la même chanson, *par amor* qualifiant les propos de Guillaume à Guillebert dénote un sentiment plus faible :

Il l'en apele, si li dist ***par amor*** [aimablement].

8. Déclinaison des noms à radical variable

NOMS MASCULINS			NOMS FÉMININS		
Sing	CS	*li **niés***	Sing.	CS	*la **suer***
	CR	*le neveu*		CR	*la sereur*
Plur.	CS	*li neveu*	Plur.	CS / CR	*les sereur**s***
	CR	*les neveu**z***			

Dans ces noms, une variation du radical est due à la position variable de l'accent latin selon les cas : en 1re syllabe au CS sing. dans *nĕpos, sŏror*, en seconde syllabe à tous les autres cas : *nepōtem, *nepōti, nepōtes, sorōrem, sorōres.*

La variation se traduit phoniquement de façons diverses selon les voyelles affectées ; comparer :

lerre (de *latro*, « brigand »)/*larron* (de *latronem*)
enfes (d'*infans*, « enfant »)/*enfant* (d'*infantem*)
trovere, *trouvere* (de **tropator*, « compositeur »)/*trovëeur*, *trouveur* (de **tropatorem*).

Comme le montrent ces exemples, le CS masculin singulier n'est pas forcément terminé par un *-s* dans les mots de cette classe (et cela dès le latin). Bien entendu, l'extension analogique de l'*-s* (*li lerres*), quoique inutile, n'est pas rare.

Remarques : a) Deux noms masculins doivent une variation radicale non au déplacement de l'accent, mais à une différence d'entourage (la diphtongaison de l'*ŏ* initial au IVe siècle ne s'est faite qu'au CS sing., empêchée ailleurs par l'entrave résultant de la syncope de la voyelle pénultième) :

CS sing. *cuens* (lat. *cŏmes*), *uem* (lat. *hŏmo*)
CR sing. *conte* (lat. *comĭtem*), *ome* (lat. *homĭnem*).

Le CS *uem* a été concurrencé et éliminé par *on*, forme sans diphtongaison due à l'emploi du mot devant le verbe en fonction de pronom.

b) Sur le modèle des mots suffixés latins en *-o*/*-ōnem* (*latro*/*latrōnem*, *Cicero*/*Cicerōnem*), le gallo-roman a adapté une déclinaison germanique masculine en *-o*/*-ûn* : *baro*/*barûn* est devenu *baro*/*baronem*, d'où en a. fr. *ber*/*baron* ; *Hugo*/*Hugûn* a donné ainsi *Hugues*/*Hugon* ou *Hues*/*Huon*. Certains noms se présentent soit avec le CR latin comme *Charle* (de *Carŏlum*), soit avec le CR germanique comme *Charlon* (de **Carlonem*). Cette alternance se rencontre même avec des noms d'origine purement latine : CS *Pierres* (de *Petrus*)/CR *Pierre* ou *Perron*.

Le même modèle a servi en gallo-roman à créer une déclinaison féminine en *-a*/*-anem* à partir de noms germaniques en *-a*/*-ûn* : *Berta*/*Bertûn* est devenu *Berta*/*Bertānem*, d'où en a. fr. *Berte*/*Bertain*. Quelques noms propres comme *Eve*/*Evain* et quelques noms communs comme *ante*/*antain*, « tante », *none*/*nonain* et *pute*/*putain* ont suivi ce modèle.

c) Il est arrivé que les deux radicaux d'un même mot aient été maintenus en français moderne avec des sens différents : *pâtre* (de *pastor*), « berger », et *pasteur* (de *pastōrem*), « ministre d'un culte » ; *sire* (de **sĕior* pour *sĕnior*), titre honorifique, et *sieur* (CR analogique), péjoratif.

9. Altérations phonétiques affectant la terminaison

Dans la déclinaison d'un nom comme *murs*, l'addition de l'*-s* désinentiel au radical *mur* (apparaissant au CR sing.) suffit pour former le CS sing. (ou le CR plur.). Mais dans beaucoup de mots la consonne finale du radical a subi du latin au français des altérations phonétiques aboutissant à des différences entre les formes avec ou sans *-s* de flexion. Ainsi le *b* intervocalique de *trabe(m)*, accus. du latin *trabs*, « poutre », devenu *v* au IIIe siècle (SPH p. 34), s'est assourdi après la chute de l'*e* : *tref* ; mais dans le CS tiré du bas latin **trabis*, le *v* devant *s* s'est assourdi et amuï : *tres*.

Ces changements ont obéi à trois règles purement phonétiques, donc applicables aux adjectifs comme aux noms :

RÈGLE 1 (cf. SPH p. 30) :

> ***b,p*** **;** ***g,k*** **;** ***v,f,*** **;** ***l*** (précédé de *i,u*) ; ***m*** (appuyé) **tombent devant -*s*** (la sonore s'étant préalablement assourdie).

Exemples (au CS singulier) :

gabs> gas
burgus> bors
filus> fis
**capus* (§2)> *chiés*
arcus> ars
nullus> nus
drappus> dras
bŏvis> bues
vermis> vers

Sous l'influence des formes en *-s*, le CR sing. et le CS plur. ont parfois perdu anciennement leur consonne finale : *verm* est devenu *ver* à partir du CS sg. et du CR plur. *vers*.

RÈGLE 2 (cf. SPH p. 31) :

> ***d,t*** ; ***l̮*** (après *i*) ; ***n̮, n*** (après *n* ou *r*) **se combinent avec *s* pour donner l'affriquée** [ts] **notée *z*** (prononcée [s] vers 1200)

Exemples (au CS singulier) :

**pedis> piez*
cuneus> coinz
portus> porz
annus> anz
filius> fiz
diurnus> jorz

Comme dans le cas précédent, la consonne finale du radical a pu disparaître par analogie : un CR *cor*, fait sur *cors* (de *cornus*) apparaît vers la fin du XIIe siècle au lieu de *corn*.

Dans un mot comme *oz*, « armée », le groupe consonantique final *-sts* attendu à partir de l'étymon *hostis* (« ennemi ») s'est réduit à *-ts* par dissimilation.

Dans un mot comme *voiz* (de **vocis* pour *vox*), l'*-s* final s'est assimilé à une affriquée radicale (CR : *voiz*) remontant à un *k* palatalisé (*voce*> *vok̮e> *void͜ze, cf. SPH p. 34).

RÈGLE 3 (cf. SPH p. 31 : vocalisation de *l* palatal ou non devant consonne) :

> **Après *a*/*e*/*o*, un *l* suivie d'-*s* donne -*us*** et **un *l̮* suivi d'-*s* donne -*uz*** (prononcé [us] vers 1200)

Exemples (au CS singulier) :

a + l + s > aus : *caballus >chevaus* (CR sing. *cheval*)
ę + l + s > eaus : *castellus >chasteaus, chastiaus* (CR sing. *chastel*)
ẹ + l + s > eus : *capĭllus >cheveus* (CR sing. *chevel*), pic. *keviaus*
ǫ + l + s>ieus : *dŏlus> dieus* (CR sing. *duel*)
ọ + l + s>ous : *cōllus> cous* (CR sing. *col*)
a + l̮ + s>auz : **tripalius> travauz* (CR sing. *travail*)
ę + l̮ + s>ieuz : *vĕclus> vieuz* (CR sing. *vieil*)
ẹ + l̮ + s>euz : *parĭcŭlus> pareuz* (CR sing. *pareil*)
ǫ + l̮ + s>ieuz : *ŏcŭlus> ieuz* (CR sing. *ueil*)
ọ + l̮ + s>ouz : *genŭcŭlus> genouz* (CR sing. *genoil*).

10. Abandon de la flexion casuelle

Les noms féminins déclinés comme *dame*, très nombreux, se passaient de marques casuelles, opposant seulement une forme unique de singulier, sans *-s*, à une forme de pluriel, avec *-s*. Par analogie, les noms féminins pourvus étymologiquement d'un *-s* de flexion comme *fleurs* ont souvent perdu cet *-s* (§ 7). L'indication de fonction syntaxique était suffisamment donnée en français par la place des noms.

Il était sans inconvénient que l'opposition casuelle, bien marquée par l'article, fût abandonnée aussi pour les noms masculins. Dès le XIIe siècle, des infractions annoncent cette simplification de la morphologie qui s'accentuera et s'achèvera en moyen français (§ 127 R). Le CR sera maintenu aux dépens du CS pour différentes raisons, dont la plus déterminante sera sans doute le modèle du féminin où l'*-s* marquait clairement le pluriel.

Remarque : Quelques noms de personne ont conservé le CS aux dépens du du CR : *Charles, Georges, Jacques, Jules, ancêtre, chantre, cuistre, fils, maire, nonne, pâtre, prêtre, sire, sœur, traître...*

Pour les noms propres, l'*-s* est purement graphique. Les autres noms appellent des explications particulières : par exemple, le CS *fils* a pu être préféré au CR [fiʎ] qui tendait à se confondre oralement avec le féminin *fille* ; le CR de *traître*, qui était *traïteur* (lat. *traditorem*), tendait à se confondre avec *traiteur*, dérivé de *traiter*, « guide, négociateur » ; *sire* ne s'est conservé que dans la fonction apostrophe ; pour des mots d'emploi très fréquent comme *sœur*, la forme la plus courte a pu être préférée.

11. Principaux suffixes de noms en ancien français ; héritage latin

-ACE (-ASSE) remonte au suffixe féminin *-acea* (dont le masculin n'a pas été productif en ancien français) : *filasse* (de **filacea*), *terrace* (dér. de *terre*), *becace* (de *bec*), *mulace* (jeune *mule*).

-AGE (souvent -AIGE), du latin *-atĭcum*, s'ajoute à des radicaux nominaux ou verbaux pour former des noms collectifs (*visage, corage*), des noms d'action (*mariage, partage*) ou de qualité (*folage, vasselage*).

-AIL du lat. *-acŭlum*, donne des noms d'instrument (*afichail*, « agrafe », *alumail*, « mèche »).

-AILLE du lat. *-alia* (plur. neutre), indique surtout un ensemble d'objets ou d'actions : *vitaille* (de *victualia*), *esposaille* (de *sponsalia*).

-AISON/-OISON/-ISON peuvent avoir la même origine latine *-ationem* comme dans le cas d'*oreison* (*orationem*) devenu normalement *oroison* et dialectalement *orison*, ou refait en *oraison* d'après *raison, saison* (de *rationem, sationem*) ; *-ison* est aussi l'aboutissement demi-savant du suffixe *-tionem* ajouté au radical de verbes en *-ire* : *garison, garnison, honison* ; la forme *-aison* du suffixe a éliminé les autres.

-ANCE remonte au latin *-antia*, forme unique en gallo-roman du dérivé des participes en *-antem* et en *-entem* ; ex. : *aparance* (XIIe) qui sera refait en *apparence* au XIVe d'après *apparentem*.

-É remonte au suffixe masculin *-ātum* dans les noms exprimant une fonction ou son domaine d'exercice comme *comté, duché, eveché, regné* ; les deux premiers cités ont eu le genre féminin en a. fr. par confusion avec le suffixe *-itatem* (voir *-té*) ; c'est aussi le cas de *parenté*, qui l'a gardé.

-ECE (-ESSE), -ICE, -ISE, -OISE remontent à *-ĭtia*, avec un traitement plus ou moins savant de la voyelle tonique ou de la consonne : les uns disent *richece*, les autres *richoise*, les uns *service*, les autres *servise* ; la forme *-esse* l'a emporté : *simplesse, noblesse* ; mais il reste des mots comme *malice, avarice, convoitise, marchandise*.

-EE, remontant à la terminaison *-āta* de participe passé, a donné des noms d'action comme *montee* ; ajouté à des noms, il a dénoté l'action ou le contenu, la mesure : *palmee* (XIIe), « coup de la paume » ou « contenu de la main », *jornee* (XIIe), « durée d'un jour », « étape d'un jour » ou « tâche journalière ».

-EL (CR sg.), **-EAUS** ou **-IAUS** (CR pl.) fém. **-ELLE**, du latin *-ĕllus-*/*-ĕlla*, a donné des diminutifs comme *agnel(le), chastel, nacelle, prunelle* ; *-ellus* a souvent remplacé *-ulus* (**taurellum* pour *taurulum* : *taurel*) ou *-ĭllus* (**sigellum* pour *sigillum* : *seel*) ; de même *aisselle* remonte à **axella* pour *axilla*.

-EMENT, issu de noms latins dérivés de verbes comme *ornamentum, movimentum, sentimentum, vestimentum* (a. fr. *ornement, movement, sentement, vestement*), a été refait en *-iment* dans les noms dérivés de verbes latins en *-ire* (*sentiment*).

-ER, venu du latin *-are* (*collare*> *coler*) ou *-arem* (*singularem*> *sengler, scolarem*> *escoler*), a été souvent confondu avec *-ier* de *-arium* (*collarium*, Ve s.), qui l'a remplacé systématiquement à partir du XIIIe siècle (*sanglier, escolier*).

-EREZ, -ERECE (-ERESSE) continue *-arĭcium*/*-am* : *bergerece*, « bergerie », *costerece*, « petit panier », *porcherece*, « porcherie », *secheresse* (XIIe) ; le masculin *-erez* (*berserez*, « chien du tireur à l'arc ») a été remplacé par *-eret* ; voir *-esse*. Ces noms sont tous des adjectifs substantivés.

-ESSE, remontant à *-issa* emprunté au grec par le latin ecclésiastique, a donné un féminin à des noms de dignités religieuses (*abesse, diaconesse*) puis temporelles (*comtesse, duchesse, princesse*, noms sans féminin étymologique) ; à partir de ces mots, il a été employé comme simple morphème de féminin quand la marque étymologique manquait ou posait des problèmes phonétiques : *miresse*, fém. de *mire, ostesse*, fém. de *oste, deesse* là où le latin disait *dea* ; *asnesse* là où le latin disait *asina* (dont l'aboutissement *asne* se confondait avec le masculin) ; les féminins insolites *empererriz* (de *imperatricem*) et *pecherriz* (de *peccatricem*) ont été remplacés par *empereresse* (ou *emperesse*) et *pecheresse* ; *-eresse* ainsi formé, et confondu avec *-erece* de *arĭcia*, a été tenu dès lors pour le suffixe féminin correspondant au masculin *-eeur* (*-eur 2*) remontant à *-ator*, et l'on a formé *chasseresse, defenderesse, chanteresse, danseresse*, etc. Le suffixe apparaît même comme simple marque de féminin dans *diableresse, mireresse*.

-ET, fém. **-ET(T)E** continuent le diminutif latin (des noms propres) *-ĭttum*/*-ĭttam* : *Robinet, Nicolete, archet, cochet, alouette, fillette*...

-EUIL remonte à *-ŏlium* dans *orgueil* (**urgolium*), *cerfeuil* (*caerefolium*), *chèvrefeuil* (*caprifolium*) ; presque tous les autres mots en *-euil* sont des réfections d'anciens mots en *-eul* à partir du pluriel identique (*-euz* et *-eus* confondus vers 1200) ; *cercueil* a remplacé l'a. fr. *sarqueu* de la même façon.

-EUL remonte à *-iolum* dans un petit nombre de mots comme *aïeul* (*aviolum*), *filleul* (*filiolum*), *linceul* (*linteolum*), *glaïeul* (*gladiolum*), *chevreul* (*capreolum*), *escureul* (**scuriolum*) ; la plupart de ces mots ont tendu à remplacer *-eul* par *-euil* (voir ci-dessus), mais la substitution n'a survécu que dans les deux derniers.

-EUR 1 (dialectalement **-OR, -OUR**) remonte à *-ōrem*, suffixe latin masculin, mais devenu féminin en bas latin, de noms abstraits comme *calorem* (a. fr. *chaleur*), *dolorem* (a. fr. *doleur*) ; suffixe très productif : *blancheur, foleur, ireur, tristeur*...

-EUR 2, anciennement **-EEUR-** (dialect. **-EOUR**) remonte à *-atōrem*, suffixe latin de noms d'agent comme *peccatorem (a. fr. pecheeur*), *salvatorem (a. fr. salveeur*) ; il a produit de nombreux dérivés de verbe, comme *chasseur* (de *chasser*), puis de nom, et a servi à la francisation des noms d'agent latins en *-orem* empruntés comme *actor* (fr. *acteur*), *doctor* (fr. *docteur*) ; le féminin a été refait en *-erece* (voir *-esse*), et le sera en *-euse* sur le modèle des adjectifs en *-eus* quand l'*-r* et l'*-s* finals ne seront plus prononcés : *buveuse, danseuse*.

-IE, du latin *-ia* accentué sur l'*i* comme le grec *-ia* (*philosophia*), s'ajoute à des racines d'adjectif et de nom : *felonie, baronie, Picardie, diablie, glotonie* ; une fausse coupe de noms comme *chevalerie, bergerie* (dérivés de *chevalier, bergier*) fera créer le suffixe *-erie* ; d'où les noms comme *imagerie, drôlerie* ; on fera *diablerie, gloutonnerie* avec le suffixe *-erie* substitué à *-ie*.

-IER, fém. **-IERE**, remonte au latin *-arium/-aria* par une évolution phonétique mal connue, mais certaine : *archier, bergier, joaillier, routier* ; il a donné des noms de personne, des noms de réceptacle (*grenier, poulaillier*) et d'arbre (*rosier, peschier*) ; au XIIIe siècle, la diphtongue [ię] se réduisant à [ę] après une consonne palatale, on a dit *archer, berger, poulailler, pescher*.

-ILLE, remontant au suffixe diminutif *-īcŭla* (*chenille, faucille* de *canicula, falcicula*), sera très productif à toute époque : *béquille* (XVIIe), *brindille* (XVIe), *flotille* (XVIIIe) ; le masculin est peu représenté.

-IZ (-IS) remonte au latin *-īcium* ajouté à des radicaux de participe dans quelques mots comme l'adjectif *faitiz*, « bien fait », de *facticium* ; joint à un participe en *-atum*, il apparaît sous la forme *-eïz* qui s'est réduite à *-eïs* et *-is* : *laceïz* (XIIe, de *laqueare*), *laceïs, lacis* ; de même *couleïs* (de *colare*, « filtrer »), *foleïs* (de **fullare*), *ploreïs* (de *plorare*). Etendu aux verbes de toute conjugaison (*abateïs, fondis, tortis*), il sera toujours productif et s'ajoutera même à des radicaux nominaux (*chassis* XIIe, *erbis* XIIe, *lattis* XVIe). Une forme féminine se rencontre, *-isse* (du lat. *-īcia*) : *coulisse* (XIIIe).

-OIR, remontant à *ōrium*, a été productif à toute époque de noms de lieu (*parloir* XIIe) et d'instrument (*miroir* XIIe), *bougeoir* (XVIe), *laminoir* (XVIIe) ; le féminin *-oire* (lat. *-ōria*) a donné quelques noms d'instrument comme *mangeoire* (XIIe), *passoire* (XIIe).

-OIS (anciennement **-EIS**), du lat. *-ē(n)sem*, indiquait d'abord un rapport de lieu : *borgeois* (habitant du bourg), *cortois* (qui fréquente la cour), *islois* (insulaire) ; il a connu une grande fortune comme suffixe ethnique, ajouté à *Franc* dans *Franceis, François* et formant de même *Anglois, Turquois* ; il semble avoir été substitué dans ces mots au suffixe issu du germano-roman *-iscum*, car des féminins comme *francesche, anglesche*, anciennement attestés, s'expliquent par le suffixe *-isca*.

-ON remonte au lat. *-ōnem* de valeur expressive (*latronem, Strabonem, Ciceronem*) ; expressif dans des mots comme *gloton* (XIe), *louchon, souillon*, il est devenu surtout diminutif en français ; *asnon* (XIIe), *copon* (XIIe), *oisillon* (XIIIe), à l'inverse de l'italien (*ballone, medaglione, miglione*).

-OT fém. **-OT(T)E**, continuent le diminutif latin *-ottum/-am* ; variante de *-ittum* : *Guiot, Gillot, Manchot, Bichot*.

-TÉ, du préfixe féminin *-itātem*, a donné des noms de qualité tirés d'adjectifs : *amerté, bonté, cherté, durté, fierté, richeté, verté* (doublé dès le XIIe siècle de la forme savante *vérité*).

-UME remonte au latin classique *-ūdĭne* : *coutume* (de *consuetudine*), *amertume, servitume, vieillume*.

-URE continue *-ūra* ajouté à des participes passés : *mesure* (*mensura*), *escriture* (*scriptura*), *morsure* (*morsura*) ; il alterne en a. fr. avec *-eüre* (né de participes du 1er groupe comme *armeüre* d'*armatura*) : *chauceüre* (de *chaucier*) ; ajouté à des radicaux de toute sorte : *droiture* (de *droit*), *hauture* (de *haut*), *nervure* (de *nerf*), *ramure* (de *raim*).

Remarque : Il n'est question dans ce paragraphe que des suffixes hérités du latin par le gallo-roman, et productifs en ancien français.

De nombreux suffixes latins ont été introduits, adaptés au français, par des emprunts généralement postérieurs au XIIIe siècle, comme *-at* (*apostolat*), *-ateur* (*adorateur*), etc. Ils débordent notre champ d'étude, ainsi que les suffixes empruntés aux langues méridionales comme *-ade*, provençal dans *aubade* (XVe), italien dans *brigade* (XIVe), espagnol dans *camarade* (XVIe).

12. Suffixes nominaux d'origine germanique

-ART, -ARD (du germanique *hard*, « dur, fort ») a formé des noms de personne : *Eginhart, Renart*, et des noms communs : *bastart* (XIIe), *vieillart* (XIIe) ; des féminins en *-arde* sont nés sur le modèle de mots comme *tart*/*tarde* (du latin *tardum*/*tardam*) et le masculin a remplacé *t* par *d* quand les consonnes finales ont été amuïes.

-AUT, -AUD (du germanique *wald*, « maître ») a formé des noms de personne : *Guiraut, Michaut, Regnaut*, et des noms communs : *ribaut* (XIIe), fém. *ribaude, brifaut* (XIIIe).

-ENC (du germanique *-ing*) : *chamberlenc* (XIe, du francique **kamerling*), devenu *chambellan* au XVIe ; *Loherenc*, devenu *Lorrain* ; *merlanc* (XIIIe), dérivé de *merle* (poisson) et devenu *merlan* ; *tisserenc*, dérivé de *tisser* et devenu *tisserand* (XIIIe) ; *païsenc* (XIIe) dérivé de *païs* et devenu *païsant, paysan*.

13. Noms « déverbaux » (dérivation régressive)

La « dérivation régressive » consistant à tirer d'un verbe un radical pur, sans désinence (CFC § 92), était pratiquée couramment en ancien français.

Pour quelques mots, il s'agit d'un héritage latin :

— *chant* (XIIe), lié à *chanter*, continue *cantus*, lié à *cantare*.

— *saut* (X^e), lié à *sauter*, continue *saltus*, lié à *saltare*.

— *duel* (X^e), lié à *doloir*, continue *dolus*, « douleur » (IIIe s.), lié à *dolere*.

— *preuve* (XIIIe), lié à *prover*, continue *proba*, lié à *probare*.

— *luite* (XIIe), lié à *luiter*, continue *lucta* (Ausone), lié à *luctari*.

Sur ces modèles, ou spontanément, l'ancien français a tiré de radicaux verbaux des noms le plus souvent semblables à la 1ère personne du singulier de l'indicatif présent :

galop de *galoper*	*grief* de *grever*
obli d'*oblier*	*espoir* d'*esperer*
troble de *trobler*	*aveu* d'*avoer*
vol de *voler*	*achat* d'*acheter*

Certains ajoutent un *e* au radical et sont généralement féminins :

visite de *visiter* — *demeure* de *demorer*.

D'abord beaucoup moins nombreux, les féminins gagneront du terrain au cours des siècles (ils dominent aujourd'hui : *cavale, déprime*...).

Remarque : Les déverbaux ne sont pas à confondre avec les participes passés substantivés comme *dete* (XIIe), de *debita*, *confesse* (XIIe) de *confessa* (ptc. passé de *confiteri*).

D. ADJECTIFS ET ADVERBES

14. Adjectifs biformes

On appelle « biformes » les adjectifs remontant au type latin *bonus, bona, bonum*, dont le féminin est distingué en français du masculin par un *-e* final. Leur déclinaison s'explique comme celles de *murs* et de *dame* ; le neutre (indifférencié en cas) n'existe qu'au singulier (cf. § 2, Rem. c).

	MASCULIN		FÉMININ		NEUTRE
	Sing.	Plur.	Sing.	Plur.	(Sing.)
CS	*bon**s***	*bon*	*bon(n)e*	*bon(n)**es***	*bon*
CR	*bon*	*bon**s***			

L'*-s* désinentiel a subi les mêmes altérations phonétiques qu'à la fin des noms (§ 9).

Remarques : a) Les lois phonétiques ont pu faire naître du latin au français des différences de radical entres genres et entre cas :

sĭccus > *ses*	*bĕllus* > *beaus*	*vīvus* > *vis*
sĭcca > *seche*	*bĕlla* > *belle*	*vīva* > *vive*
sĭccum > *sec*	*bĕllum* > *bel*	*vīvum* > *vif*

b) Les adjectifs opposant en latin un féminin en *-(e)ra* au masculin en *-er* ont perdu cette opposition en français par le jeu des lois phonétiques : *povre* continue *pauper* et *paupera* ; comme pour *pere* (§ 7), un *s* analogique peut apparaître au CS sg., mais seulement au masculin : *povre(s)*.

15. Adjectifs uniformes

On appelle « uniformes » les adjectifs remontant aux adjectifs latins de la 3ᵉ déclinaison qui avaient comme *grandis / grandis / grande* les mêmes formes au masculin et au féminin. Il n'en est plus de même en ancien français où ces adjectifs se déclinaient au masculin comme le nom *pains* (§ 7), c'est-à-dire comme *bons*, alors qu'au féminin l'analogie de *bon(n)e(s)* (§ 14) supprimait l'opposition des cas au pluriel (*granz*) et souvent au singulier où la marque de CS disparaissait comme dans *fleur* (§ 7) :

	MASCULIN		FÉMININ		NEUTRE
	Sing.	Plur.	Sing.	Plur.	(Sing.)
CS	*granz*	*grant*	*granz* (ou-*t*)	*granz*	*grant*
CR	*grant*	*granz*	*grant*		

De ce type étaient par exemple *gentil* (*gentilem*), *fort* (*fortem*), *vert* (*viridem*), *poissant* (**possyentem*), *loial* (*legalem*), *mortel* (*mortalem*), *tel, quel* (*talem, qualem*, cf. § 40).

Leur « uniformité », seulement parfaite au CR qui survivra seul au XIVᵉ siècle, explique :

1) la forme apparemment masculine de l'adjectif conservée dans des groupes lexicalisés comme *grand-mère, grand-rue, grand-messe, lettres royaux*, et dans les noms propres comme *Granville, Rochefort, Vauvert* (où *vau-* remonte à *val* féminin comme dans *Laval*) ;

2) l'invariabilité de *fort* dans le tour *elle se fait fort de ...* ;

3) la forme des adverbes comme *savamment, prudemment* (§ 18).

Remarques : a) Au cours des siècles, le modèle biforme *bon/ bonne* s'imposera à tous les adjectifs. La tendance existait en latin vulgaire : un grammairien, dans une liste de fautes (envahissantes) à éviter (*Appendix Probi*), écrivait : « *tristis, non tristus* », en dépit de quoi on relève, dans des textes et inscriptions bas latins, *sublimus* pour *sublimis, dolentus* pour *dolens*. Le fait que les adjectifs *commun, dolz* et *cortois* ne présentent pas d'autre féminin en a. fr. que *comune, dolce* et *cortoise* oblige à penser, avec F. de la Chaussée, qu'ils remontent à **communus, *dulcius, *cortensus*. Un féminin *grande,* descendant direct du bas latin **granda,* se lit au XIᵉ siècle dans la *Vie de St Alexis* (610) et dans la *Chanson de Roland* (281), qui présente aussi *forte* (1460) et *verte* (2269). Au XIVᵉ siècle, Henri de Mondeville, dans sa *Chirurgie*, écrira *grant* le féminin de *grant* dans des locutions comme *grant plaie*, mais *grande* en position autonome : *une contusion grande*. Au XVIᵉ siècle, *grand* ne sera plus reconnu comme féminin, et le grammairien qui signe Montflory inaugurera l'usage (respecté jusqu'en 1935) de l'écrire avec apostrophe dans les mots comme *grand-mère* (*grand'mère*).

b) Une variation du radical comparable à celles des types nominaux étudiés au § 8 (*cuens / conte*, etc.) s'observe surtout dans la déclinaison des comparatifs hérités du latin (§ 19).

16. Principaux suffixes d'adjectif en ancien français

Les suffixes suivants, remontant au latin, apparaissent dans les adjectifs de formation populaire :

-ABLE, lat. *-abilem*, a été étendu à des adjectifs en *-ibilem* et *-ubilem* : *amable* (*amabilem*), *creable* (**credabilem*), *veable* (**vidabilem*) ; un adjectif comme *visible* (XIIe s.) est tiré par emprunt du latin *visibilem*. Ce suffixe, de sens passif en latin et en français moderne, exprimait souvent en ancien français une possibilité active (*aidable, pechable* : enclin à aider, à pécher), sens conservé dans *secourable, charitable, périssable* ; il n'exprime que la qualité dans *véritable* (alternant anciennement avec *verital* et *veritel*), *esperitable* (spirituel, alternant avec *esperital* et *esperitel*), *épouvantable*, etc.

-AIN, fém.**-AINE**, du lat. *-ānum / -āna*, a formé quelques noms (*vilain, chapelain, chastelain*...) et surtout des adjectifs comme *certain* (**certanum*), *lointain* (**longitanum*), *soudain* (**subitanum* pour *subitaneum*), *derrain* « dernier » (**deretranum* formé sur *de retro*, « derrière ») ; il apparaît sour la forme *-ien / -ien(n)e* par application de la loi de Bartsch : *paien* (*paganum*), *moien* (*medianum*).

-EL 1 (CR sing.), **-EAUS** ou **-IAUS** (CR plur.), fém. **-EL(L)E**, suffixes nominaux étudiés au § 11, ont également donné des adjectifs diminutifs : *blondel, fauvel, rougel, roussel* (conservés comme noms propres).

-EL 2 (CR sing.), **-IEUS** (CR plur.) remonte au latin *-ālem* : *mortel, charnel, corporel, criminel, cruel* (de **crudalem* pour *crudēlem*), *loiel* (*legalem*), *naturel, roiel* (*regalem*) ; les adjectifs de ce type ont souvent des variantes plus savantes en *-al* : *corporal, crual, loial, natural, roial* ; les pluriels en *-els* et les féminins en -*elle* apparaîtront surtout en moyen français.

-ERET, fém. **-ERECE (-ERESSE),** forme des adjectifs souvent substantivés (§ 11) : *(anel) espouserez,* "(anneau) nuptial", *(cuve) baignerece,* "baignoire".

-ET, fém. **-ET(T)E**, forme des adjectifs autant que des noms (§ 11) de sens diminutif : *blondet, doucet, follet, grosset, longuet, maigret, soavet, verdet*...

-EUS (dialectalement **-OS**, **-OUS**), fém. **-EUSE**, du lat. *-ōsum/-ōsam*, a été très productif : *dangereus, doloreus, mençongeus, rioteus, vergogneus*...

-IER, fém. **-IERE**, suffixe nominal étudié au § 11, a donné aussi des adjectifs : *droiturier, grossier, hospitalier, mençongier*...

-IF, fém. **-IVE**, du lat. *-īvum/-īvam* (*nativum*> *naïf*) s'est ajouté à des radicaux de verbe ou de nom : *aidif* (secourable), *boisif* (trompeur, enclin à *boisier*), *pensif, bontif, hastif, maladif, poestif* (puissant)...

-IN, fém. **-INE**, remonte à *-īnum/-īnam* (*divinum*> *devin, divin*) : *enfantin, ivoirin, marbrin, orin.*

-IZ (-IS), suffixe nominal étudié au § 11, apparaît anciennement dans les adjectifs *jointiz* (contigu), *masseïs, traitis* ; il a été remplacé par *-if* : *massif.*

-OT, fém. **-OT(T)E**, suffixe nominal étudié au § 11, a donné aussi des adjectifs : *manchot* (de *manc, manche*, « mutilé »), *vieillot.*

-U, fém. **-UE**, remonte au latin *-ūtum/-ūtam* ajouté à des radicaux de nom (lat. *cornutus, nasutus*) : *barbu, corsu, dentu, feuillu, ramu...*

Un seul suffixe germanique, *-art* (v. § 12), a été producteur d'adjectifs en ancien français : *coart* (de *coe*, queue), *gaillart*.

Remarque : Comme pour le nom (§ 11 Remarque), de nombreux suffixes ont été introduits (francisés) par emprunt d'adjectifs latins : *-aire*, de *-arium* (*adversaire*, alternant dès le XIIe siècle avec *aversier*), *-al* (vu sous *-el*), *-atique* (*aromatique*), *-éen* (*lycéen*), *-ible* (*credible*), etc. La plupart - comme les trois derniers cités - n'ont été productifs qu'après le XIIIe siècle.

17. Caractères et marques de la classe « adverbe » en ancien français

En ancien français comme aujourd'hui et comme en latin, la classe morphologique appelée « adverbe » se caractérisait par le fait que ces mots, dans la phrase, ne se rapportent pas comme l'adjectif à un nom ou à un pronom : ils modifient le sens d'un verbe, d'un adjectif ou d'un autre adverbe, mots qui par nature ne confèrent ni genre ni nombre. Aussi leur première marque formelle est-elle **l'invariabilité**.

Mais ils partagent ce trait avec les conjonctions et les prépositions, dont nous les distinguons aujourd'hui surtout par la différence de fonction dans la phrase. Au Moyen Age, cette différence était, de plus, formellement marquée par **l'autonomie accentuelle** de l'adverbe : il recevait un accent propre, à la différence des conjonctions et des prépositions, mots atones. C'est pourquoi il pouvait occuper la première place dans la phrase en rejetant le sujet après le verbe (« loi rythmique » étudiée au § 116) :

> *Lors but chascune* (*3 D.* 104)
> [Alors chacune but]

En latin, la classe « adverbe » pouvait être plus ou moins marquée par la terminaison :

- un adjectif était transformé en adverbe de manière par le morphème *-e* s'il était du type *bonus* : *clare, longe* ; et par *-iter* s'il était du type *fortis* : *fortiter, acriter* ; au comparatif, l'adverbe prenait la forme d'accusatif neutre : *clarius, fortius* ;
- d'autres catégories d'adverbe étaient marquées par des terminaisons d'ablatif (*jure, injuria, loco, merito, multo, retro*) ou d'accusatif (*multum, paucum, tantum, pressum, tostum, vera, primas*).

L'amuïssement des voyelles finales (sauf *a*) au VIIIe siècle a effacé la plupart de ces marques : *clare*, devenu *cler*, s'est confondu avec l'adjectif issu de *clarum* ; *quantum* s'est confondu avec *quanto* ; quelques finales ont été conservées sous forme d'*e* central : *onque* (de *unquam*), *riere* (de *retro*), *sempre* (de *semper*).

Le bas latin a créé un suffixe d'adverbe de manière, *-mente*, dont la fortune sera grande en français (§ 18). Pour les autres adverbes, aucune marque ne fut héritée.

En ancien français, deux traits formels ont tendu à se propager analogiquement dans la classe adverbe :

1. L'alternance de formes avec ou sans *e* final

Comparer :

voire	*mare*	*ore*	*lore*	*encore*	*riere*
voir	*mar*	*or*	*lor*	*encor*	*rier*
sore	*onque*	*donque*	*avueque*	*ilueque*	*come*
sor	*onc*	*donc*	*avuec*	*iluec*	*com*

Le doublet *voire/voir* peut être étymologique, le premier remontant à *vēra* (acc. plur. neutre), le second à *vērum* (ou *vēro*) ; dans la plupart des autres, la forme en *-e* est ancienne : *riere* (*retro*), *ore* (**ha hora*), *lore* (*illa hora*), *encore* (*hinc *ha hora* ou *hinc ad horam*), *mare* (*mala hora*), *onque* (*unquam*), *sore* (*super* ou *supra*). Cet *e* pouvait s'élider devant une voyelle :

> *Mar i fustes* [Vous y avez été pour votre malheur].

Cette élision, d'abord facultative, a pu s'étendre à toute position :

> *Mar le firent* [Ils l'ont fait pour leur malheur].

Ainsi ont pu naître *rier, or, lor, encor, onc, sor* ; l'analogie inverse a pu créer *donque, avueque, ilueque* à partir des formes étymologiques (sans *-e*) *donc* (lat. **dunque* pour *dunc*, fait sur *dum* d'après *tunc/tum*), *avuec* (*apud * hoque* pour *apud hoc*), *iluec* (**illoque* pour **illoc, illo*). Quant à *come*, on l'explique par *com* (lat. *quomo* pour *quomodo*) + *et* (remplaçant *ac* du latin classique).

2. Un *s* final que l'étymologie ne justifie pas toujours

Un bon nombre d'adverbes tenaient un *-s* (ou *-z*) final de leur étymon latin, par exemple *ainz* (lat. **antius*), *certes* (*certas*), *defors, deors* (*deforis*), *enz* (*intus*), *jadis* (*ja a dis*, « il y a maintenant des jours »), *mais* (*magis*), *mieus* (*melius*), *meins, moins* (*mīnus*), *pis* (*pĕjus*), *plus* (*plus*), *primes* (*primas*), *puis* (**postius*), *soz* (*sŭbtus*), *sus* (*sūssum*). Tenu pour marque adverbiale, l'*-s* a été ajouté à beaucoup d'autres adverbes : *aveques, donques, encores, gueres, lues* (de *lŏco*), *mesmes* (§ 38), *onques, ores, presques* (*pressum quod*), *sempres*.

Les poètes du Moyen Age ont longtemps maintenu, pour la commodité métrique, la liberté d'écrire certains adverbes avec ou sans *-e*, avec ou sans *-s*.

Remarques : a) On sait qu'en français moderne certains adjectifs peuvent être employés avec un sens adverbial (CFC § 229) : *les hirondelles volent* ***bas*** ; *nous écoutions* ***attentifs***. Cet usage était fréquent en bas latin :

— Le grammairien Servius blâmait au ve s. la construction (répandue) *pulchrum legit*, « il lit bien » ; un adjectif invariable la continue en ancien français :

> *Biaus fu li jors et li solaus luist cler* (*Aliscans* éd. de Halle, 5622)
> [Le temps était beau et le soleil brillait clair]

— Un adjectif épithète du sujet comme *totus, nullus* pouvait précéder un verbe dont il modifiait le sens : *is nullus venit* [Il n'est pas venu] (Plaute). Ces emplois expliquent sans doute l'*-s* final des adverbes *premiers* (*primarius*) et *volentiers* (*voluntarius*) invariables en ancien français.

b) Les adverbes exprimant une relation (de lieu, de temps, de but, de cause) ont tendu pendant toute la latinité à devenir des prépositions appelant un nom ou pronom complément ; après *Ante ibant* [Ils allaient devant], on a dit *Ante nos ibant* [Ils allaient devant nous]. Pour lutter contre cette hybridation, les Latins ont usé de plusieurs procédés :

— Composer une locution adverbiale en faisant suivre le mot hybride d'un pronom neutre complément : *interea* (*inter+ea*), *postea* (*post+ea*), *propterea*, *antea* ; de ce procédé relève par exemple l'adverbe *apud hoc* qu'on doit voir à l'origine du français *avuec* (*avec*).

— Substituer, à un hybride de sens comparatif comme *post* ou *ante*, un comparatif neutre clairement adverbial (imitant *superius, inferius*) : **postius, *antius* ; ce sont là les étymons supposés des adverbes français *puis* et *ainz*.

— Faire précéder l'adverbe d'une préposition donnant au tout la valeur d'une locution adverbiale ; le latin classique employait *ab* devant un nom pour indiquer la direction (sans idée de mouvement) : *ab oriente* [à l'est], *a tergo* [de dos] ; de là l'adverbe *abante*, étymon du français *avant*. Le bas latin, qui remplaça généralement *ab* par *de*, composa sur ce modèle *deintus* (> a. fr. *denz*), *desuper* (> a. fr. *desore*), *desubtus* (> a. fr. *desoz*), *deforis* (> a. fr. *deors, defors*).

— Faire précéder l'hybride d'un adverbe non hybride : **ecce hac / illac intus* (a. fr. *çaienz / laienz*).

Chaque adverbe ainsi reconstitué tendait de nouveau à devenir préposition, et une application récursive du troisième procédé donna des surcomposés comme *dedenz* (auj. *dedans*) et même *dededens*.

Ces raisons, auxquelles s'ajoutent des besoins phonétiques ou expressifs de renforcement, expliquent l'abondance et la complexité en latin vulgaire et en ancien français des locutions adverbiales aux éléments plus ou moins soudés.

18. Suffixes d'adverbe en ancien français

Le latin classique pouvait exprimer une « manière » par l'ablatif d'un nom comme *animus* (masc.), *mens* (fém.) accompagné d'une épithète : *attentis animis* [attentivement], *pura mente et integra* [d'une façon pure et intègre] (Cicéron). A l'époque impériale, le nom *mente* se grammaticalisa dans cette construction au point qu'elle est devenue une locution adverbiale dans toutes les langues romanes sauf le roumain.

En ancien français, la locution se compose d'un adjectif au féminin suivi du morphène *-ment* : *bonement*. Le caractère tardif de la soudure est attesté par la diphtongaison de l'*e* dans la syllabe initiale d'un adverbe comme *fierement* (*fĕra mente*) et par celle de l'*a* (phénomène du VIe s.) dans *clerement* (*clara mente*), ainsi que par la possibilité d'exprimer une seule fois le suffixe après deux adjectifs : *dure et asprement* (*Macaire*, XIIIe s.).

Les exemples donnés présentent devant *-ment* l'*e* final du féminin des adjectifs biformes. Cet *e* se retrouvait même après une voyelle : *joliement, vraiement, lieement* (*laeta mente*), position où il s'amuïra en moyen français.

Par contre, l'*e* manquait régulièrement dans les adverbes formés sur un adjectif uniforme : *gramment* (*grandi mente*), *forment* (*forti mente*), *briement* (*brevi mente*), *loiaument* (*legali mente*).

L'ancien français a formé aussi des adverbes en *-ment* sur des adjectifs non qualificatifs (*aucunement*), sur des noms (*vassalment*), sur des locutions (*sifaitement, comfaitement*), sur des adverbes (*errammment*, de l'adverbe *errant*, « très vite »).

Remarques : a) La réfection analogique des adjectifs (*grande, forte*, v. § 15 Rem.) entraîna dès l'ancien français la réfection de certains adverbes : on rencontre au XIIIe siècle *grandement* et *fortement*. Ces formes normalisées l'emporteront en moyen français, sauf pour les adjectifs en *-ant* et *-ent*, dont les adverbes restent en *-amment* et *-emment* en français moderne.

b) L'ancien français a exprimé l'attitude corporelle par une locution adverbiale composée de la préposition *a* et d'un nom dérivé en *-on(s)* : *a chatons* [comme un chat, à quatre pattes] (*Thèbes*), *a genoillons, a reculons, a tastons*. On a probablement affaire ici au suffixe nominal expressif d'origine latine *-ōnem* étudié au § 11.

19. Vestiges formels des comparatifs et superlatifs latins

L'ancien français use couramment d'une demi-douzaine de mots variables et de trois adverbes remontant à des formes latines synthétiques de comparatif :

LATIN			ANCIEN FRANÇAIS		
MASC.-FÉM. SINGULIER		NEUTRE SINGULIER (nom.-acc.) et ADVERBE	MASC.-FÉM. SINGULIER		NEUTRE (nom.-acc.) et ADVERBE
nominatif	accusatif		CS	CR	
mĕliŏr	*mĕliōrem*	*mĕlius*	*mieudre*	*meilleur*	*mieuz*
pĕjŏr	*pĕjōrem*	*pĕjus*	*pire*	*peieur*	*pis*
măjŏr	*majōrem*	*majus*	*maire*	*maieur*	
grandiŏr	*grandiōrem*	*grandius*	*graindre*	*graigneur*	
mĭnŏr	*mĭnōrem*	*mĭnus*	*mendre*	*meneur*	*meins*
sĕniŏr	*sĕniōrem*		(**seindre*)	*seigneur*	
**sĕiŏr*			*sire*	(*sieur*)	

La déclinaison est du type uniforme à radical variable (§ 15 Rem. b ; comparer *suer* § 8) :

<table>
<tr><th rowspan="2"></th><th colspan="2">MASCULIN</th><th colspan="2">FÉMININ</th><th>NEUTRE</th></tr>
<tr><th>Sing.</th><th>Plur.</th><th>Sing.</th><th>Plur.</th><th>(Sing.)</th></tr>
<tr><td>CS</td><td>mieudre</td><td>meilleur</td><td>mieudre</td><td rowspan="2">meilleurs</td><td rowspan="2">mieuz</td></tr>
<tr><td>CR</td><td>meilleur</td><td>meilleurs</td><td>meilleur</td></tr>
</table>

Employés comme titres honorifiques, *sire* (CS raccourci en apostrophe qui élimina **seindre* attesté par *sendra* dans les *Serments de Strasbourg* et par *saindre, sendhre* dans *Girart de Roussillon*) et *seigneur* (doublé de *sieur*, analogique de *sire*, au XIIIe s.) sont en a. fr. des noms. Le même sort sera fait en moyen français au CS *maire*, qui jusqu'au XIIIe siècle fonctionnait comme adjectif au sens de « plus grand » aussi bien que son CR *maieur* (confondu graphiquement avec *majeur* relatinisé).

Les quatre autres étaient employés comme comparatifs des adjectifs *bon, mal, grant* et *petit*.

Les neutres étaient surtout adverbes : *mieuz* (*mieus*), *pis, meins* (*moins*).

Des superlatifs synthétiques du latin, l'ancien français n'a directement hérité que quatre adjectifs :

> *maisme*, de *maximum*, attesté seulement dans *maismement* (« surtout »)
> *merme*, *mame*, de *minimum*
> *pesme*, de *pessimum*
> *proisme*, de *proximum*.

Un seul, *pesme*, était vraiment usité, avec une valeur obscurcie à un tel point qu'on pouvait le renforcer comme un adjectif au positif :

> *Vostre curages est mult pesmes e fiers* (*Rol.* 256)
> [Votre cœur est très violent et fier]

Remarques : a) On relève dans les vieux textes d'autres formes de comparatif comme *bellezour* (de *bellatiorem*), *joindre / joignour* (de *junior / juniorem*), *forzour* (*fortiorem*), *halzour* (*altiorem*) ; leur sens comparatif était oublié (on lit : *plus hauçor* [plus haut]).

b) Quelques formes de superlatif anciennement relevées (*altismes, grandismes, fortismes, saintismes*) sont empruntées au latin médiéval (*altissimus, grandissimus, fortissimus, sanctissimus*), usage propre à la langue des clercs.

20. Expression syntaxique du degré relatif

Là où manquaient les formes synthétiques du comparatif, le latin employait le positif précédé de l'adverbe *magis* ou (moins souvent) *plus*. Cette expression « analytique » de la comparaison concurrença l'expression synthétique en latin vulgaire (Plaute : *magis mirabiles* ; Ennius : *plus miser*). En Gaule, hormis les adjectifs mentionnés au paragraphe précédent, l'emploi de l'adverbe *plus* fut généralisé pour exprimer le degré relatif de supériorité.

La distinction du comparatif et du superlatif relatif, qui avait été morphologique en latin (*clarior*/*clarissimus*), ne releva plus en ancien français que de l'entourage syntaxique ; la valeur de *meilleur* ou de *plus vaillant* était :

— **comparative** en association avec un complément désignant un élément de comparaison étalon. Ce complément pouvait être un nom ou pronom introduit par *de* (succédant à l'ablatif latin) :

> *Ne pourquant ne poés amer,*
> *Dame, nul* ***plus vaillant de lui*** (*Feuillée* 714)
> [Pourtant vous ne pouvez aimer,
> dame, un homme de plus grand mérite que lui].

Il pouvait être aussi une proposition comparative plus ou moins elliptique introduite par *que* (succédant au latin *quam*) :

*tu es **plus durs que pierre*** (*Queste* 69,6)

— **superlative** en association avec un complément désignant l'ensemble au sein duquel l'élément qualifié se distingue par le degré de qualité. Ce complément est ordinairement un nom pluriel ou collectif ou un pronom introduit le plus souvent par *de* :

*Cels que il savoit **plus senez***
De la terre (*Vair P.* 991)
[ceux qu'il savait les plus sensés de la terre].

L'effet est le même avec un complément de lieu comme *el mont*, « au monde », ou sans complément si le contexte y supplée :

Et en l'aspreche de jouvent
*Ou li cose a **plus grant** saveur* (*Feuillée* 59)
[Et dans l'ardeur de la jeunesse,
quand la chose a la plus grande saveur].

Une marque particulièrement claire de la valeur superlative d'un adjectif épithète résulte de l'effet déterminatif qu'il opère sur l'élément désigné par le nom, effet que marque tout naturellement l'article défini (ou l'adjectif possessif) :

*Mahumet levent en **la plus halte** tur* (*Rol.* 853)
[Ils dressent Mahomet sur la plus haute tour].

*Quant cascuns ert a **sun meillor** repaire* (*Rol.* 51)
[Quand chacun sera dans son meilleur domaine].

L'article peut substantiver un adjectif au degré relatif, parfois en apposition :

*Ocist **li maires le meneur*** (*Brut* p. 72)
[Le plus grand tua le plus petit].

Floires a un duc esgardé [regardé],
***Le plus fort** et **le plus vaillant**.* (*Floire et Blancheflor* 3329)

Il faut probablement voir ce type d'apposition dans des constructions comme la suivante :

Levez de ci, si vos vestez [habillez-vous]
*De vostre robe **la plus belle*** (*Erec* 2576)

à moins qu'il ne s'agisse d'une épithète postposée comme dans *Alde **la bele*** (*Rol.* 3723).

Ce n'est qu'au XVIIe siècle que l'article deviendra la marque obligatoire du superlatif relatif qu'il est aujourd'hui.

Remarque : L'adverbe, comme l'adjectif, prend selon les contextes la valeur de « comparatif » :

Mielz** portat armes **que uns hom de trente anz (*Chanson de Guillaume* 1556)
[Il portait mieux les armes qu'un homme de trente ans].

ou de « superlatif relatif » :

*Si s'atorna **plus bel que pot*** (*Roman de Troie* 1230)
[Elle se para le mieux qu'elle put].

L'article (au masculin singulier) marque facultativement cette valeur dès la *Chanson de Roland* :

*Brochent ad ait pur **le plus tost aler*** (*Rol.* 1184)
[Ils piquent avec énergie pour aller au plus vite].

21. Expression syntaxique du degré absolu

L'ancien français suppléait la marque morphologique de superlatif (à peu près disparue en bas latin) par des adverbes de quantité, principalement **molt, mout** (lat. *multum*) :

> *Et ce sachiez que li chastiax*
> *Estoit **molt** riches et **molt** biax* (*Ch. Ch.* 399)
> [et sachez que le château
> était très riche et très beau].

Asez pouvait exprimer le haut degré (« très ») ou la quantité suffisante (double sens remontant au latin *ad satis*) ou même un degré moyen comme en français moderne. Il était concurrencé dans ce dernier sens par ***auques*** (lat. *aliquam+s*).

Trop pouvait exprimer le haut degré :

> *Grant paour ot du vent, qui menoit **trop** grant bruit.* (*Berte aus grans piés*, XXXVI).

ou, plus rarement, la quantité excessive (comme aujourd'hui).

Le latin familier avait étendu l'usage du préverbe *per-* indiquant la limite atteinte (comme dans *persequi*, poursuivre jusqu'au bout) à des adjectifs : *Pergratum mihi est*, « Il m'est très agréable ». *Per* était alors séparable de l'adjectif (tmèse) : *Per mihi gratum est* (Cicéron). Devenu ***par***, il a conservé ce sens et cette construction en ancien français ; il se plaçait juste avant le verbe :

> *Las ! com chi **par** a **povre** cange !* (*Courtois d'Arras* 422)
> [Hélas ! comme voilà un bien triste échange !]

Remarque : Un autre préverbe latin de sens d'abord local, *trans*, « au-delà », détachable en latin vulgaire (*trans est passatus* pour *transgressus est*), a exprimé en latin familier le haut degré : *trans bonum*, « au-delà du bon », « extrêmement bon ». C'est l'origine du français ***tres***, senti dès le XIIe siècle comme une des marques du superlatif (*vilissimi* est traduit par *li tres vil* dans les *Psaumes*), mais qui ne deviendra qu'en moyen français un concurrent sérieux, et finalement victorieux, de *mout*.

22. L'adverbe négatif à morphologie variable

L'adverbe négatif latin *non* est continué en français par un adverbe négatif qui apparaît sous les formes *non* ou *ne*, et comme mot pleinement négatif ou comme élément de locutions négatives.

1. *NON/NE* négation plénière

Devant le verbe à un mode personnel, l'adverbe négatif présente quelquefois la forme *non* dans les vieux textes :

> *Niule cose **non** la pouret onque pleier* (*Eul.*9)
> [Nulle chose ne put jamais la faire plier].

Mais très vite ne se rencontrent plus que la forme *nen* (devant voyelle) et surtout *ne* :

An icest secle **nen** *at parfit'amor* (*Alexis* 68)
[En ce monde il n'y a pas d'amour parfait].

Ne *volt li enfes sum pedre corocier* (ibid. 54)
[L'enfant ne voulut pas courroucer son père].

L'adverbe *ne* n'était pas atone, puisqu'il pouvait occuper la première place dans la phrase (cf. § 17) : c'est le cas dans le dernier exemple cité, comme dans ce vers de Guillaume de Lorris :

Ne *vos en sai que deviser* (*Rose* 770)
[Je ne sais que vous en conter].

Il s'agit pourtant d'une forme phonétiquement affaiblie par sa position obligatoire devant le verbe (dont le séparent éventuellement des pronoms atones comme ici *vos* et *en*).

La forme forte *non* reprend la place de *ne* quand l'adverbe n'est pas suivi d'un verbe à un mode personnel, ce qui se produit dans les cas suivants :

— ***Non* représente le verbe (ou la proposition, la phrase entière) :**

Es tu a lui ? - Sire, ge **non** (*Perc.* 4799)
[Es-tu à lui ? - Non, sire].

Je li respondroie que **non** (*Perc.* 2844)
[Je lui répondrais que non].

Il peut même représenter un infinitif régi devant un verbe régent, ou un participe devant son auxiliaire, ou un attribut devant le verbe *estre* :

Dist Chantecler : Renart cousin.
Vos me volez traire a enging [entraîner dans un piège].
— *Certes, ce dist Renart,* **non** *voil* [je ne le veux pas].
(*Renart* III a, 4363)

— *Sire, par coi* [pourquoi] *m'avez traïe ?*
— *Ge* **non** *ai, voir, la moie amie* (*Eneas* 1749)
[Je ne l'ai pas fait, en vérité, mon amie].

Bien sai de voir [en vérité] *qu'il est dervez* [fou].
— **Non** *sui, fet il* (*3 Av.* 306).

— **La négation porte seulement sur un adjectif, un nom, un adverbe :**

La digne recevrat,
La **non** *digne larat* [laissera] (Philippe de Thaon, *Bestiaire* 2100).

Il ralume les [rend la vue aux] **non** *voians* (*Jeu de St Nicolas* 524).

Remarques : a) La forme *non* représentant le verbe se rencontre fréquemment dans la locution *se... non* de sens « exceptif » :

Aucunes genz dient qu'en songes
N'a **se** *fables* **non** *et mençonges* (*Rose* 1).

[Certains disent que les songes
ne sont (rien) sinon des fables et des mensonges].

Au XIVe siècle, *se* prendra la forme *si* et se rapprochera de *non* ; au XVe, il ne subsistera que *sinon*.

b) *Non* est la forme régulière de l'adverbe négatif devant un verbe à l'infinitif (position rare) ; mais c'est *ne* qu'on emploie dans un tour où l'infinitif prend la valeur d'un impératif (de défense) :

***ne** t'esmaier, Galaad* [ne te trouble pas, Galaad] (*Queste* 274,1).

c) L'emploi de *nen* comme représentant est conservé dans *nenil* (de *non ille*) où *nen* assume tout le contenu sous-entendu de la question ; le pronom *il*, justifié originellement pour une question à la 3e personne (comme *Est-il venuz* ?) et qui alternait avec d'autres formes du pronom personnel, a été généralisé :

Vendroiz i vos ? - ***Nenil,** fet Lancelos* [Y viendrez-vous ? — Non, dit Lancelot] (*Mort Artu* 89).

Une forme plus complète de réponse négative est *non faz* [je ne le fais pas], *non fait* [il/elle ne le fait pas], où le verbe restera longtemps conjugué :

— *Ha ! bele, levez vos de ci*
— ***Non** ferai voir* [Non, en vérité]. (*Dole* 4748)

Les formules négatives *nenil* et *non fait* ont pour correspondants positifs *oïl, oui* (de *hoc ille facit*) et *si fait* qui par une nouvelle ellipse a donné *si*. Anciennement *oje* (*oie*) et *naje* (*naie*) jouaient ce rôle à la 1re p. du singulier.

2. *NE* élément de locution.

La valeur négative de l'élément *ne*, formellement affaibli par sa position préverbale, a tendu à être renforcée (dès le latin vulgaire) par des mots toniques qui ont constitué avec lui des locutions négatives à valeur d'adverbe (*ne...pas, ne...onques*), ou de pronom (*ne... rien, ne... personne*), ou d'adjectif (*ne... aucun*).

On trouve dans cette fonction :

— des mots négatifs redondants comme *neient, noient, nïent* (de *ne gentem* ou *ne genitum*, « aucun être vivant ») qui peut aussi se passer de *ne* :

*Sachiez qu'il **n'**aime **nïent*** (*Dole* 5247)
[Sachez qu'il n'aime nullement].

C'est (Convoitise) *cele qui la gent atise* [incite]
*De prendre et de **noient** doner* (*Rose* 170).

— des mots disant que l'action ne se produit en aucune manière, comme *giens* (de *genus*, espèce) :

***Ne** s'en corucet **giens** cil saintismes om* (*Alexis* 268)
[Le saint homme ne s'en courrouce en aucune façon].

— des mots disant que l'action n'affecte même pas la plus petite distance comme *pas*, de *passus* (« le pas »), ou la plus petite quantité de matière comme *mie*, de *mica*, « miette », ou *point*, de *punctu* (point de couture ? de temps ?) :

***Pas ne** vus esmaiez* [Ne vous troublez pas]
*Il **ne** vont **mie** a piet* [Ils ne vont pas à pied].

Le fait que *pas* est associé au verbe *soi esmaier* et *mie* au verbe *aler* dans ces deux vers du *Pèlerinage de Charlemagne* (XIIe s. v. 681 et 286) prouve que la valeur négative a éclipsé le sens lexical de *pas* et de *mie* — conservé d'ailleurs par ces mots en l'absence de *ne*.

L'élément adverbial *mie* a la possibilité de recevoir un complément, construction exceptionnelle avec *pas*.

*Mais **de s'espee ne** volt **mie** guerpir* (*Rol.* 465)
[textuellement : Mais de son épée il ne voulut lâcher miette].

On peut penser que *mie* fut d'abord un régent négatif du nom comme dans cet exemple, puis, une fois oublié son sens lexical, une négation du verbe (comme dans le *Pèlerinage*). Une pareille évolution s'observe dans l'histoire de *point*, qui apparaît au XIIe siècle dans le *Couronnement de Louis* surtout comme un nom de quantité régissant un autre nom :

En menacier n'a ***point de hardement*** (867)
[Dans le fait de menacer, il n'y a aucune hardiesse].

Mais il est pure négation de verbe dans un contexte comme :

Tristan s'en rit, ***point ne*** *s'esmaie* (Béroul, XIIe s., 3672)
[Tristan s'en rit, il ne se trouble aucunement].

Ces partenaires de *ne* apportaient après le verbe comme un écho renforcé de la négation. Ce caractère très tonique explique que l'ancienne langue (surtout en vers) les ait souvent placés en première position, comme *point* dans le dernier exemple et *pas* dans l'exemple du *Pèlerinage.*

Outre les locutions purement négatives comme *ne... mie, ne... pas, ne... point,* l'ancien français connaissait (comme le français moderne) des locutions adverbiales négatives à valeur quantitative comme *ne... gaire, gueres,* (du francique **waigaro,* « beaucoup ») ou temporelle comme *ne.. onques* (concurrencé par *ne... ja mais* en parlant de l'avenir) et des locutions pronominales et adjectivales qui seront étudiées avec les mots indéfinis.

Remarques : a) L'emploi de *ne* au sens négatif sans partenaire de renforcement restera courant jusqu'au XVIe siècle.

b) L'étude de *ne* faite dans ce paragraphe ne concerne pas son emploi « explétif » (non négatif) signalé ailleurs (§§ 137R, 143c, 148), et encore moins la conjonction *ne* signifiant « ni », issue de *nec* (§ 135).

c) On rencontre dans l'ancienne langue beaucoup de mots expressifs employés en renforcement de *ne ; ne prisier* [n'estimer] *un boton* (un bourgeon), *un haneton, une bufe* (une chiquenaude), *un clo* (un clou), *une dent...* Du latin est hérité *goutte,* déjà attaché en 1200 au verbe *veoir :*

Li dux de Venise, qui vialx [vieux] *hom ere* [était] *et* ***gote ne*** *veoit...* (Villeh. 173).

d) A défaut de négation, le simple doute exprimé par une question pouvait faire employer *point* (*pas* ou *mie*) sans *ne* dans un sens indéfini qu'on appelle (à tort) « positif » :

Estes vous ***point*** *navrés, nobile chevaliers* (*Aiol* 6991)
[Etes-vous blessé en quelque mesure, noble chevalier ?].

e) *Ne... plus* avait le sens quantitatif du latin *non... plus* :

Unc mais nuls hom en tere ***n****'en vit* ***plus*** (*Rol.* 1040)
[Jamais personne sur terre n'en a vu plus].

Il avait pour concurrent *ne... mais* (du latin *magis,* plus) :

Je ***n****'ai* ***mais*** *ke vint et nuef livres* (*Feuillée* 189)
[Je n'ai pas plus de ving-neuf livres].

Ne mais (*que*) avait pris ainsi le sens « exceptif » :

Ne n'unt de blanc ***ne mais que*** *sul les denz* (*Rol.* 1934)
[Et ils n'ont rien de blanc sinon seulement les dents].

Unc nen out volenté
Ne mais *de servir Dé* (Ph. de Thaon 1967)

Il y était concurrencé par *ne... fors que, ne... el* [autre chose] *que* et déjà par le moderne *ne... que,* issu par ellipse des précédents :

Sa hanste est fraite, ***n****'en ad* ***que*** *un trunçun* (*Rol.* 1352)
[Sa hampe est brisée, il n'en a qu'un tronçon].

Ne...mais prenait un sens temporel dans un contexte favorable :

__N__'avrez __mais__ guere en tute vostre vie (*Rol.* 595)

Il pouvait alors s'associer à *onc* si l'on regardait le passé, et à *ja* si l'on regardait l'avenir :

***Ja mais** n'ert hume ki encuntre lui vaille* (*Rol.* 376)
[Il n'y aura jamais un homme qui vaille quelque chose en face de lui].

E. PRONOMS PERSONNELS

23. Formes des pronoms personnels au XIIIe siècle

PERSONNES	CAS SUJET	CAS RÉGIME – Forme faible – régime dir.	CAS RÉGIME – Forme faible – datif	CAS RÉGIME – Forme forte
1e sing. 2e sing.	***je, gié*** ***tu***	***me*** ***te***		***moi*** ***toi***
3e sing. { masc. et neut. féminin	***il*** ***ele***	***le*** ***la***	***li***	***lui*** ***li***
1e plur. 2e plur.		***nos (nous)*** ***vos (vous)***		
3e plur. { masculin féminin	***il*** ***eles***	***les***	***lor, leur***	***eus*** ***eles***
3e réfléchi		***se***		***soi***

Je était élidé facultativement, *tu* ne l'était pas. *Me, te, se, le, la* l'étaient toujours devant le verbe, et pouvaient l'être en poésie quand ils le suivaient (cf. § 25.2 R a). *Li* tonique ne s'élidait pas ; *li* atone s'élidait devant *en* :

*Or **l'en** soit la bonté rendue !* (Béroul 3292)
[Que maintenant sa bonté lui soit payée de retour !]

1re PERSONNE DU SINGULIER

Au CS, le pronom latin *ĕgo*, réduit à *eo* dans la prononciation avant le IVe siècle (graphie attestée au VIe), pouvait être atone ou accentué.

Dans le premier cas, l'*e* initial devenu yod s'est renforcé au IIIe siècle (comme dans *jugum* > *joug*), d'où, en ancien français, la forme *jo*, affaiblie au XIIe en *je* (comme *lo* en *le*, § 3) ; dans le Nord, [o] s'est fermé en [u] (pic. *jou*, wallon *ju*).

Dans le second cas, l'*e* ouvert accentué s'est diphtongué normalement en *ie*, d'où la forme *ieo* (attestée au XIIe s.), réduite à *ié*, d'où *gié* et *gé* sans doute par croisement avec *jo, je*.

Aux autres cas, le bas latin (avant le VIIIe s.) avait réduit les trois formes du latin classique (*mē, mei, mihi* devenu *mī*) à une seule qui était *me* ou *mi* selon les régions. *Me* est devenu en français *me* en position atone et *mei,* d'où *moi* au XIIe siècle, en position tonique ; le picard, le wallon, le lorrain ont conservé *mi* en position tonique.

2e PERSONNE DU SINGULIER

Le français *tu* remonte normalement au latin *tū* ; *te* et *toi* (*tei*) à *te.* En bas latin, *tibi* était devenu *ti* sur le modèle de *mi* (v. plus haut), d'où la variante *ti* pour *toi* dans les dialectes qui ont *mi* pour *moi.* Une forme *te* pour *tu* refaite sur *je* se rencontre régionalement (d'abord en picard) et s'élide devant voyelle.

3e PERSONNE DU SINGULIER

A basse époque, le pronom démonstratif *ille* a servi de pronom personnel de la 3e personne au latin qui n'en avait pas (sauf dans le sens « réfléchi »).

Au CS, *ĭlle,* accentué, refait en *illī* sur le pluriel (d'après *qui,* nominatif singulier et pluriel), a donné *il* (réduit à [i] devant consonne dans la prononciation courante, comme l'attestent des graphies *i* pour *il* dès le XIIe s.). Une forme neutre *el* (de *ĭllum* pour cl. *ĭllud*), employée anciennement, a été remplacée par *il,* sauf dans l'Ouest. Au féminin, *ĭlla* a donné régulièrement *ele* ; une forme abrégée *el* (influencée par *il*) se rencontre dans l'Ouest.

Au CR direct, *illum* et *illam* atones devant le verbe ont perdu la 1re syllabe (« aphérèse », SPH p. 13) et conservé la seconde en tête du groupe verbal, d'où respectivement *lo* (> *le*) et *la.* Au datif, en position préverbale, *illī* indifférencié en genre avait normalement donné *li.* On explique les formes accentuées (masc. *lui,* fém. *li*) à partir de formes enrichies **illuī* (analogique de *cui*) et **illaei* (croisement de *illae,* fait sur *rosae,* et *illi*), devenu **illei* et **liei,* d'où *li* par aphérèse, diphtongaison et assimilation (dialectalement *lei, lié*).

1re et 2e PERSONNES DU PLURIEL

En latin, les pronoms personnels *nos* et *vos* ne distinguaient pas le nominatif de l'accusatif. En bas latin, ces formes ont annexé les fonctions de *nobis* et *vobis,* et l'indistinction casuelle s'est conservée en ancien français où *nos, vos* (sans diphtongaison), écrits *nous* et *vous* au XIIIe siècle, se rencontrent en position forte comme en position faible.

Une forme *os* (*ous*) est employée quelquefois pour *vos* (*vous*) par haplologie dans *Av'os* [= Avez-vous] ? et par effacement du *v* après *que, je, se* (= si), *de, ne* :

> *Se il **n'os** laissent en present* (Béroul 1243)
> [S'ils ne vous laissent pas immédiatement]

3e PERSONNE DU PLURIEL

Au CS, *ĭllī* accentué a conservé le timbre de l'*i* bref tonique sous l'influence de l'*i* final (« dilation », SPH p. 17). *Les* continue *ĭllos* et *ĭllas* atones. *Lor, leur* remonte à *illōrum,* forme de génitif-datif en bas latin étendue au féminin sur le modèle du singulier *illius* indifférencié ; l'aphérèse atteste un traitement proclitique, mais la diphtongaison de l'*o* suppose un accent d'insistance qui se justifie dans les emplois « possessifs » (§ 28) où *illorum* pronom était à distinguer des formes d'*ille* devenues articles. Les formes « fortes » remontent non pas au datif comme celles du singulier, mais à *illos* et *illas* accentués ; dans beaucoup de dialectes, l'*e* s'ouvrant devant *u*, *illos* est devenu *aus* (*devant ax* [= devant eux], *Perc.* 1783) ou même *eaus, iaus* (comme le suffixe *-ĕllus*, cf. **-EL** 1, § 16).

Les dialectes de l'Ouest qui disent *el* pour *ele* remplacent aussi *eles* par *els*, d'où *eus*.

3e PERSONNE RÉFLÉCHI

Les formes françaises remontent l'une et l'autre à *sē*, atone ou tonique, pronom réfléchi latin indifférencié en genre et en nombre ; les dialectes qui ont *mi* et *ti* ont également *si* pour *soi*.

Remarques : a) Les pronoms personnels *le* et *les* subissent l'enclise comme les articles homophones (§ 3), mais dans des positions différentes (étant exclus après une préposition, comme *à, de, en*). Ils perdent leur voyelle après *jo, je, ne, se, si, que, qui*, et sont donc à reconnaître dans *jel, jeu, jou, ju* (comparer *del, deu, dou, du* § 3), *nel, nou, nu, sel, quil, jes, nes, ses, sis, ques, quis*... :

> « ***Quil*** [qui le] *portera ?* » *dist li hermites.*
> « ***Gel*** [je le] *porterai.* — *Tristan*, ***nu*** [ne le] *dites* » *(Béroul 2435)*

Les anciens textes présentent aussi des cas d'enclise des pronoms *me, te, se.*

b) Comme pour l'article défini (§ 3 Rem. c), le picard disait *le* au lieu de *la* au CR féminin singulier du pronom personnel.

24. Fonction désignante et fonction représentante

Le tableau du paragraphe précédent oppose **verticalement** des formes qui diffèrent par la manière dont elles désignent ou représentent les personnes et les choses (statut morphologique).

Comme en latin et en français moderne, **les pronoms de la 1re et de la 2e personne**, en ancien français, **désignaient** directement les partenaires de la communication.

L'usage de *vos* (*vous*) comme « pluriel de déférence » pour désigner un seul destinataire remonte au latin (dès le IIIe s.). Au Moyen Age, *tu* restait habituel dans les classes inférieures ; *vous* s'était répandu dans les classes plus élevées, mais cédait facilement la place à *tu* avec une nuance de mépris ou d'émotion ou sans raison apparente ; dans le *Tristan* de Béroul, un personnage parlant à son roi passe du pluriel au singulier dans un même vers (1104) :

> ***Vos*** *estes oncle et il* ***tes*** *niés*
> [Vous êtes son oncle et lui ton neveu].

On tutoyait facultativement un inférieur, mais aussi, généralement, Dieu.

Aucune règle de politesse n'interdisait, dans la coordination de deux pronoms de personne différente, de commencer par la 1re personne :

> *E* ***jo*** *et* ***vos*** *irum*
> [Moi et vous irons] (*Rol.* 881).

A la 3e personne, le latin n'avait qu'un pronom, le réfléchi *se*. *Ille* était un pronom démonstratif capable de désigner une personne ou une chose éloignée ou de représenter un antécédent ; en ancien français, il n'est plus que représentant, fonction qui nécessite, pour le meilleur repérage de l'antécédent, un maximum de marques de catégories.

Aussi a-t-il conservé ses distinctions de nombre, sauf au CS où l'ambiguïté *il* (sing.)/ *il* (plur.) est résolue par la désinence personnelle du verbe accordé : *il chante*/ *il chantent* ; un *-s* analogique du féminin viendra distinguer le pluriel (*ils*) à partir du XIVe siècle, mais ne s'imposera qu'au XVIIe.

Les distinctions de genre ont été bien maintenues, sauf aux formes faibles (*li, les, lor, leur*) dont la fonction est surtout syntaxique ; ce besoin de précision a même fait créer en bas latin une opposition (*illui*/ *illaei*) que conserve l'ancien français aux formes fortes *lui* (masc.)/ *li* (fém.).

A partir du XIIe siècle, on observe, de plus en plus souvent, le remplacement de *li* conjoint par *lui* en position postverbale (inversée) :

> *si l'aouroient li Griu et donnoient* **lui** *molt granz dons* [les Grecs l'adoraient et lui faisaient de très grands dons] (Robert de Clari CXIV).

Gaston Zink a montré comment l'alternance *li*/ *lui* gagna la position préverbale dans la 1re moitié du XIIIe siècle, et a lié à cette confusion l'extension de *lui* à l'emploi de *li* comme forme forte féminine :

> *Moult a en* **lui** *franche borjoise* (*Renart*, éd. Roques 14648)

Pour sauvegarder la distinction des genres ainsi mise en péril, la forme *ele* (sur le modèle du pluriel *eles*) sera substituée à la forme forte *li* (*lui*) pour opposer au singulier le féminin au masculin *lui*. Evolution vers le système moderne qui ne s'achèvera qu'au XVe siècle.

Les noms neutres ayant disparu en latin vulgaire (§ 2), la forme neutre *illum* du bas latin (cl. *illud*) avait vu restreindre son emploi à la représentation des pronoms neutres et surtout des groupes de mots dépourvus de genre ; telle est la fonction de *le* neutre en ancien français dans des phrases comme :

> « *Bailliez nos les vaissiaus si com vos* **le** *nos avez juré* » (Villeh. 197).
>
> *Bien* **le** *puez savoir que il orent grant joie* [Vous pouvez en être sûrs qu'ils eurent une grande joie] (Villeh. 438).

La forme de CS *il* (substituée à *el*, § 23) avait la même fonction devant un verbe comme *sembler* :

> ***Il*** *sembloit que tote la campaigne fust coverte de batailles* [corps de bataille] (Villeh. 179).

La fonction de représentation est reconnaissable dans ces cas de « construction impersonnelle » ; on ne la retrouve pas dans d'autres, tels que les indications « météorologiques » (*il pleut, il tone*, etc.) où G. Moignet a pu dire que le pronom désigne comme agent l'« univers » :

> *Quant li jurz passet ed* **il** *fut anuitet* (*Alexis* 51)
> [Quand le jour s'acheva et qu'il fit nuit].

Mais cet emploi ne devint usuel qu'au XIIIe siècle ; jusque-là, le verbe « impersonnel » se passait facilement de sujet :

> *Tonë et pluet, vente et esclaire* (*Eneas* 191).

Le pronom neutre est encore évocateur plus que représentant dans l'expression *le faire*, signifiant « se comporter, se battre » :

> *Dist l'arcevesque : « Asez* ***le faites*** *ben ! »* (*Rol.* 1876)
> [L'archevêque dit : « Vous vous comportez très bien ! »].

Le pronom réfléchi *se/soi* représentait en ancien français comme en latin le sujet de la proposition :

> *Tres* ***sei*** *la tint* (*Alexis* 286)
> [Il la (la lettre) tenait sur lui].

Mais déjà la forme forte tendait à être remplacée par les formes fortes non réfléchies *lui, li, eus, eles,* distinguant les nombres et les genres, sauf dans le sens « général » (que conserve *soi* en français moderne) où cette distinction est moins pertinente.

Une insistance sur l'identité de la personne pouvait être exprimée en ancien français par le nom *cors* (du latin *corpus,* corps) :

> *...li baron le roi Artu*
> *Et le* ***cors*** *meïsmes le roi* [le roi lui-même]
> *Avoient anpris* [décidé] *un tornoi* (*Cligès* 4538).

Précédé d'un adjectif possessif, le nom *cors* était ainsi devenu un substitut des pronoms personnels dont il épousait la variation en personne :

> *Autretant l'aim come* ***mon cors*** (*Yvain* 3792)
> [Je l'aime autant que moi-même].

De cet usage, disparu en moyen français, le français moderne garde l'expression *à son corps défendant* [= en se défendant, malgré soi].

25. Marques syntaxiques

Le tableau du § 23 oppose **horizontalement** des formes qui diffèrent par les fonctions qu'elles remplissent dans la proposition (statut syntaxique). Il s'agit donc d'une « déclinaison » (plus complexe et plus durable que celle du nom).

1. PRONOMS SUJETS

Si la différence formelle entre *je* et *gié* remonte à une différence d'accentuation en latin (§ 23), il ne reste rien de cette opposition en ancien français, où les deux pouvaient être toniques ou atones, comme toute la série des pronoms sujets, selon leur position dans la phrase.

En latin classique, les formes verbales — nettement différenciées par les désinences personnelles — se passaient de pronom sujet : les « nominatifs » des pronoms personnels (*ego, tu, nos, vos*) n'étaient donc utilisés que pour insister sur la personne ; mais le latin parlé abusait de cette redondance au point de lui ôter toute valeur de renforcement.

En ancien français, le pronom sujet pouvait encore manquer devant le verbe (il le pourra jusqu'au XVIe s.). Son emploi n'avait pas une valeur d'insistance, mais était commandé par une règle d'ordonnance (« loi rythmique », cf. § 116) en vertu de laquelle un mot ou groupe de mots tonique devait occuper le début de la proposition, avant le verbe. Quelques vers de *Perceval* montreront comment cette règle déterminait au XIIe siècle la présence ou l'absence du pronom :

1576 « *Sire, ne sai se je sui pres*
1577 *Del manoir ou ma mere maint,*
1578 *Mes je pri Deu qu'a li me maint*
1579 *Et qu'ancor la puise veoir,*
1580 *Que pasmee la vi cheoir*
1581 *Au chief del pont devant sa porte,*
1582 *Si ne sai s'ele est vive ou morte.* »

[« Sire, je ne sais si je suis près du manoir où habite ma mère, mais je prie Dieu qu'il me conduise à elle et que je puisse la revoir, car je l'ai vu tomber évanouïe au bout du pont devant sa porte, et j'ignore si elle est en vie ou morte. »]

Au premier vers, la place 1 est tenue devant *sai* par l'adverbe *ne* (cf. § 22, 1°) : le pronom sujet est inutile ; la proposition subordonnée interrogative commence par *se*, conjonction atone qui ne peut tenir la place 1 : d'où l'emploi du pronom *je* devant *sui*. Au vers 1578, la conjonction *mes* ne peut tenir la place 1 : d'où l'emploi de *je* devant *pri* ; la conjonctive complément d'objet (après le ligament conjonctif *que* atone) commence par le complément tonique *a li* : un pronom sujet est inutile. De même au v. 1579 où la place 1 est occupée par l'adverbe *ancor*. Au vers 1580, le participe *pasmee* épithète de *la* tient la place 1 : le pronom manque. Au vers 1582, l'adverbe *si* commence la proposition principale : le pronom manque ; dans la subordonnée introduite par la conjonction *se* atone, le pronom *ele* est nécessaire pour occuper la place 1 devant le verbe *est*.

Des enquêtes statistiques ont fait ressortir que, dans le cadre de cette loi, le pronom sujet manque moins souvent dans les subordonnées que dans les principales, où la place 1 est souvent tenue par une indication de temps ou de lieu, par l'adverbe *si* (corrélatif), par un complément interrogatif ou exclamatif, etc. Ainsi, dans la chronique de Robert de Clari, écrite vers 1200, G. Moignet a compté que le pronom sujet est employé en moyenne 32 fois dans 100 principales, et 94 fois dans 100 subordonnées.

La « loi rythmique » à laquelle il est fait référence entraîne pour corollaire que l'emploi d'un mot ou groupe de mots tonique non sujet en place 1 chasse le sujet après le verbe, s'il est un nom ou un pronom autonome (ex. : *Avoec la reïne en va Kes* [Keu s'en va avec la reine] (*Ch. Ch.* 162). On notera qu'au v. 1577 du texte de *Perceval*, l'emploi de l'adverbe *ou* en tête de la proposition n'entraîne pas l'inversion du sujet *ma mere* : les adverbes et pronoms relatifs étaient assimilables sur ce point aux conjonctions.

Dans les phrases où le sujet aurait dû être un pronom personnel, l'absence de ce pronom a été interprétée par Lucien Foulet comme l'effet d'une ellipse liée à la position postverbale — explication transformationnelle (avant la lettre), gratuite mais souvent reprise. On peut aussi bien tenir l'absence du pronom sujet pour ancienne (elle est la règle en latin classique), et sa présence pour liée à la position préverbale en vertu de la « loi rythmique ». Selon les dénombrements de G. Moignet (*Le pronom personnel français* 1965, p. 93), sur 500 vers de la *Chanson de Roland* (2200-2704), le pronom sujet manque dans près de 98 % des cas où la place 1 est occupée par un complément ; chez Villehardouin, aucun emploi du pronom sujet n'a été relevé en pareil cas dans les paragraphes 252-299 ; mais le pronom est présent dans 35% des cas chez Robert de Clari (d'une langue plus populaire) à la même époque (1200), et une fois sur deux dans la *Mort Artu* qu'on date de 1230. L'« ellipse » n'a cessé de décliner.

Quand le pronom sujet est employé en pareil cas, il obéit en principe à la règle générale d'inversion :

> *Ce dot et criem ge* (*Roman de Troie* 8469)
> [Je redoute et crains cela]
>
> *Or sui je bien venuz a point* (*3 Av.* 172).

Rarement, il précède le verbe :

> *En Rencesvals jo la teindrai vermeille* (*Rol.* 985)
> [A Roncevaux je la teindrai en rouge].

Alors qu'en français moderne le pronom personnel sujet est devenu « conjoint » à l'égal des pronoms atones *me, te, le*, il était autonome en ancien français comme tout autre pronom et pouvait être séparé du verbe par un mot autre qu'un pronom conjoint :

> ***Elle*** *colpes non avret* (*Eul.* 20)
> [Elle n'avait pas de péchés]
>
> ***Je*** *meïsmes cil Yvain sui* (*Yvain* 3628)
> [Je suis en personne cet Yvain].

Il pouvait être employé sans verbe dans une phrase elliptique (comme les formes fortes en français moderne) :

> *Es tu* [es-tu] *a lui ? – Sire,* ***ge*** *non.* (*Perc.* 4799)

reprendre un sujet inexprimé :

> *Lors se herberja en la ville,* ***il*** *et sa gent* (Villeh. 269)

et fonctionner comme attribut

> *Dunc n'iés tu* ***gié*** *et gé sui* ***tu*** ? (*Eneas* 4945)
> [N'es-tu donc pas moi, et moi toi ?]

Le statut de pronom conjoint n'était obligatoire que si le pronom sujet subissait l'inversion (surtout en phrase interrogative) :

> *Qu'atant* ***gié*** ? [Qu'attends-je ?] (*Erec* 917)
>
> *Orras me* ***tu*** ? [M'entendras-tu ?] (*Le Jeu d'Adam* 213)

Remarque : L'emploi de *il* au sens « neutre » sera étudié avec la construction impersonnelle (§§ 114-115).

2. FORMES FAIBLES DES CAS RÉGIMES

Aux cas régimes s'opposent les formes faibles et les formes fortes, qui peuvent remplir les mêmes fonctions propositionnelles (compléments ou attributs) mais à des places différentes.

En règle générale, les formes faibles précèdent immédiatement le verbe, dont elles peuvent être séparées par d'autres formes faibles ou par *en* et *i* (§ 26) ; elles indiquent seulement le rôle que jouent dans l'opération ou la relation qu'exprime le verbe les personnes ou choses désignées ou représentées.

Ayant dit que Tristan doit remettre une lettre (*charte*) du roi Marc à l'ermite Ogrin, Béroul écrit (v. 2656) :

> *Vient a Ogrin, il* ***la li*** *balle*
> [Il vient à Ogrin, il la lui donne].

Le pronom féminin *la* montre immédiatement qu'il s'agit de la lettre (seul antécédent féminin) et lui confère par rapport au verbe *baillier* la fonction complément d'objet direct ; le pronom *li* indifférencié en genre ne peut désigner qu'Ogrin, en lui conférant la fonction complément d'attribution.

Un système de formes idéalement complet opposerait à toutes les personnes le masculin et le féminin, le régime direct et le datif ; un coup d'oeil sur le tableau révèle qu'il n'en est pas ainsi, et que la langue française, au XIIIe siècle comme aujourd'hui, faisait l'économie de nombreuses marques : *me, te, li, nos, vos, les, leur, se* sont indifférenciés en genre ; *me, te, nos, vos, se* le sont en cas. L'ambiguïté des genres ne pouvait se présenter qu'à la 3e personne : c'est là que la marque s'est le mieux maintenue. Deux faits réduisaient l'ambiguïté des cas lorsque deux pronoms se suivaient :

— **l'un des deux au moins devait être de la 3e personne,** où la fonction est toujours marquée ; cette règle règne encore en français moderne, où des suites comme **me te, *te nous, *me vous* sont exclues ;

— **le pronom de la 3e personne était toujours en tête,** de sorte qu'une fois sa fonction connue, celle du second pronom n'était plus ambiguë ; on disait donc :

> *Je* ***le te*** *commande* (*Le Garçon et l'Aveugle* 227)
> *Demander* ***la vous*** *osai* (*Vair P.* 301)
> ...*se* ***le me*** *donez* (*Renart* I 1449).

On sait que le français moderne place les pronoms dans l'ordre inverse quand l'un des deux est de la 1re ou de la 2e personne (*te le, vous la, me le*), sauf dans les phrases impératives (*Donne-le-moi*). Cet ordre, apparu au XVe s., sera généralisé au XVIe (les quelques exemples relevés dans les textes anciens ont été récusés par Povl Skårup, *Les premières zones de la proposition en ancien français*, 1975).

Une économie de marques était réalisée quand deux pronoms de la 3e personne auraient dû se suivre ; **devant *li* ou *leur*, les pronoms *le, la, les* étaient presque toujours sous-entendus :**

> *Et il* ***li*** *conte* [Et il le lui raconte] (*Queste* 248.31)
>
> *Li rois* ***li*** [le lui] *done, et cil la prent* (Béroul 1222)
>
> *Yonez l'escu li aporte*
> *Et la lance, puis si* ***li*** [les lui] *baille* (*Perc.* 1186)

(Cet usage, condamné par Vaugelas, est maintenu avec certains verbes en français moderne oral : *Je lui* [le lui] *ai dit*).

Le caractère inaccentué des « formes faibles » leur interdisait certaines positions. Par exemple, elles ne pouvaient commencer la phrase (**Le fiert. *Me venge.*). Dans les cas où le verbe pouvait être mis en position initiale (§ 121), les pronoms conjoints devaient donc être postposés et de ce fait supporter l'accent final de groupe. Alors les formes fortes *moi, toi* remplaçaient *me, te :*

> *Ocïez* ***moi*** [Tuez-moi] *(Béroul 441)*
>
> *Pesera* ***moi*** *se je l'ocis* (Béroul 1599)
> [Cela me peinera si je le tue]

à moins qu'elles ne soient suivies d'un autre pronom portant l'accent final :

Amis, dorrez [donnerez] ***me vos*** *tel don ?* (Béroul 2723)

Mais *le, la, les, li* restaient inchangés :

Avance ***la*** [Favorise-la], *si con tu dois* (Béroul 2943)

Aresne ***le,*** *oiez conment* (Béroul 1369)
[Il lui adresse la parole, écoutez comment]

Remarques : a) Les formes faibles ainsi placées étaient certainement toniques (comme en français moderne) ; leur maintien avait l'avantage de conserver l'opposition casuelle Régime direct/Datif, et aussi d'éviter la désignation des choses par les formes fortes (qui était presque aussi étrangère à l'usage ancien qu'à l'usage moderne), mais les poètes prenaient la liberté de les élider :

Fiert ***l'en*** *l'escu* [Il le frappe sur son écu] (Béroul 4041).

b) La règle interdisant l'emploi d'un pronom régime conjoint en tête d'une proposition indépendante était enfreinte dans la coordination (exemples de Villehardouin à la fin du § 118) et pouvait l'être dans l'interrogation totale où la transformation de *Vos me dorrez tel don* pouvait donner *Dorrez me vos...* ? (Béroul 2723) ou *Me dorrez vos...* ? (cf. : *M'aimes tu de boin cuer ? Jeu de Robin et Marion* 718).

3. FORMES FORTES DES CAS RÉGIMES

Les formes fortes apparaissent naturellement en position tonique, soit après une préposition :

*Vien tost, ja seron d'****eus*** *vengiez* (Béroul 1902)
[Viens vite, nous allons être vengés d'eux]

soit après le verbe si l'on insiste sur l'identité de la personne :

Il m'ama et je haï ***lui*** (*Perc.* 8935)

ou si le verbe est omis :

Ge vos dorrai ma drüerie [mon gage d'amour].
Vos ***moi*** [à moi] *la vostre, bele amie.* (Béroul 2687)

Toi *tiers, seras fait chevaliers* (Béroul 3408)
[Toi troisième (= avec deux autres), tu seras fait chevalier]

Elles remplaçaient quelquefois une forme atone en position initiale :

Tei *covenist helme et bronie a porter* (*Alexis* 401)
[Il t'aurait convenu de porter le heaume et la cotte de mailles]

Un emploi, contraire à l'usage moderne, doit être particulièrement noté : **les formes fortes étaient normalement employées devant un verbe régi à l'infinitif, au gérondif ou au participe** :

« *Perceval, vien* ***toi*** *reposer* (...) *tant que la nuiz viegne* [viens te reposer jusqu'à ce que la nuit vienne] (*Queste* 113, 31)

Devant lui vint, vait ***soi*** *agenellant* (*Aspremont* CFMA 6082)
[Il alla devant lui, il s'agenouille]

Le régime pouvait être postposé :

Et que li rois destruire ***eus*** *veut* (Béroul 830).

Les formes faibles (obligatoires en français moderne) apparaissent dans certaines conditions dès les plus anciens textes :

> *Voldrent* ***la*** *veintre li Deo inimi* (*Eul.* 3)
> [Les ennemis de Dieu voulaient la vaincre]

Elles se multiplient au XIIIe s. et prédomineront en prose au XIVe s. devant l'infinitif, au XVe devant les formes en *-ant.*

Parmi les nombreuses infractions, on ne comptera pas les cas où l'infinitif avait la valeur d'un verbe principal (non « régi ») :

> *Governal dist : « Ne* ***te*** *haster »* (Béroul 1023)
> [Gouvernal dit : « Ne te hâte pas »]

Les formes de CS échappaient en principe à la concurrence des formes fortes du fait qu'elles pouvaient être toniques (v. plus haut, 1e). Pourtant, à partir du XIIIe siècle, les formes de régime fortes tendirent à leur être substituées dans les positions appelant un accent (sujet appuyé, attribut) :

> *Il le fist a saver au seignor dou Toron et* ***eaus deus*** *alerent a messire Raoul de Saissons* (Philippe de Novare *Mémoires* CFMA ch. CLXXXIV).

> *Je iere tu, tu ieres* ***moi*** (*Barlaham et Josaphat* 5532)
> [J'étais toi, tu étais moi]

26. Les pronoms adverbiaux *en* et *i*

On rattache aux pronoms personnels les mots *en* et *i* (écrit *y* à partir du XIIIe s.) employés en ancien français comme aujourd'hui soit comme adverbes de lieu, soit comme pronoms représentant des antécédents le plus souvent inanimés. Le premier remonte sans problème à *inde,* le second à un croisement de *ībī* et *hīc.*

Ils avaient en ancien français le statut de pronoms conjoints, partageant l'accent du verbe dont ils ne pouvaient être séparés. Comme adverbes, ils conservaient le sens latin, respectivement « de là » et « là ». Comme pronoms, ils signifiaient *de ce* et *a ce* s'ils représentaient des inanimés, *de lui/ li/ eus/ eles* et *a lui/ li/eus/eles* s'ils représentaient des animés :

> *Con l'eve qui s'avale toute*
> *N'il n'****en*** *retorne ariere goute* (*Rose* 373)
> [Comme l'eau qui descend toute
> sans qu'il en retourne en arrière une goutte]

> *Granz biens ne vient pas en poi d'eure*
> *Il* ***i*** *convient poine et demeure* (*Rose* 2027)
> [Il y faut de la peine et du temps]

> *Livrez le* [Ganelon] *mei, jo* ***en*** *ferai la justice* (*Rol.* 498)
> [Livrez-le moi, je ferai justice de lui].

> *Ne laiserat, ço dit, que n'****i*** *parolt* (*Rol.* 1206)
> [Il ne laissera pas, dit-il, de lui parler].

En pouvait même avoir le sens d'une seconde ou d'une première personne :

> *François le virent que ne valoies gaire* [que tu ne valais guère] :
> *Fere* ***en*** *voloient clerc ou abé ou prestre.* (*Charroi de Nîmes* 166)

L'emploi « possessif » de *en* existait comme en français moderne (mais il n'était pas limité aux cas de « possesseur » inanimé) :

> *Car la fin dou songe est mout bele*
> *Et la matire* ***en*** *est novele* (*Rose* 2063).

Remarques : a) Du sens d'un adverbe de lieu indiquant le point de départ, *en* était passé en ancien français au sens d'un indice aspectuel séparable du verbe, marquant le début d'un mouvement, ou même une interpellation (début de parole) :

*Lors s'**en** est Bel Accueil **fuïz*** (*Rose* 2935)

*Il l'**en apele** et puis si li demande*... (*P. Or.* 180)

Le préverbe s'est quelquefois lexicalisé plus ou moins tardivement : *s'enfuir, s'en aller, emmener.*

b) L'adverbe *i* n'était pas encore au XIIIe siècle l'élément lexical dénué de sens propre qui figure aujourd'hui dans la locution présentative *il y a*. Selon le compte de G. Zink, dans le *Roman de la Rose* de Guillaume de Lorris, l'adverbe *i* manque devant *avoir* impersonnel quand sa place est tenue par d'autres compléments de lieu, comme il apparaît dans cet exemple :

*Des roses **i ot** grant monciaus,*
*Aussi beles n'**avoit soz ciaus*** (1635).

La lexicalisation de *y* dans *y avoir* ne s'achèvera qu'à la Renaissance.

c) Quand les deux pronoms adverbiaux se suivaient, l'ancien français, à l'inverse du français moderne (dans *il y en a*), plaçait *en* devant *i* :

Li cheval entrent jusqu'as flans,
*Maint **en i** chiet* [Maint d'entre eux y tombe]. (Béroul 3672)

d) Le pronom adverbial *en* se prête, comme les pronoms *le* et *les* (§ 23 R), à l'enclise : *qui en, si en* deviennent *quin, sin.*

F. MOTS POSSESSIFS

27. Système latin et système français

Le latin classique usait du même mot possessif là où le français moderne distingue formellement un adjectif et un pronom ; comparer :

*liber **meus***	***mon** livre*
*Hic liber est **meus***	*Ce livre est **le mien***

En latin, le possessif de la 3e personne *suus*, à la différence de *meus* et *tuus*, n'était employé que si le « possesseur » était le sujet de la proposition (sens « réfléchi ») ; dans le cas contraire, on remplaçait l'adjectif par un pronom de rappel au génitif (sing. *ejus*, bas lat. *illius* ; plur. *eorum, earum*, bas lat. *illorum* aux deux genres). Le français emploie *son, leur* dans les deux cas ; comparez :

Puer amat matrem ***suam***	L'enfant aime ***sa*** mère
Ejus mater eum amat	***Sa*** mère l'aime

Suus admettait plusieurs possesseurs (*Pueri amant matrem suam*) ; *son*, assimilé à *mon* et *ton*, n'en admet qu'un.

L'évolution d'un système à l'autre était réalisée dès les premiers textes français.

28. Formes faibles du possessif au XIIIe siècle :

MARQUES DU « POSSESSEUR »		MARQUES DU « POSSÉDÉ »			
		singulier		pluriel	
		masculin	féminin	masculin	féminin
singulier	1re pers.	CS ***mes*** CR ***mon***	***ma***	CS ***mi*** CR ***mes***	***mes***
	2e pers.	CS ***tes*** CR ***ton***	***ta***	CS ***ti*** CR ***tes***	***tes***
	3e pers.	CS ***ses*** CR ***son***	***sa***	CS ***si*** CR ***ses***	***ses***
pluriel	1re pers.	***nostre***		CS ***nostre*** CR ***noz***	***noz***
	2e pers.	***vostre***		CS ***vostre*** CR ***voz***	***voz***
	3e pers.	***lor, leur***			

POSSESSEUR SINGULIER

Les formes *meus, tuus, suus*, placées en latin après le nom en position enclitique dans la fonction d'adjectif possessif, sont devenues monosyllabiques (contraction de *tuus, suus* en *tus, sus*, et réduction analogique de *meus* à *mus*). Les formes *mus, mum, ma, mas*, etc. attestées au VIIe siècle par le grammairien gaulois Virgilius Maro, expliquent le paradigme français.

Le maintien d'un *-m* final est régulier dans les monosyllabes : *mum, tum, sum* ont normalement donné *mon, ton, son*, mais au féminin le CR s'est aligné sur le CS.

Dans le Nord, *mon, ton, son* se sont affaiblis en *men, ten, sen*, et *ma, ta, sa* en *me, te, se* (comme *la* en *le*, § 3 Rc et § 23 Rb).

Dans l'Ouest, *mes, tes, ses* ont été refaits en *mis, tis, sis* d'après le CS pluriel *mi, ti, si*.

Comme l'article *la*, les possessifs *ma, ta, sa* s'élidaient en ancien français devant un nom à initiale vocalique : *s'espee* (= *sa espee*, « son épée »). Les formes modernes *mon, ton, son* apparaissent à la fin du XIIe siècle (saint Bernard) et au XIIIe (Rutebeuf), extension des formes masculines sur le modèle de suites comme *bon ami/bonn(e) amie* où l'*o* de *bon* et *bonne* était alors identiquement nasalisé ; l'extension était favorisée par l'existence d'un grand nombre de mots à deux genres comme *ami/amie* ou à genre flottant comme *amour, église, image, ost* ; il reste de l'ancienne élision les expressions *ma mie* (fausse coupe de *m'amie* dans la chanson populaire) et *faire des mamours* (de *m'amour*).

POSSESSEUR PLURIEL

Les formes *nostre* et *vostre* remontent régulièrement à *noster, nostrum, nostra(m), nostri* et *voster, vostrum, vostra(m), vostri* (réfection du classique *vester*, etc. attestée déjà chez Plaute.)

Les formes de pluriel *noz, voz* (prononcées [nos], [vos] à la fin du XIIe siècle) s'expliquent au masculin par une réduction de *nostros* à [nosts] et, par dissimilation, [nots], etc. ; les féminins sont analogiques.

Le CS masculin pluriel *nostre, vostre* est concurrencé de bonne heure par *noz, voz* (*nos, vos*) soit dans les textes observant mal les règles de la déclinaison, soit dans les textes picardisants.

En effet, le picard a généralisé au pluriel les formes *nos, vos* (avec substitution précoce de *-s* à *-z*) ; au singulier, il a créé *no, vo* par suppression de l'*s* final.

La 3e personne indéclinable *lor, leur* remonte au génitif-datif *illorum* qui a donné le CR pluriel datif du pronom personnel (§ 23) ; elle est donc normalement invariable en genre :

Lacent ***lur*** *helmes* (*Rol.* 996)

Des graphies *lors, leurs* accordées avec les noms pluriels apparaissent à la fin du XIIIe s., mais ne s'imposeront que dans le cours du XVIe.

29. Formes fortes du possessif au XIIIe siècle

MARQUES DU « POSSESSEUR »		MARQUES DU « POSSÉDÉ »			
		singulier		pluriel	
		masculin	féminin	masculin	féminin
singulier	1re pers.	CS ***miens*** CR ***mien***	***moie***	CS ***mien*** CR ***miens***	***moies***
	2e pers.	CS ***tuens*** CR ***tuen***	***teue***	CS ***tuen*** CR ***tuens***	***teues***
	3e pers.	CS ***suens*** CR ***suen***	***seue***	CS ***suen*** CR ***suens***	***seues***
pluriel	1re pers.	***nostre***		CS ***nostre*** CR ***nostres***	***nostres***
	2e pers.	***vostre***		CS ***vostre*** CR ***vostres***	***vostres***
	3e pers.	***leur***			

POSSESSEUR SINGULIER

Quand leur position syntaxique entraînait une accentuation à l'époque latine, les possessifs *meus, tuus, suus* ont reçu cet accent sur leur première syllabe, qui s'est conservée et a subi les diphtongaisons. C'est très régulièrement que le féminin *tua(m)*, devenu [toa], a donné *teue* ; de même pour *sua*>*seue* ; la forme homologue *moie* suppose une fermeture de l'*e* dans *mea(m)* peut-être analogique du trait « fermé » de l'*o* de [tọa], [sọa] (explication de F. de La Chaussée).

Les formes de CR masculin *tuen* et *suen* supposent une diphtongaison du premier *u* de *tuus*, *suus* en *uo*, d'où *ue* au XIe siècle (cf. *cuens*, SPH p. 23) ; ce traitement implique un timbre ouvert du *o* issu de *u*, ouverture qui peut être due à une différenciation devant l'*u* conservé plus longtemps en syllabe finale (La Chaussée) ; dans *mien* le timbre ouvert de l'*e* est originel. Le maintien du *m* final de *meum*, *tuum*, *suum* est sans doute analogique des formes faibles monosyllabiques (§ 28) ; la nasale a été étendue au CS à l'époque gallo-romane.

Des formes comme *tien(s)*, *sien(s)*, etc., analogiques de *mien(s)*, etc., apparaissent au XIIIe siècle. Au féminin, l'analogie a produit *toie(s)*, *soie(s)* d'après *moie(s)* au XIIe s., et *mienne(s)*, *tienne(s)*, *sienne(s)* au XIIIe. Les anciennes formes se maintiendront jusqu'au XVe.

POSSESSEUR PLURIEL

Le caractère tonique des formes de *noster* et *voster* en position syntaxique forte n'a pu se traduire par une diphtongaison dans les mots français qui en sont issus (l'*o* est entravé) ; la seule différence avec la série des formes faibles est la rareté croissante, en position forte, des formes réduites *noz*, *voz*, anciennement attestées :

> *Tu n'ies mie des **noz*** (*Rol.* 2286)
>
> *Noz proesces devant les **voz*** (*Cligès* 5013).

30. Fonctions des formes faibles et des formes fortes

Les formes **faibles**, passées devant le nom en bas latin, s'employaient exclusivement, en ancien français, comme substantiveurs du nom :

> ***Ma** hanste* [lance] *est fraite* [brisée], *e percet **mun** escut.* (*Rol.* 2050)

Les formes **fortes** s'employaient à la manière des adjectifs qualificatifs :

— soit comme des **épithètes**, presque toujours intercalées entre un substantiveur (défini ou indéfini) et le nom :

> *Cist **meon** fradre Karlo (Serments de Strasbourg)*
>
> *Ell'en aduret lo **suon** element* (*Eul.* 15)
> [Elle en durcit son énergie]
>
> *Uns **miens** oncles molt glorieus* (*Perc.* 1887)

Le substantiveur pouvait manquer après une préposition : *de meie part* (*Rol.* 361) ou dans des locutions lexicalisées : *mien escient* (à mon escient), *maugré suen* (malgré lui/elle), *soe merci* (grâce à lui/elle).

— soit comme **attributs**, après le verbe :

> *L'onur du camp ert **nostre*** *(Rol.* 922)
> [L'honneur du champ sera à nous]

*Li chités est **moie*** [La cité est à moi] (Villeh. 682).

Précédées de l'article défini et non suivies d'un nom, elles constituaient déjà le **pronom possessif** du français moderne :

> *Ses cousins* [son cousin] *estes et **li miens,** en nom Dé.*
> (*Huon de Bordeaux* 2583)

*Si nos dona tant **del sien**...* [Elle nous donna tant de son bien] (*Auc.* XXII, 32)

G. MOTS DÉMONSTRATIFS

31. Vestiges français des démonstratifs du latin classique

Le latin classique connaissait quatre pronoms-adjectifs démonstratifs : *is*, *hic*, *iste*, *ille*. Comme les mots possessifs (§ 27), ils avaient la même forme en position d'adjectif (devant un nom) et en position de pronom ; comparer :

Ille testis mentitur	*Ce témoin ment*
Ille mentitur	*Celui-là ment*

Is n'avait pas la fonction désignante (§ 24) ; on l'employait principalement pour représenter un nom ou en corrélation avec un pronom relatif. Eliminé à l'époque romane, il n'a rien laissé en français, où sa première fonction est remplie par le pronom personnel *il* et la seconde par le pronom démonstratif *celui*.

Hic et *iste* désignaient les personnes ou les choses proches (respectivement du locuteur et du destinataire). Le premier a disparu en roman au profit du second, ne laissant que le neutre *hoc* maintenu en provençal (« *langue d'oc* ») et sous la forme *o* dialectalement, ou dans des composés comme *oïl* (de *hoc ille*< *facit*>) et *avuec* (de *apud *hoque* pour *apud hoc*). *Iste* n'a laissé de trace en français que dans de vieux textes : *la guarison d'**este** cité (Roman de Troie* SATF 12969).

Ille n'a pas survécu comme pronom démonstratif. On sait qu'il est devenu en français, selon sa position, l'article défini (§ 3) et le pronom personnel (§ 23).

On peut encore classer parmi les mots démonstratifs le présentatif *ecce* que le latin classique employait au sens de « voici » : *ecce Paulus* ou *Paulum* [voici Paul], *ecce me* [me voici]. Ce mot s'est conservé en ancien français sous la forme *ez* ou *es* (dialectalement *as*) :

> *A ces paroles **es** un roi d'Outregales*
> (*Continuation de Perceval* 5085)

souvent associé à un datif « éthique » (CFC § 218) :

> ***As li** Alde venue (Rol.* 3708)
> [Voici pour lui qu'Aude est venue]
>
> ***Es** les **vos** tos montez (Raoul de Cambrai* 5448)
> [Les voici tous montés].

De tous ces mots du latin classique, aucun n'a survécu au sens démonstratif en français moderne.

Remarque : Dès la fin du XIIe siècle, la locution *es vos* n'étant plus comprise, la forme *es*, rattachée au verbe *estre*, a été accordée avec *vos* :

> *Atant **estes vos** Pirinis* (Béroul 3393)
> [Là-dessus voici Pirinis]

32. Héritage du latin vulgaire

Les démonstratifs français remontent au latin vulgaire où les démonstratifs simples avaient été renforcés par rapprochement et soudure avec le présentatif *ecce* : *ecce hic*, *ecciste*, *eccille* ; on lit chez Plaute : *eccistam video* (*Curculio* 615), *eccillum video* (*Mercator* 434).

Ecce hic ne s'est conservé qu'au neutre (*ecce hoc*) sous la forme *ço, ce, c'* (§ 35).

Ecciste et *eccille* sont devenus les pronoms-adjectifs *cist* et *cil* de l'ancien français, dont les paradigmes, dans l'état le plus ancien de la langue, étaient rigoureusement parallèles :

	MASCULIN		FÉMININ	
	singulier	pluriel	singulier	pluriel
CS CR 1	***cist*** ***cest***	***cist*** ***cez***	***ceste***	***cestes***
CR 2	***cestui***		***cesti***	

	MASCULIN		FÉMININ	
	singulier	pluriel	singulier	pluriel
CS CR 1	***cil*** ***cel***	***cil*** ***ceus***	***cele***	***celes***
CR 2	***celui***		***celi***	

Dans toutes ces formes, l'*e* initial d'*ecce* avait disparu par aphérèse en position proclitique (comme dans *le*, § 3) et l'*e* final par élision.

L'*i* des formes de CS sing. et plur. s'explique par « dilation » (SPH p. 17) dans la forme vulgaire *eccillī*, forme de nominatif pluriel étendue au singulier en bas latin comme dans le cas du pronom *il* (cf. § 23). Les cas régimes 1 *cel, ceus, cele, celes* remontent régulièrement à *eccillum*, *eccillos*, *eccillam*, *eccillas*. Les terminaisons des cas régimes 2 singuliers *celui* et *celi* s'expliquent comme celles de *lui* et *li* (§ 23).

Les formes de la série *cist* s'expliquent de façon identique à partir d'*eccisti*.

Remarques : a) Les démonstratifs ont reçu un nouveau renforcement initial, facultatif, sous la forme d'un *i* (*iço*, *icist*, *icele*...) qu'on explique comme une extension analogique à partir de l'adverbe *ci* (de *ecce hīc*) renforcé par redondance en *ici* (de *hīc ecce hīc*). Cet *i-* qui souligne la détermination, et gagnera par là d'autres adjectifs (*itel*) ou adverbes (*itant*), restera une marque facultative et rare (moins d'un emploi pour 20 formes démonstratives dans *Aucassin et Nicolette*), commode en poésie.

b) Des formes neutres *cest, cel* ont existé, mais ont été éliminées par *ço, ce,* sauf *cel* dans la locution figée *puet cel estre,* « peut-être ».

33. Désignation par *cist* et *cil*

Cist, comme *iste* en bas latin, désignait des personnes ou choses proches (du locuteur et du destinataire), par opposition à *cil*, démonstratif lointain comme *ille* :

> « *A oés voz cors*
> *Sont fet* ***cil*** *dui lit ça defors* ;
> *Mes en* ***cest*** *lit qui est deça*
> *Ne gist qui desservi ne l'a.* » (*Ch. Ch.* 471)
> [Pour votre usage
> sont faits ces deux lits là-bas,
> mais dans celui qui est ici devant,
> on ne couche pas sans l'avoir mérité].

Par métaphore, la proximité ou l'éloignement peuvent s'entendre dans la succession du temps, ou du texte.

Cist et *cil* peuvent prendre un sens indéfini (« l'un... l'autre ») soit en opposition, soit en répétition :

> — « *Ou est ? Ou est ?* » *fait* ***cil*** *et* ***cist*** (*Perc.* 5916, éd. Roach)
> ***Celui*** *abat,* ***cel*** *autre prent* (*Perc.* 2453, éd. Roach)

Remarque : En français moderne, l'opposition « proche »/« lointain » est exprimée, on le sait, par les adverbes *-ci* et *-là* placés après les formes du démonstratif. Mais *-ci* et *-là* n'ont été systématiquement utilisés à cette fin qu'en moyen français. Au XIIIe siècle, ils ne se rencontrent — sporadiquement — qu'en redondance, *(i)ci* avec *cist*, *la* avec *cil* :

> *Il fu uns jors, qui passez est,*
> *Que* ***cil la****, vostres seneschaus... (Dole* 4778).

34. Syntaxe de *cist* et *cil*

Les tableaux du § 32 font état de valeurs casuelles de principe qui n'étaient pas rigoureusement respectées en ancien français. On rencontre les CR en fonction de CS (surtout en anglo-normand) :

> *Alde respont :* ***Cest*** *mot mei est estrange* (*Rol.* 3717)
> [Aude répond : Ces mots sont pour moi comme des mots étrangers].
>
> ***Cel*** *corn a longe aleine* (*Rol.* 1789)
>
> ***Celoi*** *levat le rei Marsilium* (*Rol.* 1563)
> [Celui-ci arma chevalier le roi Marsile].

Si toutes les formes de *cist* et de *cil* étaient originellement susceptibles de fonctionner comme adjectifs ou comme pronoms, une spécialisation précoce affectait de préférence à *cest* et *cel* les fonctions d'adjectif et à *cestui* et *celui* les fonctions de pronom.

Ces dernières formes tenaient seules de leur origine latine datinale la propriété d'assumer sans préposition la valeur de complément de nom (prise par le datif en latin vulgaire, § 127) :

> *el leu* ***cestui*** [à la place de celui-ci] (Villeh. 38)
>
> *Donnez moi les armes* ***celui*** [de celui]
> *Que j'ancontrai defors la porte* (*Perc.* 996).

Une autre spécialisation cantonnait *ceus (cels)* dans la fonction de pronom, laissant à *cez*, aux dépens de la distinction de distance, la fonction d'adjectif. Ainsi s'explique l'emploi de *cez* après *cil* aux 2e et 3e vers de ce passage de la *Chanson de Roland* (l'éloignement du verbe ayant fait oublier de marquer le CS) :

> *Luisent* ***cil*** *elme as perres* [pierres] *d'or girunees* [serties]
> *E* ***cez*** *escuz e* ***cez*** *bronies* [brognes] *safrees*
> *E* ***cez*** *espiez,* ***cez*** *enseignes fermees* [fixées aux fers] (3306 ss.)

On voit par cet exemple que la forme masculine *cez* était étendue au féminin. Dès le XIIe siècle., *cez* (écrit sporadiquement *ces* au XIIIe) était l'adjectif démonstratif pluriel des deux genres (les textes ne permettent pas d'adopter la thèse d'A. Dees selon laquelle *ces* serait une variante contractée de *cels*).

Une forme *ce* faite sur *ces* d'après le modèle *le/les* (et non phonétique) se substituait en même temps au CR1 masculin des deux démonstratifs devant consonne, effaçant au singulier comme au pluriel la distinction de distance au profit de la marque grammaticale (adjectif) ; dans le *Jeu de saint Nicolas* (fin du XIIe siècle), selon A. Henry, *che* équivaut 9 fois à *chest*, 7 fois à *chel*.

A travers ces usages flottants se dessinait à tâtons un statut nouveau, celui du français moderne, où le démonstratif proche est devenu **adjectif**, modelé sur l'article défini (*ce/ces : le/les*) et le démonstratif lointain **pronom**, modelé sur le pronom personnel (*celui/ceux/celle/celles : lui/eux/elle/elles*).

Remarques : a) C'est aux formes de *cil* qu'était en principe réservée en ancien français la fonction dévolue à *eccille* en latin vulgaire, et exercée par *is* en latin classique, de représenter un nom devant un complément tel qu'une proposition relative ou un nom complément de nom : ***cel*** *sul que il par amat tant* [seulement celui qu'il aimait tant] (*Alexis* 37), ***cil*** *d'Espaigne* (*Rol.* 1081), ***icels*** *d'Alverne (Rol.* 3796). On rencontre rarement *cez* dans cet emploi : ***cez*** *qui furent* [ceux qui ont été] (*Yvain* 29), ***ces*** *d'Irlande* (*Gormont et Isembart* 610).

b) Noter deux locutions fréquentes :

— *com cil (celui) qui,* « en homme qui »

— *il n'(i) a celui qui ne,* « il n'y a personne qui ne, tout le monde ».

35. Le pronom neutre *ço, ce*

Le pronom *ço* (*ce*) issu d'*ecce hoc* (§ 32) avait anciennement des emplois divers qu'il perdra presque tous au profit de *ceci/cela* (au point de ne pouvoir fonctionner en français moderne que comme sujet du verbe *être*, comme antécédent neutre d'un relatif, ou comme élément de locution lexicalisée).

On l'employait devant d'autres verbes que *estre* :

> ***Ço*** *peiset mei que ma fins tant demoret* (*Alexis 460*)

et dans d'autres fonctions que sujet, par exemple complément d'objet :

> *Quant Perceval ot* ***ce*** *dit* [eut dit cela], *si voit vers lui venir le lyon* (...) *Et quant Perceval voit* ***ce****, si l'apele* (*Queste* 96,21)

ou complément prépositionnel :

Aprés iço *i est Neimes venud* (*Rol.* 230)

Homologue neutre de *cil/cele* comme antécédent du pronom relatif, et pouvant représenter un mot ou un groupe de mots le précédant (anaphore) comme dans les deux derniers exemples, ou le suivant (cataphore) comme dans le premier, *ce* devint un **relais** commode dans l'articulation de la phrase (§§ 136, 148 R.b).

Associé aux prépositions, il servait à composer des groupes conjonctionnels que l'avenir lexicalisera souvent : *a ce que, de ce que, en ce que, por ce que, après ce que, sans ce que...* (§§ 143-145, 147-149).

Remarque : Dans le dialogue suivant :

Ha ! Galaad, estes vos ***ce*** *? — Sire, fet il, oïl,* ***ce*** *sui je.* (*Queste* 250, 26)

le pronom *ce* est employé en fonction d'attribut, le verbe étant accordé avec le pronom sujet ; dans la seconde phrase, l'attribut placé en position 1 entraîne l'inversion du sujet *je*, construction normale en ancien français à toutes les personnes : *c'es tu, c'est il* (ou *ele*), *ce sommes nos, c'estes vos, ce sont il* (ou *eles*).

Un renversement des fonctions, que favorisent des phrases comme *C'est ele*, et que supposent dès le XIIe s. quelques graphies comme *c'est tu* pour *c'es tu*, s'accomplira en moyen français, aboutissant à la construction moderne où le pronom personnel, devenu attribut, est toujours à la forme forte :

Ah ! Galaad, est-ce ***vous*** *? — Seigneur, dit-il, oui, c'est* ***moi***.

H. MOTS INDÉFINIS

36. L'article et les indéfinis

En latin, les mots indéfinis étaient employés :

— soit comme adjectifs devant un nom :

Omnes *pueri adsunt* [Tous les enfants sont là] ;

— soit comme pronoms sans déterminant propre :

Omnes *adsunt* [Tous sont là].

C'est encore en français moderne le statut des mots indéfinis comme *certains* :

Certains *enfants sont là* ;

Certains *sont là.*

Mais d'autres ont tendu vers un statut qui est aujourd'hui celui des adjectifs qualificatifs ; ils peuvent alors :

— se rapporter comme épithètes à un nom dont le caractère substantif est marqué par un article :

*les **autres** enfants, les **mêmes** enfants, les enfants **mêmes*** ;

— devenir pronoms en recevant eux-mêmes la marque substantivante de l'article :

un autre, les mêmes.

En ancien français, les mots indéfinis hésitaient entre les deux statuts. Ainsi, *autre* pouvait être employé avec ou sans article comme adjectif ou comme pronom :

*Et ne tarda guaires après que s'en ala **uns autres** halz hom de l'ost* [Et il ne tarda guère ensuite que s'en alla un autre haut homme de l'armée] (Villeh. 109).

Adonc issi l'empereres <...> *fors de la cité par **autres** portes* [Puis l'empereur sortit de la cité par une autre porte] (Villeh. 177).

*et Aucassins le fait monter sor un ceval, et il monte sor **un autre*** (*Aucassin et Nicolette* X 77).

*Hom ki traïst **altre** nen est dreiz qu'il s'en vant*
[L'homme qui trahit un autre n'a pas à s'en vanter] (*Rol.* 3974)

On remarquera donc dans les textes des cas où l'article était employé alors qu'il ne l'est plus aujourd'hui :

*Le cors li trenchet tres **l'un** costet qu'a l'altre* (*Rol.* 1506)
[Il lui tranche le corps d'un côté jusqu'à l'autre].

et d'autres, plus nombreux, où il manquait là où nous l'employons :

Et dont [alors] *firent armer les galies* [galées, vaisseaux longs] *totes : li dux de Venise et li marchis de Monferrat entrerent en **une*** (Villeh. 145).

37. *Un ; autre, autrui ; el*

Uns, une, pronom ou adjectif indéfini, a la même origine et la même déclinaison que l'article indéfini étudié au § 4. L'emploi paradoxal de l'article défini devant ce mot indéfini (*l'un, les uns*) est un cas particulier de son emploi devant les noms de nombre, expliqué au § 55.

Le latin classique exprimait la non-identité par

— *alter* si le référentiel ne comptait que deux éléments : *alter consul* ;

— *alius* s'il en comptait plus de deux : *alii senatores.*

Le latin impérial supprima cette différence au profit d'*alter*, représenté par *autre* (anciennement écrit *altre*) en ancien français (exemples donnés au paragraphe précédent), semblable au masculin (du latin *alter*) et au féminin (du latin *altera*).

Le mot avait un CR renforcé *autrui* sans pluriel, remontant à **alterui* (cl. *alteri*) et dont le sens, conservé de nos jours, était « toute autre personne, les autres ». De sa valeur ancienne de datif, il conservait un emploi « possessif » interprétable par « à autrui, d'autrui » :

> *J'ai vescu de l'**autrui** chatei*
> [J'ai vécu du bien d'autrui]. (*La Povreté Rutebeuf* 7)

Convoitise est peinte dans le *Roman de la Rose* comme « *cele qui fait **l'autrui** prendre* » (180). A part cet emploi, le mot fonctionnait comme un régime fort du type de *celui*, précédé de *à* ou *de* dans les mêmes conditions.

A l'opposition classique *alter/alter*, le bas latin avait substitué *unus/alter* (Grégoire de Tours), d'où en ancien français (comme en français moderne) *l'un/l'autre* :

> *Fierent **li un**, **li altre** se defendent* (*Rol.* 1398)
> [Les uns frappent, les autres se défendent].
>
> ***Li uns** vers **l'autrë** a bandon*
> *Conme chevalier esperonnent* (*Thèbes* 9742)
> [L'un vers l'autre, effrénés, ils éperonnent en chevaliers].

La forme *autre*, indifférenciée en genre, continuait aussi le neutre *alterum* au sens d'« autre chose » :

> *N'en voil or plus traitier*
> *D'**altre** voil cumencier* (Ph. de Thaon 407).

A côté d'*alius, alia, aliud*, le latin connaissait une forme *alis, alis, alid* (bas latin **ale*) dont le neutre seul s'est conservé en ancien français, sous la forme *el* signifiant également « autre chose » :

> *Si vunt ferir : que fereient il **el*** ? (*Rol.* 1185)
> [Ils vont frapper : que feraient-ils d'autre ?]

Ainsi s'explique la concurrence de formes comme *aussi* (de **ale sic*), *autant* (de **ale tantu*), *autel* (de **ale tale*) et *autresi, autretant, autretel*, alternant avec *si, tant, tel* dans leurs emplois comparatifs.

Remarque : En latin, *alter* joignait à son sens indéfini le sens numéral de « second », que conserve *autre* en ancien français :

> *La premere est des Canelius les laiz* ; <...>
> ***L'altre** est de Turcs et la terce de Pers.* (*Rol.* 3238)
> [Le premier <corps de bataille> est formé des laids Chananéens ; le second de Turcs et le troisième de Persans].

38. « *Même* »

Les indéfinis latins *idem* et *ipse* distinguaient les deux nuances que le français moderne exprime par le mot *même* dans *le même roi* et *le roi même*.

Ipse a vu son sens élargi en roman au point d'éliminer *idem*. Il survit clairement sour la forme *eps* dans le vieux texte de la *Passion* (xᵉ s.), puis sous la forme *es* (ou *is*, du nominatif **ipsī* avec dilation) dans quelques adverbes composés et locutions :

— *nees* ou *neis*, *nis* (expliqués par *nec ipse* et *nec *ipsī*), « même », devenu positif par association fréquente (et redondante) avec *ne* :

> ***Nes*** *li oisel s'an istront* (*Yvain* 400)
> [Même les oiseaux partiront]

— *en es le pas*, « sur-le-champ (dans le pas même) », devenu *isnellepas* par contamination avec l'adjectif *isnel*, « rapide ».

Il survit surtout, méconnaissable, dans l'indéfini *meïsme*, *meesme* à l'origine du moderne *même*. Par une redondance que condamnait Donat au ɪvᵉ siècle, *ipse* était employé après les pronoms personnels déjà renforcés du suffixe *-met* : *egomet ipse*, *tumet ipse*, etc. ; le déplacement de la coupe entre l'élément variable (*ego*, *tu*, *nos*, *vos*) et les éléments constants donna naissance à un pronom **metipse* ou **metipsi* (d'où le provençal *medeis*) ; l'addition d'un suffixe de superlatif aboutit à **metipsimus*, d'où *meesmes* (ou *meïsmes* sous l'influence d'**ipsi* donnant *is*).

Comme *même* en français moderne, *meïsme(s)* pouvait être placé après le nom ou le pronom ; c'est sa position de beaucoup la plus fréquente :

> *et content ces novelles* ***meïsmes*** [ces mêmes nouvelles] (Villeh. 184).

> *A lui* ***medisme*** *unt l'almosme dunethe* (*Alexis* 118)
> [Ils ont fait l'aumône à lui-même].

Ainsi placé, le mot pouvait souvent être conçu comme un adverbe, d'où la présence d'un *-s* purement adverbial :

> *Et en un jour* ***meïmes*** *murent* (*Perc.* 468)
> [et ils se mirent en route un même jour]

ou l'absence d'accord avec un nom au pluriel :

> *Nuncerent vos cez paroles* ***meïsme*** (*Rol.* 204)
> [Ils vous dirent ces mêmes paroles].

Rarement, *meïsme* était enclavé (comme aujourd'hui) entre un substantiveur et le nom :

> *Car c'est une* ***meïsme*** *chose.*
> (*Guillaume d'Angleterre* 2208).

Plus souvent, on l'intercalait entre une préposition et le substantiveur :

> *En* ***meïme*** *le sepulcre u li bons huem fud enseveliz* (*Livre des Rois* 290).

(La langue moderne conserve ce tour dans *boire à même le pot*).

L'interprétation par le sens d'*idem* ou celui d'*ipse* n'était pas liée comme en français moderne à la position de *meïsme* par rapport au nom ; elle n'était fonction que du contexte sémantique.

Le classement de *meïsme* dans la catégorie « adverbe », possible quand le mot suivait ou précédait le groupe nominal, était en tout cas certain quand il constituait avec *a*, *de*, *en* des locutions non suivies d'un nom :

> *Altre bataille lur livrez* ***de meïsme*** (*Rol.* 592)
> [Livrez-leur une seconde bataille pareillement].

39. Indéfinis de radical *qu-*

Il existait en latin (cf. § 46) toute une famille de mots relatifs-interrogatifs-indéfinis de radical [Kw-] comme *quis, qui, quo, qualis, ubi* (de **cubi*), *unde* (de **cunde*) dont le [Kw], lorsqu'il s'était maintenu en latin classique, s'est simplifié en [K] avant l'époque française. L'ancien français en a hérité divers indéfinis simples et composés.

On rattache au système corrélatif latin *qua...qua,* « d'un côté...de l'autre » (Plaute, Cicéron), le tour français ancien *que...que* :

Il furent bien .XV.M., ***que*** *petit* ***que*** *grant* [tant petits que grands] (Villeh. 205).

On doit y apparenter les systèmes (sans doute bas latins) répétant *qui* ou *cui* :

Qui *porte tinel* [massue] *et* ***qui*** *hache,*
Qui *flael* [fléau], ***qui*** *baston d'espine* (*Renart* I 634).

Le sens indéfini apparaît surtout dans toute une série de locutions où le mot de radical *qu-*, pronom (*qui, quoi*), adjectif (*quel*), adverbe (*quant* de *quantum, ou* de *ubi*), est suivi d'un *que* emprunté, selon L. Foulet, à *quisque,* « chaque », confondu en latin vulgaire avec *quisquis,* « qui que ce soit qui » (cet élément *que* serait la vieille particule indo-européenne indéfinissante qu'on retrouve dans *ubique,* « en tout lieu », *undique,* « de tout côté »). Ainsi sont composés en ancien français *qui que, quoi que, que que, (le)quel que, combien que, com(ment) que, quant que, ou que.* Toutes ces suites de mots introduisent des propositions auxquelles le subjonctif donne un sens concessif (§ 99), l'indicatif un sens seulement indéfini :

Cui que *il veult maintenir ni aidier,*
Nus ne le puet grever ne domagier (*Cour.* réd. B1, 581)
[Tout homme qu'il veut soutenir et aider,
Nul ne peut lui faire de mal ni de tort].

Li rois respont : « ***Que que*** *nus die,*
De vos conselz n'istrai je mie. » (Béroul 2907)
[Le roi répond : « Quoi qu'on puisse dire,
je ne m'écarterai pas de vos conseils »].

Sempre fist bien ***ou que*** *il pod* (*St Léger* 40)
[Il fit le bien partout où il put].

Le pronom *qui* au début de ces locutions varie en forme comme *qui* sans antécédent (§ 47). Le second élément peut toujours être *que,* même en fonction de sujet où il peut cependant prendre par analogie la forme *qui* ; comparer :

Qui que *demenast joie, Aucassins n'en ot talent* [textuellement : Qui qui montrât de la joie, Aucassin n'en avait pas envie] (*Auc.* XX, 13).

Chi chi *se doilet, a nostr'os* (= *a nostre ues*) *est il goie*
[Qui qui s'en lamente, pour nous c'est une joie] (*Alexis* 503)

Tiré ou non de *quisque,* l'élément *que* paraît avoir été interprété comme un pronom ou adverbe relatif, séparé des mots *qui, que, quoi, com, ou* par l'écriture, et même par un nom s'il s'agit de l'adjectif *quel* :

Quel *part* ***qu'****il alt, ne poet mie chaïr* (*Rol.* 2034)
[Par où qu'il penche, il ne peut tomber].

La soudure de *quel* et *que* se fit dès l'ancien français. Le rapprochement était normal dans les phrases où *quel* était attribut :

> ***Quex*** [quelle] ***qu'****ele soit* (*Cligès* 728).

Il résulte d'une anticipation de *que* dans des phrases comme :

> *Ne li chaut* ***quel que*** *pais i face* (*Thèbes* 4429)
> [Peu lui importe quel pacte faire]

et, avec redondance :

> *De* ***quelque*** *terre* ***que*** *il fussent* (Villeh. 205).

Ainsi naissait l'adjectif indéfini *quelque* qui fut employé sans être suivi de *que* (soit par ellipse d'une proposition relative, soit sur le modèle latin de *qualisque,* forme rare de *qualiscumque*) :

> *Et cil se lieve a* ***quel que*** *painne* (*Perc.* 7195)
> [Et celui-ci se lève non sans peine].

On rencontre au XIIIe siècle les premiers emplois du pronom *quelqu'un.*

L'indétermination pouvait être soulignée par l'emploi de *onques,* « jamais », comme elle l'est en anglais par *ever* dans la série *whoever, wherever,* etc. :

> ***Qui qu'onques*** *fust liez ne joios*
> *Ele* (Cassandra) *faiseit duel angoissos* (*Troie* 4885)
>
> *An* ***quel*** *leu* ***que*** *il* ***onques*** *aut* (*Yvain* 5803)
> [En quelque lieu qu'il aille jamais].

De là des suites comme *ki ki unques, qui unques, qui qu'onques, quel qu'onques,* dont les deux dernières ont été soudées morphologiquement, puis graphiquement, sans doute sous l'influence des pronom et adjectif latins de même sens *quicumque* et *qualiscumque.*

A la famille du radical *qu-* se rattachait en latin *aliquis,* « quelqu'un », dont seul le neutre *aliquid* s'est perpétué dans l'ancien français *auques,* pronom neutre ou adverbe (marqué de l'*-s*) signifiant « quelque peu » ou par litote « beaucoup ». Mais un composé **alicunu,* né en bas latin de séquences comme *alique(m) unu(m),* a donné le pronom-adjectif *aucun.* Décliné comme *un,* doté en plus d'un CR2 *aucunui* (rarement attesté), il gardait de son origine le sens positif de « quelqu'un » :

> *Quant* ***aucun*** *passe devant lui,*
> *En plaignant disoit : « Mar i fui ! »* (Béroul 3627)
> [Quand quelqu'un passait devant lui,
> il se plaignait en disant : « Malheur à moi ! »].

Il en prisent ***aucuns,*** *et les autres ochisent* [Ils en prirent quelques-uns, et tuèrent les autres] (Villeh. 565).

Comme *un,* le pronom *aucun* pouvait prendre l'article défini : *li aucuns,* plur. *li aucun* (= quelques-uns, certains).

40. *Certain, tel (autretel, autel* cf.§ 37)

Certain remonte à **certanus,* dérivé bas latin de *certus,* « fixé, sûr », qui concurrençait *quidam* dans quelques expressions du latin classique : *certo die,* « à un jour fixé », *certi homines,* « certains hommes ».

Tel, qui remonte à *talis, is, e,* était uniforme (§ 15) :

	MASCULIN		FÉMININ		NEUTRE
	Sing.	Plur.	Sing.	Plur.	(Sing.)
CS *CR*	***tieus*** ***tel***	***tel*** ***tieus***	***tieus, tel*** ***tel***	***tieus***	***tel***

Le CS sing. et le CR plur. *tieus* résultent d'une diphtongaison de l'*e* issu d'*a* sous l'influence ouvrante de l'*u* issu du *l* implosif (SPH p. 16). La forme fréquente *teus* est soit un archaïsme graphique, soit un dialectalisme. Une forme *tes* (par chute précoce du *l*) existe en lorrain, en champenois, en picard et en wallon. Au féminin, des formes *tele* et *teles,* analogiques des adjectifs biformes, s'observent dès le XIIe siècle.

Toutes les formes de *tel* peuvent être renforcées par *i- : itel* (§ 32 Ra).

41. *On*

(H)on est originellement un nom au CS sing., venu d'*hŏmo* dont l'accusatif a donné *(h)ome,* et il reçoit à ce titre l'article défini (conservé aujourd'hui dans *si l'on*) :

> *Saint Boneface que* ***l'um*** *martir apelet* (*Alexis* 566).

Avec ou sans article, il présente habituellement un sens général :

> ***Hum*** *qui la vait repairier ne s'en puet* (*Rol.* 293)
> [Homme qui va là ne peut en revenir].

Comme l'allemand *man* qui lui est substitué dans la version germanique des *Serments de Strasbourg* (842), il a pris la valeur de pronom indéfini, et cela dès le latin du IVe siècle (*Voyage d'Ethérie* et saint Augustin).

Avec *on,* dont le vocalisme suppose un emploi proclitique devant le verbe, alternait une forme *huem,* tonique ; beaucoup de textes usent aussi d'une forme *(l')en* :

> *Armes demandet :* ***l'em*** *li vait aporter.* (*Ch. de Guillaume* SATF 132).

On explique cette variante :

— soit par la délabialisation de l'*o* nasalisé dans l'emploi proclitique (cf. *chalongier*> *chalengier*) ;

— soit par la simplification dialectale de la diphtongue *uen* (d'où : *en* et *an*).

Cette forme figurera chez Molière à titre de dialectalisme dans la bouche de la servante Martine (*Femmes savantes* II, v).

42. *Noient, rien ; neün, nesun, nul, neül*

Des pronoms négatifs latins *nemo* et *nihil*, rien n'a survécu en français. Un pronom bas latin de formation analogue (cf. § 22, 2) a donné en a. fr. *noient* (*neient, nïent, neant*) qui conservait, à côté de ses emplois adverbiaux, des emplois comparables à ceux de *nihil* :

Rollant respunt : « Jo n'ai ***nïent*** *de mel* [aucun mal] » (*Rol.* 2006)

Mais le français a éliminé les mots négatifs originels au profit de locutions de même sens composées de *ne* et d'un nom sans substantiveur.

Dans le domaine des animés, *personne* n'apparaîtra dans cet emploi qu'au XIVe siècle. L'ancien français usait de *ne ... ame* ou (retrouvant les composants primitifs de *nemo*) de *ne ... ome* :

come cil qui ***ne*** *cuidoit qu'il eust* ***ame*** *laienz* (*Queste* 250, 17)
[en homme qui ne croyait pas qu'il y eût âme qui vive là-dedans]

De mort ***n'****avrat guarantisun por* ***hume*** (*Rol.* 924)
[Il ne sera protégé de la mort par personne].

Dans le domaine des choses, le même rôle était joué par le nom *chose* ou, de plus en plus, par le nom féminin *rien* issu du latin *rĕm*, « chose », dont le sens restait librement positif (comme celui du nom *ome*) avec l'article :

Par verté vous di ***une rien*** (*Continuation de Perceval* 9884)
[Je vous dis une chose véritable].

et qui désignait même les créatures vivantes :

Onques Dex ***ne*** *fist* ***rien*** *tant saige*
Ne qui tant soit de franc coraige [de noble cœur] (*Erec* 539)

Sans article, *rien* prenait une valeur indéfinie qui convenait aux contextes interrogatifs ou négatifs :

En ouvrant ***n'****ai* ***rien*** *recouvré*
Dont je me cuevre. (Rutebeuf, *La griesche d'esté* 11)
[En travaillant je n'ai rien gagné
dont je puisse me couvrir].

Associé à *ne, rien* concurrençait *noient*, prenant une valeur adverbiale que marquait souvent un *-s* non casuel, comme dans la suite du même texte :

Ci a fol ouvrier et fole oevre
Qui par ouvrer ***riens ne'*** *recuevre* ! (13)
[Voilà un stupide travailleur et un stupide travail
quand on ne gagne rien en travaillant !]

Quatre pronoms-adjectifs étymologiquement négatifs étaient employés par redondance en association avec *ne* :

1. l'archaïque ***neün, negun*** ou ***nun*** (de *nec unum*) :

Ne jamais ***nuns*** *ne s'entremete*
De bareteir... (Rutebeuf, *Le dit d'Aristote* 52)
[et que jamais personne n'entreprenne de tromper].

2. ***nesun*** ou ***nisun***, composé (sans doute à l'époque romane) des éléments qui ont donné *nees, nis* (§ 38) et d'*unum* :

> *Que l'emperere* ***nis un*** *des soens n'i perdet* (*Rol.* 806)
> [Afin que l'empereur n'y perde pas un des siens].
>
> *Onques* ***nesune*** *beste ne fu si acesmee* [gracieuse]
> (*Florence de Rome* 3633)

3. ***nul***, de *nullum*, ainsi décliné :

	MASCULIN		FÉMININ	
	singulier	pluriel	singulier	pluriel
CS CR 1	***nus*** ***nul***	***nul*** ***nus***	***nule***	***nules***
CR 2	***nului***		***nuli***	

Le CR2 a les fonctions d'un pronom comme *celui* (§ 34) :

> *Ge nel feroie por* ***nului*** (*Dole* 4978)
> [Je ne le ferais pour personne].

Quoique négatif par essence, *nul* ne joue guère ce rôle en ancien français qu'en association avec *ne*, redondance ambiguë qui aboutit à le rendre positif en l'absence de *ne* (dans un entourage tant soit peu interrogatif ou hypothétique) :

> *Di moi : veïs tu* ***nul*** *hairon* [héron] ? (*Jeu de Robin et de Marion* 40)

4. ***neül, niul*** (de *nec ullum*) :

> ***Niule*** *cose non la pouret omque pleier.* (*Eul.* 9)
> [Nulle chose ne put jamais la faire plier].

Rien ne laissait prévoir que tous ces pronoms-adjectifs seraient évincés tôt ou tard par *aucun*, dont l'emploi en phrase négative restera exceptionnel jusqu'au XVe siècle.

43. Indéfinis quantitatifs

On peut réunir sous le chef de la quantité les mots indéfinis suivants, dont plusieurs fonctionnent soit comme adjectifs accordés avec le nom qu'ils précèdent (*tanz vassaus*), soit comme adverbes reliés (ou non) par *de* au nom qu'ils régissent (*tant de vassaus*) :

1. ***Tanz***, CR *tant*, fém. *tante(s)*, remonte au latin *tantus* (*tanti* ayant remplacé en latin vulgaire *tam multi* ou *tot*)

> ***Tanz*** *cols* [tant de coups] *ad pris de lances et d'espiez.* (*Rol.* 541)
>
> ***Tant*** *i avrat de besanz esmerez* (ibid. 132)
> [Il y aura tant de besants d'or fin].

2. ***Auquant***, « quelques-uns », remonte à *aliquanti* par un glissement de sens analogue :

> ***Alquant*** *i vont,* ***aquant*** *se font porter.* (*Alexis* 558)

Li auquant a le sens de *li aucun* (§ 39) : « quelques-uns, certains ».

3. ***Maint***, « nombreux », exprime le grand nombre soit au singulier (CR *maint vassal*), soit au pluriel (CR *mainz vassaus*) comme en latin *multus* (en poésie *multus miles* = *multi milites*).

L'existence de mots du même sens et de forme voisine comme l'allemand *manch*, l'anglais *many*, le danois *maengde*, le suédois *mängd* suggère une base commune germanique.

4. ***Mout*** (*mouz, moutes*) continue *multus* soit comme adjectif :

Par ***multes*** *terres fait querre* [chercher] *sum amfant.* (*Alexis* 112)

soit comme adverbe : *mout de terres.*

5. ***Poi*** est l'antonyme de *mout*. Il remonte à *pauci*, « peu nombreux », où l'effacement du *c* après *u* est sans doute analogique des cas sans *i* ; les féminins *poe, poes* et le neutre adverbial *pou, peu* (de *paucum*) ont reçu dans l'Ouest et le Sud-Ouest un *i* d'où *poie, poies, poi*) peut-être sous l'influence du CS masculin.

Poi est quelquefois adjectif et accordé : *poie chose* (Benoît de Sainte-Maure), *poies choses* (*Livre de Job*) ; mais plus souvent il est adverbe avec les emplois de *pou* :

De noz Franceis m'i semblet aveir mult ***poi*** (*Rol.* 1050).

6. ***Plusieur*** (ou *pluiseur, pluisor, plusor*) signifiait « un bon nombre », comme le latin classique *complures* dont le latin vulgaire étendit le sens au simple *plures* (d'abord comparatif) ; renforcé d'une terminaison de comparatif, *plures* devint en bas latin *pluriores* et **plusiores* (**plusiori*) par croisement avec *plus* ; de là l'ancien français *pluisor* refait en *plusor* (encore sur *plus*) et doté dès le XIIe siècle du suffixe *-ieur* de *supérieur, antérieur, etc.* :

De ***plusurs*** *regnes vendrunt li hume estrange* (*Rol.* 2911)
[De maints royaumes viendront les vassaux étrangers].

Le pronom *li plusieur* signifiait « la plupart ».

44. *Tot*

Tot remonte à *tōtus* qui avait annexé en Gaule le sens d'*omnis* (Cicéron disait déjà *totis noctibus*). Un redoublement expressif (*tottus, totta*) explique le maintien du *t* au féminin :

	MASCULIN		FÉMININ	
	singulier	pluriel	singulier	pluriel
CS CR	***toz*** ***tot***	***tuit*** ***toz***	***tote***	***totes***

La forme de CS plur. *tuit* est expliquée à partir de *tutti* attesté dans les gloses de Cassel, l'*o* s'étant fermé en *u* par dilation (cf. SPH p. 17) et l'*i* ayant été inversé dans des séquences comme *tutti* homini* (explication controversée).

Une forme *trestot*, etc. (renforcée par *tres*) s'emploiera jusqu'au XVIe siècle.

Se rapportant à un nom, *tot* avait deux constructions :

1. L'extension du nom était marquée par un substantiveur, auquel cas *tot* ne faisait que souligner par redondance l'étendue de l'ensemble déterminé, et restait extérieur au groupe nominal, presque toujours avant, quelquefois après :

> ***tut*** *l'aveir de Rume* (*Rol.* 639)
> [toutes les richesses de Rome].
>
> ***tuit*** *si per* (ibid. 306)
> [tous ses pairs].
>
> *Li baron* ***tuit*** *se merveillierent* (*Rou* SATF III 6123).

Seule l'antéposition se maintiendra en français moderne.

2. *Tot* servait à lui seul de substantiveur, marquant alors une totalité très générale :

> *mult est pesmes Rollant*
> *Ki* ***tute*** *gent voelt faire recreant*
> *E* ***tutes*** *teres met en chalengement* ! (*Rol.* 392)
> [Roland est odieux, qui veut réduire à merci toute nation, et dispute toutes les terres].

Cette construction se maintiendra au singulier jusqu'à nos jours (*tout citoyen*) ; au pluriel, seulement dans des locutions : *de toute(s) manière(s), en tous (ou tout) point(s), à toutes fins utiles.*

Remarques : a) Devant un adjectif, *tot* prenait souvent la valeur d'adverbe, mais ne s'accordait pas moins avec le nom (contrairement à l'usage moderne établi par les grammairiens du XVIIe siècle) : *set anz* ***tuz*** *pleins, lor espees* ***tutes*** *nues.*

Devant un adverbe, il était adverbe et invariable : ***tout*** *premereins* [tout premièrement], ***tut issi*** [ici même, ou : tout ainsi].

b) La préposition *a* au sens d'« avec » était souvent suivie de *tout* accordé avec le groupe nominal régi :

> *et s'en alla vers Salenique* ***a totes*** *ses genz et* ***a tote*** *sa fame*
> [avec ses gens et avec sa femme] (Villeh. 300)

A tot, en ce sens, pouvait rester invariable :

> *La ert Artus* ***atot*** *sa gent* (Béroul 3597).

45. *Chascun*

Chascun semble résulter du croisement, avec un dérivé non sûrement attesté (*cesque* ?) du latin *quisque* (« chaque, chacun »), d'une forme (assez rare) *chaün* remontant à (*unum*) *cata unum* [un par un], expression méditerranéenne calquée sur le grec *hena kath'hena* (même sens).

Il pouvait être pronom (comme aujourd'hui) et adjectif :

> *Kar* ***chascun*** *jur de mort s'abandunet* (*Rol.* 390)
> [Car chaque jour, il s'expose à la mort].

Chasque, adjectif, fait sur *chascun* d'après *quelque*/*quelqu'un*, apparaît sporadiquement au XIIe siècle, mais ne se répandra qu'au XIVe.

I. MOTS INTERROGATIFS ET RELATIFS

46. Simplification du paradigme en bas latin

L'indo-européen distinguait formellement une série de pronoms interrogatifs-indéfinis et une série de pronoms relatifs les uns et les autres dérivés de la base **Kw-*. En latin classique, la distinction formelle n'existait plus qu'au nominatif masculin singulier qui était *quis* dans la première série et *qui* dans la seconde, ainsi qu'au nominatif-accusatif neutre où *quid* s'opposait à *quod*. En latin vulgaire, la généralisation de *qui* et la confusion de *quid* et *quod* effaça toute distinction et l'on peut parler d'une série unique de pronoms-adjectifs relatifs-interrogatifs-indéfinis de radical [Kw-] (cf. § 39).

A l'époque romane, le nominatif *qui* et l'accusatif *quem* ont supplanté les féminins *quae* et *quam*, et l'identité du nominatif au singulier et au pluriel a entraîné analogiquement la disparition de *quos, quas* au profit de *quem*.

A l'époque mérovingienne, la paradigme commun des pronoms-adjectifs relatifs-interrogatifs-indéfinis confondait les nombres, réduisait les genres à l'animé et à l'inanimé, et ne connaissait plus que trois cas, distincts seulement dans l'animé :

	NOMINATIF	ACCUSATIF	DATIF
Masc.-fém.	*qui*	*que(m)*	*cui*
Neutre	*quid, quod, quae*		

Cette unité formelle apparente recouvrait en fait des systèmes fonctionnels différents liés moins aux valeurs syntaxiques qu'expriment les termes « interrogatif » et « relatif » qu'à l'absence ou à la présence d'un antécédent. C'est ce qu'on observe encore en ancien français où la série est réduite à :

— *qui* (du latin *qui*), écrit dialectalement *ki* et *chi* :

— *que* (de *quem, quod* et *quae*) ;

— *cui* (de *cui*), souvent confondu avec *qui* dans l'écriture, et à partir du XIIe siècle dans la prononciation ;

— *quoi* (de *quid*).

47. Pronoms simples sans antécédent

	CS	CR 1	CR 2
Personnes	***qui***	***cui***	
Choses	***que***		***quoi***

En l'absence d'antécédent, la distinction retenue comme la plus importante a été celle des personnes et des choses, les premières étant opposées aux secondes par la terminaison *-i* dans le CS *qui* et le CR *cui.*

1. DÉSIGNATION DES PERSONNES

Qui remplissait les fonctions du CS, c'est-à-dire « sujet » ou « attribut » :

*Et **ki** serat devant mei en l'ansguarde* [avant-garde] ? (*Rol.* 748)

« *Bele douce amie, fait il, dites moi **qui** vos estes* » (*Auc.* XXXVIII, 3)

Il pouvait être sujet d'une relative sans antécédent, dont le sens n'était pas forcément général comme en français moderne :

***Ki** lui portat, suëf le fist nurrir* (*Alexis* 32)
[Celle qui le porta le fit élever avec douceur].

Il pouvait même entraîner le pluriel du verbe :

***Qui** l'unt oïd remainent en grand dute* (*Alexis* 300)
[Ceux qui l'ont entendu restent en grande crainte].

Cui (ou *qui*) assumait les fonctions de régime direct et indirect :

« *Certes* », *dist il,* « *ne sai **cui** antercier* » (*Alexis* 177)
[« En vérité », dit il, « je ne sais qui interroger »].

***Cui** il consuit tot est a mort jugié* (*P. Or.* 1012)
[Celui qu'il atteint est condamné à mort sans recours]

*A **cui** iés tu, di, barbustin* ? (*Feuillée* 603)
[A qui es-tu, dis, petit barbu ?]

De sa valeur casuelle originelle, il gardait, sans préposition, la valeur dativale :

*De ço **qui*** (= *cui*) *calt* [De cela, à qui importe-t-il] ? (*Rol.* 1405)

Qui (= *cui*) *qu'en peist* [A qui que cela puisse déplaire]. (ibid. 1279)

d'où « possessive » :

*O filz, **cui** erent mes granz ereditez* ? (*Alexis* 401)
[O mon fils, à qui seront mes grands héritages ?]

*Et il li respont qu'il ne set pas tres bien **cui** filz il fu* [de qui il était le fils] (*Queste* 20, 7).

2. DÉSIGNATION DES CHOSES

Dans le domaine des choses, la position dans la phrase déterminait le choix entre *que* et *quoi* de la même manière qu'entre *me* et *moi, le* et *lui,* etc. (§ 25, 2°).

En fonction de régime devant le verbe, *que* était normalement employé (*quoi* devant un infinitif, cf. § 25, 3°) :

« *Seignors, **que** faites* ? (*Alexis* 501)

*Or ne sai jo **que** face* (*Rol.* 1982)

***Que** jones aprent vieus le retient.* (*Proverbes*, Morawski n° 1768)

*Nos entendons bien **que*** [ce que] *vous dites.* (Villeh. 72)

Il prévalait également en fonction d'attribut antéposé :

***Qu**'est devenuz li Gascuinz Engeler* ? (*Rol.* 2407).

La fonction sujet est peu représentée, comme si elle convenait mal aux choses. On donne souvent *que* pour sujet dans des contextes comme :

« *Merlin, **que** porra il de cest siege avenir* ? » (*Queste* 77, 28)

mais il y est aussi bien régime d'un verbe impersonnel (ici *avenir*) précédé ou non du sujet *il*.

Dans les cas où le procès pourrait être provoqué par une personne ou par une chose, on recourait parfois à la forme animée *qui* :

*Et Josephes li demanda **qui*** [ce qui] *l'avoit cele part amené* (*Queste* 85, 3)

Quoi était la forme forte normale après une préposition :

*Pour **coi** le ramenés vous chi* [ici] ? (*Feuillée* 1048)

*Dont i a bien de **quoi** je me doie esmaier.*
[Il y a bien là pour moi de quoi m'effrayer]
(*Berte aus grans piés* XXXIX)

La forme réduite *que* apparaît pourtant dans cette position, souvent élidée :

*A **que** ne vos en prent pitiez* ?
*Por **que** volez si tost morir* ? (*Roman de Troie* 292)

*Por **c**'ai ocis tante bele jovente* ? (*Charroi de Nîmes* 273)
[Pourquoi ai-je tué tant de beaux jeunes gens ?]

48. Pronoms simples avec antécédent

	CS	CR 1	CR 2
Personnes	***qui***	***que***	***cui***
Choses			***quoi***

Quand le pronom est précédé d'un mot antécédent (nom, adjectif ou pronom), la distinction des personnes et des choses, devenue redondante, tend à disparaître au profit d'une indication précise de la fonction dans la proposition relative.

1. CAS SUJET (*QUI*)

Qui sujet peut représenter un nom ou un pronom de sens animé ou inanimé :

*Veez m'espee, **ki** est e bone e lunge* (*Rol.* 925)

*li cevax **qui** ot senti les esperons* (*Auc.* X, 11)

aprés le vallet peust on suir [on aurait pu suivre] *le trace du sanc **qui** caoit* [tombait] *sor l'erbe* (ibid. XXIV, 67)

Lors li conte Melyanz [alors Melyant lui raconte] *tout ce **qui** li estoit avenu* (*Queste* 44, 25)

Que remplace quelquefois *qui* sujet neutre comme dans ces vers de Wace (*Rou* III, 7263-4) où le pronom représente la proposition principale (*vos ocieront*) :

De voz terres vos chaceront
E, ***que*** *piés* [pis] *iert, vos ocieront.*

Souvent *que*, apparemment sujet neutre, est interprétable comme une forme de CR dépendant par ellipse d'un verbe impersonnel :

Or dites ce ***que*** *vos plaira* (Villeh. 142) [Dites donc ce qu'il vous plaira<de dire>].

Mais l'alternance de *que* et *qui* au CS est un fait observable même avec antécédent masculin ou féminin dans les textes de l'Est, du Nord et de l'Ouest (dont l'anglo-normand) :

Des ore cumencet le cunseill ***que*** *mal prist* (*Rol.* 179)
[Alors commence le conseil qui tourna mal]

Ma dame Fere l'orgellose
Que *molt estoit cortoisse et bele* (*Renart* I 1438)

En cas d'élision, on ne saurait dire si, dans ces textes, la forme élidée est *que* ou *qui*.

2. CR 1 (*QUE*)

Le CR 1 est employé en principe avec la fonction d'objet direct ou d'attribut :

Deu le glorius ***que*** *devuns aürer* [adorer] (*Rol.* 124)

Dix vos laist trover ce ***que*** *vos querés* [Dieu vous fasse trouver ce que vous cherchez] ! (*Auc.* XXIV, 70)

Sire Gerars, ***que*** *est cho que tu dis* ? (*Aspremont* 1439)

Il peut avoir pour antécédent une proposition :

Einz mes ne te vi ***que*** *je sache* (*Erec* 1001)
[Je ne t'ai encore jamais vu, que je sache].

3. CR 2 (*CUI*/*QUOI*)

La seconde forme de CR distingue les personnes et les choses par l'opposition *cui* (ou *qui*)/*quoi.*

Cui (*qui*) avait les mêmes fonctions avec un antécédent que s'il n'en avait pas (§ 47), régime direct (concurrençant *que*) ou indirect :

Bien deüst avoir vostre aïe
Cil ***cui*** *tant soliëz amer* (*Ch. Ch.* 6490)
[Il aurait bien dû avoir votre aide celui que vous aimiez tant].

Cele ***qui*** *Amors grieve et point* (*Vair P.* 674)
[celle qu'Amour tourmente et blesse].

Li dus, a ***cui*** *samble mout grief* (*Chastelaine de Vergi* 141)
[Le duc, à qui cela semble très triste].

Il avait les mêmes valeurs datives :

cil ***cui*** *vos obeïssiez* [celui à qui vous obéissiez] (Villeh. 146)

Le roi de Hungrie, ***cui*** *seror il avoit a fame* [Le roi de Hongrie, dont il avait la sœur pour femme] (Villeh. 264).

Quoi était régime indirect :

ceste espee a ***quoi*** *vos n'osastes metre la main* (*Queste* 13, 5)

Il convenait pour un animal :

li cevaus sor ***quoi*** *il sist*
[le cheval sur lequel il se tenait] (*Auc.* X, 4)

Quoi relatif pouvait prendre, comme *quoi* interrogatif (§ 47, 2°) la forme réduite *que*, comme dans cet exemple où l'antécédent est une proposition :

Rollant me forfist en or e en aveir,
Pur ***que*** *jo quis sa mort e sun destreit* (*Rol.* 3758)
[Roland m'a fait tort dans mon or et mes biens,
raison pour laquelle j'ai cherché sa mort et sa ruine].

Exceptionnellement, *quoi* représentait un nom de personne :

Bien soit venus cil
Par ***coi*** *somes jecté d'eschil*
Et d'anuis et de povretez ! (Gerbert de Montreuil 6405)
[Bienvenu soit celui par qui nous avons été arrachés aux tourments, aux peines et aux misères].

Remarques : a) La forme réduite *que* se présente en ancien français comme un « archimorphème » de la fonction relative, alternant avec *quoi, qui* et *cui.* Elle est capable d'exprimer sans préposition un large éventail de relations, telles que :

— le lieu : *Si s'en retorna et se remist en la voie* ***que*** *ele ert venue.* (*Queste* 13, 14) ;

— le temps : *Ce fu au tans* ***qu'****arbre florissent* (*Perc.* 69) ;

— la « possession » : *Une partie de l'ost,* ***que*** *deus out tuched les quers* [une partie de l'armée, dont Dieu avait touché les coeurs] (*Quatre livres des Rois* p. 35).

b) On a discuté de sa fonction dans le tour suivant :

Respunt Rollant : « *Jo fereie* ***que*** *fols* ! » (*Rol.* 1053)
[Roland répond : « Je me comporterais comme un fou ! »].

Adolph Tobler (après Henri Estienne) y voyait un complément d'objet du verbe *faire* sous-entendu (« ce que fait un fou ») ; d'autres, comme Josef Herman, lui donnent le sens élargi de « comme », qui convient seul dans certains contextes et qui remonterait à *quod* employé en bas latin pour *quomodo* (*Incedunt sine pedibus ... quod angues,* Tertullien, *De anima,* 10) :

Li feme Henri des Arjans,
Ki grate et resproe ***c'****un cas* (*Feuillée* 315)
[La femme d'Henri des Arjans, qui griffe et souffle comme un chat].

Il s'agit sans doute de deux emplois d'origine différente (selon Albert Meiller, *Revue de linguistique romane,* janv.-juin 1993).

c) En discours familier, comme aujourd'hui en français populaire, *que* pouvait devenir une simple conjonction relative :

et s'i (= en enfer) *vont les beles dames cortoises* ***que*** *eles ont deus amis ou trois avoc leur barons* [maris] (*Auc.* VI, 35).

49. Pronoms composés *quanque, lequel,* etc.

Le pronom-adjectif *quanz* (de *quantus,* « aussi grand ») associé au relatif *que* a donné en ancien français un pronom relatif neutre *quant que,* « tout ce que », souvent écrit *quanque* :

> *Or pues dire* ***quanque*** *tu vieus* (*Courtois d'Arras* 304)
> [Tu peux maintenant dire tout ce que tu veux].

A partir de l'article défini et de *quel* (du latin *qualem*), adjectif décliné comme *tel* (§ 40), a été composé le pronom-adjectif *lequel* (CS *liquieus*), quelquefois employé en ancien français (mais répandu plus tard) :

> ***Li quels*** *l'a donc ? — Tu l'as. — Mes tu.* (*3 Av.* 159)
> [Lequel (de nous) l'a donc ? — Tu l'as. — Non, toi].

> *Li palefrois s'en va la voie*
> *De* ***la quele*** *ne se desvoie* (*Vair P.* 1067).

Quant aux autres formes de pronoms interrogatifs composés usitées en français moderne (*qui est-ce qui, qu'est-ce qui,* etc.), on ne peut les tenir pour des unités morphologiques à l'époque de l'ancien français. Elles s'y dessinent seulement, sous des constructions variées que L. Foulet (*Romania* XLVII) a rattachées avec vraisemblance à la construction *c'est...que* donnant valeur de « propos » au terme dont *ce* résume le « thème » :

> ***Qui*** *est* ***ce,*** *diex, qui m'aparole ?* (*Renart,* IV, 233)
> [Par Dieu, celui qui m'interpelle est qui ?]

> *A* ***qui*** *es* ***ce*** *que vos parlez* ? (ibid., XII, 550)
> [Votre parole s'adresse à qui ?]

> *Et savez* ***que ce*** *est que m'avez otroié ?* (*Mort Artu* 14, 12)
> [Et ce que vous m'avez accordé, savez-vous ce que c'est ?]

> ***Li quex*** *est* ***ce,*** *savoir le vuel*
> *Qui tant a folie et orguel* ? (*Ch. Ch.* 2579).

50. Le pronom adverbial *dont*

L'adverbe *dont,* issu de *de unde,* avait comme en français moderne les fonctions de pronom relatif du rayon de la préposition *de* :

> *Le blanc osberc,* ***dunt*** *la maile* [la maille] *est menue* (*Rol.* 1329)

> *Asez savum de la lance parler,*
> ***Dunt*** *Nostre Sire fut en la cruiz nasfret* [blessé]. (ibid. 2503)

Mais il conservait, de son étymon latin, la faculté de figurer en contexte interrogatif, au sens de « d'où ? » :

> *et li demanderent* ***dont*** *il est et de quel gent* (*Queste* 265)

Remarques : a) A partir du XIIe s., *dont* (pronom adverbial) est souvent écrit comme *donc* (conjonction de coordination ou adverbe de temps) et inversement, les lettres *t* et *c* se ressemblant dans l'écriture et n'étant plus prononcées à la fin de ces mots.

b) En tête d'une proposition relative et avec la proposition précédente pour antécédent, *dont* signifie souvent « de là », « en conséquence de quoi » :

> *La fu morz* [mourut] *Oliviers et ses compains* [son compagnon] *Rolans,*
> *Li douze pair de France,* ***dont*** *Karles est dolanz.* (*Ch. des Gascons V*)

Cet emploi semble avoir favorisé l'évolution de la conjonction homonyme *donc* du sens temporel primitif (« alors ») au sens logique moderne.

c) Un emploi fréquent en ancien français et qu'ignore le français moderne donne à *dont* sans antécédent le sens de « de ce que » (nuance causale) :

> *Je t'ain mout et pris*
> ***Dont*** *tu as respondu issi* (*Rose* 1926)
> [Je t'aime et t'estime beaucoup
> pour avoir répondu ainsi].

d) L'adverbe simple latin *unde* est conservé en ancien français sous la forme *ont*, relevée surtout dans l'Ouest associée avec *par* :

> *Lez le chemin* ***par unt*** *jeo vois* (Marie de France, *Bisclavret* 90)
> [Au bord du chemin par où je vais].

51. Le pronom adverbial *ou*

L'adverbe *ou* exprimait en ancien français, comme son étymon *ubi* en bas latin, le lieu où l'on est et le lieu où l'on va :

> *il demande* ***ou*** *li rois estoit* (*Auc.* XXVIII 14)
>
> *Moi ne caut* ***u*** *nous aillons* [Peu m'importe où aller] (ibid. XXVII, 12).

Comme *dont* avait élargi son sens aux valeurs de « de qui/de quoi », *ou* tendait à prendre les valeurs de « à qui/à quoi », « en qui/en quoi » :

> *Ne trovat home* ***u*** *il sachet parler* (*Ch. de Guillaume* 708)

Mais dans quelques contextes (après les présentatifs *ez, veiz ci* et des verbes comme *veoir* et *trover*), la traduction moderne doit remplacer *ou* par *qui*, sujet animé :

> *A ces paroles* ***es vos*** *le mes* ***u*** *vint*
> [Sur ces paroles, voici le messager qui arriva].
> (*Enfances Guillaume*, 53, ms. C)

Remarque : Comme en français moderne, *ou* avec antécédent pouvait glisser au sens temporel (alternant avec *que*) :

> *El tens* ***ou*** *toute rien* [chose] *s'esgaie* (*Rose* 49)
> *L'ore* ***que*** [L'heure où] *ge te vi* (*Perc.* 8399)

Le sens temporel se rencontrait aussi sans antécédent :

> *Brengain i vint, la damoisele*
> ***Ou*** *out pignié* [quand elle eut peigné] *Yseut la bele* (Béroul 4417)

Souvent suivi du verbe *veoir* dans la langue épique, il impliquait rapidité :

> ***Ou*** *voit le mes, si li commence a dire...* (*P. Or.* 1759)
>
> [Dès qu'il voit le messager, il se met à lui dire...]

J. MOTS NUMÉRAUX

52. Système numéral de l'ancien français

L'ancien français a hérité le système de numération à base 10 du latin classique, simplifié en bas latin où *ducenti, trecenti, quadringenti,* etc. avaient été remplacés par *duo centi, tres centi, quattuor centi,* etc. sur le modèle de *duo milia, tria milia, quattuor milia,* etc.

En même temps s'était épurée et arrêtée la règle selon laquelle le plus petit nombre d'une suite de deux était placé :

— **premier** s'il avait la fonction **multipliante** : bas lat. *dui centi,* « deux cents » (lat. cl. *ducenti*) ; ancien français : *dui cent* ;

— **second**, avec *et,* s'il devait être **additionné** : bas lat. *centi et dui,* « cent deux » (lat. cl. *centi duo* ou *duo et centi*) ; ancien français : *Ce fut fait en l'an de l'incarnation de nostre Seigneur Jhesu Crist* ***mil et deus cenz et soixante et dis*** (Charte de l'Oise) ; l'emploi de *et* devait rester obligatoire jusqu'au XVIe siècle.

Corollairement, le bas latin avait remplacé les composés à valeur soustractive comme *duodeviginti,* « 18 » (2 ôté de 20), *undetriginta,* « 29 » (1 ôté de 30), par des composés additionnants : d'où en ancien français *dis et uit, vint et neuf.*

Une complication malencontreuse apparaît dans les textes au XIIe siècle avec l'emploi d'une numération à base 20 :

> *Si li mande que.* ***VI.XX.*** *lances*
> *Li face paindre de ses armes* (*Dole* 1956)
> [Il lui demande de faire peindre 120 lances à ses armes]

Ce système vicésimal peut avoir pour substrat un usage antérieur à la domination romaine, soit celtique (on le retrouve en irlandais et en breton), soit normand (on le retrouve en danois), à moins qu'il ne soit né spontanément.

Geoffroy de Villehardouin, vers 1200, écrivait 120 et 140 en numération vicésimale (*.VIXX., .VIIXX.*), mais 40, 60, 80, 300 en numération décimale (*.XL., .LX., .LXXX., .CCC.*). En 1260, saint Louis fondait l'hôpital des *Quinze Vingts* pour 300 aveugles. Mais le système vicésimal régressera dès le XIVe siècle.

53. Formes des cardinaux

0

Le concept de « zéro », qui manquait aux Latins, fut transmis au XIe siècle à l'Europe par les Arabes qui le tenaient de l'Inde. Au XIIIe siècle, « zéro » s'est dit en français *cifre,* de l'arabe *sifr,* « zéro ».

1

Un, nom de nombre, mais aussi article (§ 4) et pronom (§ 37), s'accordait en genre et en cas.

2

Deus se déclinait en cas :

— Le CS *düi* remonte au bas latin *dui* (IIIe s.) fait sur *dŭō* d'après *quī* (conservation du timbre [u] par « dilation » comme dans *fŭī*, SPH p. 17).

— Le CR *deus* (*dous* dialectalement) remonte à *duos* par **doos* et **dos.*

Une forme *doi* alterne avec *dui*, remontant à *dui* sans effet de dilation, ou refaite sur *dous*. Une forme de féminin *doues* remontant à *duas* (CS et CR) se rencontre dans l'Est, remplacée ailleurs par le masculin.

Duo avait en latin un doublet *ambo* quantifiant les objets allant par deux. Le féminin *ambas* survit dans *ambes mains* (*Rol.* 2931). Un composé de *ambo* et *duo* est mieux attesté, sous les formes *andui* (CS masc.), *an(s)dous* (CR masc.), *ambesdous* (cas unique féminin) et par influence réciproque *ansdous* et *ambesdous* aux deux genres :

> *Fors de la teste li met les oilz* ***ambsdous*** (*Rol.* 1355).

3

Trēs > *treis* > *trois* (XIIe s.) ; l'ancien français a refait en *trei, troi* le CS masc. sur le modèle des adjectifs uniformes (§ 14).

4

Quattuor > **quattor* > *quatre.*

5

Quīnque > **cinque* (dissimilation) > *cinc.*

6

Sĕx [sęks] > [sieys] > *sis*

7

Septem > **sette* > *set.*

8

Octo > *uit* (comme *nŏctem* > *nuit*, SPH p. 16) ; la forme est *oit* dans les dialectes où *noctem* > *noit* ; écrit d'abord *vit*, le mot a reçu au XIIe siècle un *h* qui l'a distingué de la forme verbale *vit* (de *vivre* ou *veoir*).

9

Nŏvem > *nuef, neuf.*

10

Děcem > *diz*, qui alterne anciennement avec *dis*.

11, 12, 13, 14, 15, 16

Onze, douze, treze, quatorze, quinze, seze remontent régulièrement aux composés latins en *-děcim : undecim, duodecim* (bas lat. **dodece*), *tredecim, quattuordecim, quindecim, sedecim.*

17, 18, 19

Dis et set/uit/neuf remontent au bas latin *decem et septem/octo/novem* remplaçant *septemdecim, duodeviginti, undeviginti.*

20, 30, 40, 50, 60, 70, 80, 90

Vigĭntī > **viyyinti* > *vinti* > *vint*

Triginta > **triyyenta* > *trienta* > *trente*

Quadraginta > *quarranta* > *quarante*

Quinquaginta > *cinquaginta* > **cinquanta* > *cinquante*

Sexaginta > **sexanta* > *seissante, soixante*

Septuaginta > **settanta* > *setante*

Octoginta > *octaginta* > **octanta* (analogique) > *oitante, uitante*

Nonaginta > *nonanta* > *nonante.*

Dans ces mots, le *g* latin s'est relâché et amui devant *i* au IIIe s. (SPH p. 34). L'*i* bref tonique s'est ouvert en *e* sauf dans *vint* où il en a été préservé par dilation (SPH p. 17). L'*i* prétonique de *trienta* s'est consonnifié et amui. Dans les autres mots, l'*e* peut avoir perdu son accent et s'être amui comme prétonique dans les nombres composés (ex. *quadraginta tres*) accentués sur l'élément final (Fouché).

100

Centum > *cent.* Au CR, *cent* multiplié est écrit *cenz* (de *centos*) : *trois cenz* (mais la règle est souvent enfreinte).

1.000

Mille (sing.) > *mil* ; *milia* (plur.) > *mille* (ou *milie, mile, mire*). Mais *mil* et *mille* se rencontrent indifféremment au pluriel ; on lit dans la *Chanson de Roland* : *mil colps* (2090), *vint milie humes* (13), mais *vint mil chevaliers* (548).

1.000.000

Million apparaît en 1270, emprunté à l'italien (*milione*) ; il remplace *mil mille* ou *milante mil.*

Remarque : Dans les manuscrits médiévaux, les nombres sont écrits en chiffres romains, entourés de deux points ; dans les nombres composés par multiplication, le multiplicande est souvent placé en exposant du multiplicateur : *.XV^m^.* (15.000).

54. Forme des ordinaux

Le français a créé à partir de l'héritage latin un suffixe générique des ordinaux qui se présentait anciennement sous diverses formes :

— *ime*, forme savante empruntée de *primus*, *decimus*, etc. ;

— *isme*, sans doute tiré de *disme* (« 10ème ») remontant à *dĕcĭmum* ;

— *esme*, remontant à *-ēsimum* (ex : *centesimum*> *centesme*) et conservé dans *carême*, doublet du savant *quadragesime* ;

— *iesme* (*ieme*), résultant soit d'un croisement de *-isme* et *-esme*, soit d'un traitement dialectal de *-isme* (Sud-Ouest *diesme*, « 10ème »).

Alors qu'en français moderne tous les ordinaux sauf *premier*, *second* se forment en ajoutant *-ième* à la base d'un cardinal, en ancien français quelques vestiges du latin résistaient à la formation normalisée :

— ***Premier*** (de *primier* par dissimilation), fém. *premiere* continuait le latin *primariu*, *-ia*, obligatoirement dans l'emploi simple (sous l'influence de son antonyme *dernier*, issu probablement de *derrain* [du lat. **deretranu* fait sur *de retro*] modifié lui-même d'après l'alternance *premier* / *premerain* [de **primaranu*]), mais alternant en composition avec *unie(s)me* fait sur *un* : *vint et uniesme*.

Le latin classique employait plus normalement *prīmus*, que l'ancien français conserve dans *printens* (ou *tens prin*) et surtout au figuré, sous la forme du féminin généralisée :

Un bacheler juene de barbe prime (*P. Or.* 625).

— ***Second*** (prononcé et parfois écrit *segont*), fém. *seconde* (*segonde*), emprunté au latin classique (*secundu*, *-a*), alternait avec ***autre*** (cf. § 37 Rem.) ; la forme moderne *deusie(s)me* ne sera créée sur *deus* qu'à la fin du XIVe siècle.

— ***Tierz***, fém. *tierce*, de *tiertiu*, *-tia* (cf. SPH p. 16) , alterna à partir du XIIe siècle avec *troisie(s)me*, qui ne l'emportera qu'au XVIIe siècle.

— ***Quart***, fém. *quarte*, de *quartu*, *-a*, régnera sans concurrent jusqu'au XIVe siècle où sera créé *quatrieme* (sur *quatre*).

— ***Quint***, fém. *quinte*, de *quintu*, *-a*, alterna à partir du XIIe siècle avec *cinquie(s)me* créé sur *cinc* ; Villehardouin écrit successivement *la quinte bataille*, *al cinquisme*, *al cinquiesme jor*.

— ***Siste, sedme, oidme, noefme, disme*** (*Rol.* 3243-6) issus de *sextu*, **settemu* (cl. *septimu*), **octemu* (cl. *octavu*), **novemu* (cl. *nonu*), *decimu*, ont été remplacés très vite par *sisieme*, *setieme*, *uitieme*, *neuvieme*, *disieme*.

— ***Dis et tierz, dis et quart***, etc. concurrençaient les ordinaux de *trezieme* à *disneuvieme*.

55. Emploi des mots numéraux

En français moderne, on emploie ou non l'article défini devant un nom cardinal selon que le nombre désigne tous les éléments du référentiel (***Les trois*** *ont fui*) ou seulement une partie (***Deux*** *ont fui*). Il n'en était pas de même en ancien français :

> *Galaad lor demande dont il sont. Et* ***li troi*** *dient qu'il sont de Gaule, et* ***li autre troi*** *dient qu'il sont d'Irlande, et* ***li autre troi*** *dient qu'il sont de Danemarche* (*Queste* 267, 28)

Dans ce tour, l'article indiquait le caractère déterminé du référentiel, non du sous-ensemble quantifié (*li troi* = trois d'entre eux). L'explication se trouve en latin vulgaire où *tres illi* (différent de *illi tres*, « les trois ») s'était substitué à *tres illorum*, « trois de ceux-là » ; par suite d'une inversion en gallo-roman (attestée en latin médiéval), *tres illi* était devenu *illi tres*, d'où *li trois*, en conservant le sens « partiel ». Ainsi s'éclaire l'emploi de l'article défini devant les pronoms indéfinis *un* et *autre* (§ 37).

En latin, l'adjectif ordinal était employé dans bien des cas où le français moderne use du cardinal. L'ancien français maintenait certains de ces emplois à côté de l'usage nouveau qui devait prévaloir.

L'extrait d'une charte de l'Oise cité au § 52 montre que, dans les dates millésimées, l'ancien français avait substitué (le plus souvent) les cardinaux aux ordinaux du latin. Mais jusqu'à la fin du XIIIe siècle, l'ordinal continua de régner dans la notation des quantièmes de mois (nombres moins longs) : *au tresime jor d'octembre* ; de même dans l'indication des heures (série encore plus courte) : *prime, tierce, none* ; et dans les noms des souverains : *Charles li quarz.*

L'ordinal se maintenait aussi dans un tour hérité du latin juridique médiéval (*sibi tertius jurare*) :

> ***Toi tiers*** *seras fet chevaliers* (Béroul 3408)
> [Tu seras fait chevalier avec deux autres]
>
> *Vit Cligés chevalchier* ***soi quart*** (*Cligès* 3366)
> [Il vit Cligès chevaucher avec trois compagnons].

2. LE VERBE

A. FORMATION DU SYSTÈME VERBAL FRANÇAIS

56. Modification du système temporel et modal latin

Le système verbal du latin classique était caractérisé par une dualité de radicaux, sur laquelle se fondait le grammairien Varron (ami de Cicéron) pour classer les formes en deux séries homologues :

— celles construites sur le radical du présent (par ex. *cap-* de *capio*, « je prends »), qui montraient le procès « inaccompli » (*infectum*) comme l'indicatif présent, imparfait, futur, le subjonctif présent et imparfait ;

— celles construites sur le radical du parfait (par ex. *cep-* de *cepi*, « j'ai pris »), qui montraient le procès « accompli » (*perfectum*) comme l'indicatif parfait, plus-que-parfait, futur antérieur, le subjonctif parfait et plus-que-parfait.

En fait, à l'époque de Varron, son classement était déjà périmé dans le plan du sens : si le parfait pouvait encore exprimer l'aspect accompli du procès, il avait pour valeur ordinaire de montrer le procès s'accomplissant dans le passé, concurremment avec l'imparfait dont le distinguait une tout autre nuance aspectuelle (cf. § 71).

Le système formel se dégrada à son tour en roman sous l'effet des altérations phonétiques :

— un futur comme *legēt* se confondit au IIIe siècle avec le présent *legĭt* ; un futur comme *amabit* se confondit au IIIe siècle avec le parfait *amavit* ;

— un futur antérieur comme *amaverit*, et le subjonctif parfait homophone, devenus *amarit* en latin parlé, puis **amaret* au IIe siècle, se confondirent avec l'imparfait du subjonctif, ambiguïté qui fut fatale à ces trois temps.

Le futur antérieur et le subjonctif parfait entraînèrent dans leur naufrage le plus-que-parfait de l'indicatif dont surnagent seulement quelques épaves (à valeur de passé simple) dans les plus vieux textes français, comme *roveret* (de *rogaverat*) dans le vers de *Ste Eulalie* cité au § 5, *firet* (de *fecerat*) au vers 125 de *Saint Alexis*.

Il ne restait du perfectum latin à l'orée du français que deux paradigmes condamnés eux-mêmes à disparaître de l'usage oral en français moderne :

— le parfait, devenu notre « passé simple » ;

— le plus-que-parfait du subjonctif, qui suppléait l'imparfait (§ 94).

Cette élimination avait été possible parce qu'une périphrase de sens accompli ou antérieur s'était répandue et grammaticalisée à l'époque gallo-romane, doublant tous les paradigmes conservés de l'ancienne conjugaison : ainsi s'était constitué un système de **temps composés** parallèle au système des temps simples (§ 57).

Quant au **futur** méconnaissable, son élimination s'était produite à la faveur d'une périphrase exprimant l'aspect ultérieur (§ 58), à tel point grammaticalisée en gallo-roman que dès les *Serments de Strasbourg* (842) l'auxiliaire *avoir* n'y apparaissait que comme désinence des formes simples *salvarai* (je protégerai) et *prindrai* (je prendrai).

Le nouveau futur se prêtait à un décalage temporel, par des formes où la désinence remontait à l'imparfait de l'auxiliaire : au futur *chantera* repéré sur le moment présent répondait *chanteroit* repéré sur un moment passé, donnant au français un « futur du passé » que le latin classique n'avait pu exprimer que par la périphrase *cantaturus erat.*

Avec cette nouvelle marque temporelle, le français acquit une ressource modale, car le futur du passé se trouva apte à exprimer en contexte hypothétique la nuance d'irréel que le latin classique assignait au subjonctif imparfait : son paradigme devint ce que les grammairiens appelleront plus tard le **conditionnel**, seule innovation dans la panoplie des modes léguée par le latin.

57. Origine des temps composés

Les temps composés du français ont deux sources latines :

1. La périphrase **part. passé** + ***habere*** *:*

Un personnage de Plaute dit : *Res omnis relictas habeo* [J'ai laissé toutes les choses] (*Stichus* 362) ; en latin parlé, dès cette époque, *relictas habeo* remplaçait le parfait *reliqui.* Ce tour était proscrit en latin littéraire, sauf si le participe restait analysable comme un attribut du complément d'objet de *habere* par exemple quand Tite-Live écrivait : *venenum quod multo antea preparatum habebat* [un poison qu'il tenait préparé longtemps à l'avance] (XXXIX, 51). Mais la périphrase populaire gagna à l'époque romane et gallo-romane la langue écrite, comme le prouve cette phrase de l'historien Grégoire de Tours (VIe s.) : *episcopum... invitatum habes* [tu as invité l'évêque]. Une preuve de l'unité morphologique de la périphrase à la même époque est donnée par l'absence d'accord dans cette traduction latine d'une phrase du médecin grec Oribase : *Omnia probatum habemus* [Nous avons tout approuvé]. Il ne restait qu'à inverser les termes — ce qui s'est fait en latin parlé à une époque inconnue — pour obtenir l'ordre *habemus probatum,* c'est-à-dire l'ordre **auxiliaire** + **participe** qui prédomina en français dès l'origine.

Cette formation des temps composés, remontant à une construction essentiellement transitive où le participe indiquait un état de l'objet du procès, a été étendue à des verbes intransitifs, donc sans complément d'objet assumant la portée du procès :

> *E dormi fermement, pur ceo k'****ot*** *tant* ***veillié*** (*Becket* 330)
> [et il dormit profondément, parce qu'il avait tant veillé].

2. La périphrase **ptc. passé** + ***esse*** :

Un certain nombre de verbes intransitifs forment leurs temps composés d'une autre façon :

*Ge **sui venuz** en mon pelerinage* (*Cour.* 386)

Le participe de ces verbes exprime l'état non d'un objet du procès, mais de son agent : celui qui *est venuz* est là, état acquis une fois pour toutes. La valeur attributive (« copule ») du verbe *estre* explique l'origine de cette construction, mais cette origine se situe en latin même dans le modèle qu'offraient les verbes déponents et semi-déponents, dont le participe passé avait le sens actif : à l'imitation de parfaits comme *locutus sum* (de *loquor*) et *gavisus sum* (de *gaudeo*), le parfait classique *veni* a été remplacé en bas latin par *ventus sum*, **venutus sum*, **sum venutus*, d'où *sui venuz*.

L'une et l'autre périphrase, exprimant originellement l'état résultant d'un procès accompli, avait glissé naturellement à l'expression directe d'un procès antérieur au temps de l'auxiliaire, avec ou sans séquelle, retrouvant les valeurs des temps du *perfectum* en perdition (§ 56).

Remarques : a) L'application récursive de la règle de formation des temps composés produit les temps « surcomposés » : *Il est parti quand il a eu mangé.* Ces temps existaient certainement en ancien français et en bas latin, mais, leur lourdeur les faisaient éviter, ils n'apparaissent dans les textes que très rarement, et seulement à partir du XIIIe siècle :

*Se Lienart t'**a eu pené**,*
Il le t'a bien guerredoné (*Renart* 11421)
[Si Léonard t'a eu fait du mal, il t'en a bien dédommagé].

b) Dans les anciens textes, il n'est pas rare que le participe précède encore l'auxiliaire des formes composées :

***Venuz** i **est** li emperere Carles* (*Rol.* 3935)

***Perdut avum** noz seignurs e noz pers* (*Rol.* 2148).

c) Certains verbes intransitifs forment leurs temps composés soit avec *avoir*, soit avec *estre*. *Avoir* semble préféré quand le procès même est montré, dans sa durée (souvent quantifiée) :

*Quant li dui compaignon **orent** grant piece **alé** par le chastel* (*Queste* 245, 6).

[Quand les deux compagnons eurent longtemps parcouru le château]

Estre convient quand le procès comporte un terme :

*A l'arceveske **sunt** a Herges puis **alé*** (*Becket* 881)
[Ils sont ensuite allés auprès de l'archevêque à Harrow].

58. Origine du futur et du conditionnel

La plupart des grandes langues d'Europe se sont créé un futur par périphrase. L'allemand associe l'infinitif à l'auxiliaire *werden* (devenir). L'anglais l'associe aux auxiliaires *will* (vouloir) et *shall* (devoir) ; l'anglais familier fait grand usage d'une locution exprimant l'intention ou l'obligation : *I have to come back*, « Je vais revenir ». Des périphrases du même type se sont substituées en roman au futur du latin classique ; l'infinitif y était associé dans les Balkans à l'auxiliaire *volo*, en Italie et en Gaule à l'auxiliaire *habeo*. Chez Tertullien (IIIe s.), *evenire habent* est employé au sens de *eventura sunt* : « sont dans le cas de se produire, doivent se produire ». L'influence du grec post-classique où ἔχω λέγειν signifiait

« je dirai » a pu jouer chez Tertullien, mais ne suffirait pas à expliquer la généralisation du tour en latin parlé au VIe siècle, cependant que la langue écrite maintenait scrupuleusement le futur classique.

Un seul document, avant le texte français des *Serments* (§ 56), atteste la soudure morphologique du nouveau futur exclusivement oral : le pseudo-Frédégaire, auteur d'une chronique des Francs (VIIe s.), raconte que, Justinien ayant demandé au roi des Perses la reddition de ses provinces, et celui-ci ayant répondu « *Non dabo* » (« Je ne les donnerai pas »), l'empereur aurait répliqué « *Daras* ! » (« Tu les donneras ! »), et si l'historien conserve à ce futur la forme vulgaire dont on ne connaît pas d'attestation contemporaine, au lieu de rétablir *dabis* ou *dare habes*, c'est que ce mot, à ce qu'il affirme, est donné comme nom à la ville où la rencontre eut lieu.

Aussi loin qu'on remonte en français, les formes en *-rai* ne sont jamais senties comme des périphrases, à la différence de ce qu'on observe anciennement en provençal, en italien, en espagnol et en portugais. Le nouveau futur avait occupé le lit de l'ancien sans déborder le mode indicatif, mais en se doublant d'une forme à repère passé où *habebam* remplaçait *habeo*, le « conditionnel ».

59. Avatars des types de conjugaison ; les 3 groupes

On sait que l'ensemble des verbes latins se répartissait entre 4 types de conjugaison, distingués par la terminaison de l'infinitif ou par la 2e personne du singulier de l'indicatif présent ; la 1re personne du singulier apportait une discrimination supplémentaire au sein du 3e groupe :

1re conjugaison : *amo, amās, amāre*
2e conjugaison : *maneo, manēs, manēre*
3e conjugaison : *lego, legis, legĕre*
3e conj. mixte : *capio, capis, capĕre*
4e conjugaison : *audio, audīs, audīre.*

Quelques verbes n'entraient dans aucune de ces classes : *esse, posse, velle, ferre* et ses dérivés (*offerre, sufferre*) ; le latin vulgaire les intégra à la norme en disant **essĕre* (> fr. *estre*), **potēre* (> *pooir*), **volēre* (> *voloir*), **offerīre, *sufferīre* (> *ofrir, sofrir*).

Dès la fin de la République, la consonification de *ĕ* ou *ĭ* en hiatus supprima toute différence orale entre les terminaisons de *maneo, capio, audio* prononcées **manyo, *capyo, *audyo.* Du IIe au IVe siècle, l'ouverture du timbre de *ĭ* confondit sous la forme d'un *e* fermé les voyelles terminales de *manes, legis* et *capis.*

Les barbarismes analogiques étaient grandement favorisés par ces rapprochements et ces confusions phoniques : à *je sai* (de *sapio*) correspond l'infinitif *savoir* impliquant un fautif **sapēre* ; inversement, une 1re personne **mordo* (d'où *je mort*) pour *mordeo* était créée à partir d'un **mordere* erronément accentué sur l'*o* (d'où *mordre*).

La confusion des finales *-eo, -io* entraîna souvent aussi des échanges entre les infinitifs en *-ēre* et en *-īre* : l'a.fr. *emplir* remonte à **implīre* pour *implēre, florir* à **florīre* pour *florēre.*

Des analogies génératrices de barbarismes ont joué à toute époque, s'appuyant sur d'autres éléments du système. Ainsi *manoir*, de *manēre*, a pu devenir *maindre* à partir de *maint* d'après *plaindre*/ *plaint* ; *secourre*, de *succutĕre*, a pu devenir *secouer* à partir de *secouons* d'après *nouer*/ *nouons* ; *puir*, de **putīre* (cl. *putēre*) a pu devenir *puer* à partir de *puons* d'après *tuer*/ *tuons* ; à côté de *faillir* (anciennement *falir*, de **fallire*, cl. *fallĕre*) sera créé en moyen français *falloir* sur *valoir* d'après *faut*/ *vaut* et *faudra*/ *vaudra* ; etc.

Au sein du système normalisé de la conjugaison latine, l'érosion phonétique et la créativité analogique avaient introduit en latin vulgaire et développé en ancien français un désordre et un foisonnement de formes que n'endiguait et ne sélectionnait aucune conscience de norme : la connaissance empirique de la langue française (dont aucune grammaire n'existait en France) autorisait l'emploi dans un même texte de plusieurs variantes d'une même forme (éventuellement teintées de dialecte du fait de l'auteur ou du copiste). La liberté que nous avons aujourd'hui de dire *je m'assoyais ou je m'asseyais* existait au Moyen Age pour la majorité des verbes.

Au cours des bouleversements, la différence entre les infinitifs comme *amāre*, *manēre* et *audīre* s'était bien conservée dans les descendants français *amer*, *manoir*, *oïr*, mais les infinitifs à pénultième brève avaient abouti aux terminaisons les plus diverses : *faire, dire, prendre, naistre, mettre, poindre*, etc. En fait, pour qui aurait voulu classer les verbes de l'ancien français par types de conjugaison, l'infinitif n'était plus le critère essentiel. Celui-ci ressortait plutôt d'une particularité touchant le temps le plus employé, le présent de l'indicatif, aux personnes les plus employées, celles du singulier : un groupe très nombreux de verbes, comme *chanter*, avaient à l'indicatif présent des formes comme *(tu) chantes*, *(il) chante* s'opposant par un *e* central aux formes homologues du subjonctif présent *chanz*, *chant* ; au contraire, un verbe comme *maindre* faisait à l'indicatif *(tu) mainz*, *(il) maint* en face des formes du subjonctif *maignes*, *maigne*.

On peut tenir pour un **premier groupe** de conjugaison l'ensemble des verbes issus de verbes latins en *-āre*, où l'*a* final se maintenait sous forme d'*e*. Un très petit nombre de verbes en *-īre* avaient aussi à l'indicatif présent un *e*, voyelle de soutien (ex. : *il uevre*, lat. **operit*; *il suefre*, lat. **sufferit*), mais cet *e* s'y retrouvait au subjonctif (mêmes formes), et par ailleurs ces verbes ne participaient pas à la grande homogénéité de conjugaison qui caractérise les verbes en *-er* (futur en *-erai*, passé simple en *-ai*). Aux critères formels suffisants s'ajoute un trait aussi réel au XIIe qu'au XXe siècle : le type en *-er* était de beaucoup le plus productif de verbes nouveaux (cf. § 61).

Les critères d'homogénéité et de productivité légitiment encore la distinction d'un **second groupe** composé d'une partie seulement des verbes à l'infinitif en *-ir*, ceux qui, comme *fenir*, formaient l'imparfait en *-issoit* et le participe présent en *-issant*. L'origine de cette classe est le suffixe de sens « inchoatif » (marquant le début de l'action) que présentaient en latin classique des verbes comme *amasco*, « je commence à aimer », *ignesco*, « je m'enflamme », *obdormisco*, « je m'endors ». Ce suffixe eut en gallo-roman une grande extension sous la forme *-īsco*, ajoutée sans signification particulière au présent indicatif, impératif et subjonctif des verbes en *-īre* (ex. : *finīre*) :

indicatif présent : **finīscit* > *(il) fenist*
subjonctif présent : **finīscat* > *(il) fenisse*
indicatif imparfait : **finiscēbat* > *(il) fenissoit*
participe présent : **finiscentem* > **finiscantem* > ***fenissant***.

A la différence du castillan, le français a excepté de la conjugaison inchoative l'infintif (*fenir*) et les paradigmes qui en dérivent (*fenirai, feniroie*). Quant au passé simple (et au subjonctif imparfait formé sur le même radical), il en était excepté en latin même (*finivi*).

Malgré l'attraction qu'exerça, en gallo-roman puis en ancien français, le type inchoatif, un petit nombre de verbes en *-ir* y ont échappé (comme *partir, dormir*) ; pour beaucoup, l'usage hésita (ex. : *vos haez*/ *vos haïssez*). Avec le type en *-er*, seul le type en *-ir*/ *-issoit*/ *-issant* fut productif en ancien et moyen français (il l'est encore).

L'usage est de recueillir dans un **3ᵉ groupe** de conjugaison les verbes qui ne ressortissent pas aux deux premiers, toutes terminaisons confondues : le reste des verbes en *-ir*, les verbes en *-oir* et les verbes en *-re* ; on ne peut y définir un sous-ensemble assez largement homogène pour constituer un groupe comparable aux précédents. La majorité des verbes du 3ᵉ groupe ont en commun deux traits : l'irrégularité de leur conjugaison et la fréquence de leur emploi.

Remarque : L'adaptation en gallo-roman des verbes germaniques se fit en principe selon la règle suivante :

— les verbes germaniques en *-an* ou *-ôn* ont été adaptés en *-are* : **bôtan* > **botare* > *bouter* **wardôn* > **wardare* > *garder*

— les verbes germaniques en *-jan* ont été adaptés en *-ire* : **warjan* > **warire* > *garir*.

60. Modification du système latin des voix

Les formes de l'infectum propres en latin aux verbes passifs (ex. *amor, amabar, amer, amari*) et aux verbes déponents (ex. *mentior, mentiebar, mentiar, mentiri*) n'ont pas laissé de trace en français. En effet :

1° Les verbes **passifs** ont remplacé les formes de l'infectum par celles du perfectum, c'est-à-dire *amatur* par *amatus est, amabar* par *amatus eram, amari* par *amatus esse*, etc. ; de là en français : *(il) est amez, (j')estoie amez, estre amez*, etc.

Ce décalage temporel paraît être né en latin vulgaire de l'ambiguïté offerte par des phrases telles que *Domus aedificata est*, exprimant soit le procès passé : « La maison a été bâtie (cet hiver, rapidement...) », soit l'état présent qui en résulte : « La maison est bâtie (solidement, près de la ville...) ». Pour parer un malentendu, les Latins tendirent très tôt à remplacer *aedificata est* dans le premier sens par *aedificata fuit* ; par opposition, la forme *aedificata est* exprima le procès présent.

2° Les verbes **déponents** ont adopté aux formes de l'infectum la conjugaison active (dont elles avaient le sens) : c'est à *mentio, mentiebam, mentiam*... (et non *mentior, mentiebar, mentiar*...) que remontent les formes françaises *(je) menz, (je) mentoie, (je) mente*...

Cette « activation », dont on relève des exemples en latin vulgaire depuis Plaute, a pris de l'extension au VIIᵉ siècle et a touché tous les déponents au VIIIᵉ (Pierre Flobert, *Les déponents latins des origines à Charlemagne*, 1975). On a vu (§ 57) que corollairement les formes composées du perfectum des verbes déponents ont pu être étendues aux verbes actifs sans apporter de nuance particulière.

Avec les marques formelles d'une voix déponente, le gallo-roman en avait perdu le sens, qui avait été originellement une implication du sujet comme patient dans le procès, analogue à ce que rendait en grec la voix « moyenne », aboutissant souvent au sens réfléchi : gr. *louomai*, lat. *lavor*, « je me lave ». Or le latin exprimait toutes les nuances de cette réflexivité par l'emploi du tour réfléchi où le verbe, à la forme active, était précédé d'un pronom régime représentant le sujet (par ex. *se* ou *sibi*, confondus en bas latin) : *se movet* disait autant que *movetur*. On comprend ainsi l'abandon (du VIIe au VIIIe s.) de la « voix déponente » au profit de la construction pronominale qui se présente dans les premiers textes français avec la même fréquence qu'en français moderne. Un trait de conjugaison propre aux verbes ainsi construits permet de tenir la conjugaison pronominale pour une « voix » du système verbal français différant à la fois de l'actif et du passif : **les temps composés y prennent toujours l'auxiliaire** *estre*. A l'actif *armé l'a* s'oppose le pronominal *armez s'est, il s'est armez*.

Remarque : Cette particularité s'explique selon P. Flobert par l'emploi très fréquent en bas latin (et rencontré dès Cicéron) du parfait passif comme parfait du pronominal : la concurrence de *armatus est* avec *se armavit* entraîna *se armatus est*. En a. fr., *armez s'est*, relevé dès les premiers textes, resta concurrencé par *armez est* jusqu'au XIVe siècle.

61. Dérivation verbale en ancien français

Appeler -ER et -IR des « suffixes verbaux » est une manière abrégée traditionnelle de dire que les ensembles de désinences verbales constituant respectivement le 1er et le second groupe de conjugaison peuvent servir à transférer un nom ou un adjectif dans la classe grammaticale du verbe. En ancien français (comme aujourd'hui) :

-ER, du latin *-are* (§ 59) s'ajoutait à des radicaux de nom ou d'adjectif pour dénoter les procès associés de diverses manières aux substances ou aux propriétés qu'ils expriment : *barrer* (de *barre*), *boiser* (de *bois*), *egaler* (d'*egal*), *mater* (de l'adj. *mat*, « triste, abattu »). Dérivés parasynthétiques (associant préfixe et suffixe) : *agenoillier* (de *genoil*), *dechaainer* (de *chaaine*), *escourter* (de *court*), *enivrer* (de *ivre*).

-IR, du latin *-ire* des inchoatifs (§ 59) s'ajoutait principalement à des radicaux d'adjectif, quelquefois de nom : *cherir* (de *chier*), *blondir* (de *blond*), *brandir* (de *brand*, lame d'épée). Parasynthétiques : *abelir, embelir* (de *bel*), *refroidir* (de *froid*), *aneantir* (de *neant*).

Si l'on peut rarement affirmer qu'un verbe du XIIe siècle en *-er* ou en *-ir* a été dérivé à l'époque française (et ne remonte pas à un dérivé latin en *-are* ou *-ire*), du moins est-il certain que les verbes du 3e groupe de conjugaison en *-ir, -oir* et *-re* n'ont pas servi en français à former de nouveaux verbes.

Le nom de « suffixes » est impropre, au niveau de l'ancien français, pour des éléments d'origine latine ou autre qui n'ont proliféré qu'après le XIIIe siècle, comme *-ailler, -asser, -eiller, -iller, -ouiller* : un verbe comme *baaillier* (continuant *bataculare*) n'était pas senti au XIIe siècle comme un dérivé de *baer* (continuant *batare*), faute de couples parallèles ; l'existence de quelques verbes en *-efier* comme *senefier*, tous mots d'emprunt (lat. *significare*), n'autorise pas à donner *-efier* pour un suffixe français comme le sera plus tard le productif *-ifier* (tiré des mots latins en *-ificare*). En fin de compte, des listes de suffixes verbaux français (tous terminés en *-er*), on retiendra seulement ici :

-ELER, diminutif et fréquentatif, ajoutant *-er* à *-el(e)* ou continuant *-ĭlare* : *cuveler*, « mettre en cuve » (de *cuvele*), *roeler* (de *roele*, « roue ») en face de *roer* (lat. *rotare*, « rouler »), *sauteler* (de **saltilare*) en face de *sauter* (lat. *saltare*).

-ETER, diminutif et fréquentatif, ajoutant *-er* à *-et(te)* ou continuant *-ĭttare* : *aleter* (de *aile*), écrit avec *h* expressif dès le XIIe siècle, *voleter* (de *voler*).

-OIIER (*-eiier* jusqu'au XIIe, *-oier*, *-oyer*, *-ier*, cf. § 66, e), remontant au suffixe *-idzein* qui indiquait en grec ecclésiastique la manière de se comporter : *christianidzein*, « faire profession de christianisme ». Le latin ecclésiastique emprunta ce suffixe sous la forme savante *-izare* qui devint en français *-iser* : *baptiser* (XIe, *Alexis*) ; mais une adaptation populaire au phonétisme latin donnait *-idyare* : **baptidyare* d'où *batoiier*, usité concurremment jusqu'au XIVe siècle. Le suffixe *-oiier* eut une grande fortune, ajouté à des radicaux
— de nom : *costoiier*, *fabloiier* (raconter des *fables*), *flamboiier* (*Rol.*), *guerroiier* (*Rol.*)
— d'adjectif : *blanchoiier* (*Rol.*), *bornoier* (ou *borgnoier*, *Rose*), *netoiier*...
— de verbe : *baloiier* (de *baler*, « danser »), *tornoiier* (de *torner*)...

Remarque : L'étude des préfixes – dont la forme n'implique aucune classe morphologique – relève du lexique et non de la grammaire. Il faut pourtant signaler l'usage ancien du préfixe *re-* (lat *re-*) qui pouvait s'attacher à l'auxiliaire régissant le verbe (*il le ra mis*, « il l'a remis » ; *il se rest assis*, « il s'est rassis ») et pouvait exprimer, comme l'adverbe *aussi* en fr. mod., l'identité de deux procès ayant des repères substantifs (agent, patient...) différents :

> *Quant la reïne dou roi ot* (*Erec* 15)
> *Qu'il s'est pasmez, lors* ***se repasme*** [elle s'évanouit aussi].

62. Périphrases verbales

Outre les temps formés sur *avoir* et *estre* (§ 57) et la conjugaison passive formée sur *estre* (§ 60), il existe en français des périphrases verbales de valeurs diverses dont l'élément de base est un verbe auxiliarisé, c'est-à-dire doté d'un signifié grammatical propre à son association avec une forme verbale impersonnelle (infinitif, participe, gérondif) de sens lexical inchangé. On trouvera ci-après ceux dont l'emploi en ancien français appelle une remarque :

1. Périphrase formée avec *estre*

L'ancien français offre des exemples d'une périphrase ***estre*** **+ part. présent** équivalant à une forme verbale simple de même temps (et dont l'origine a été trouvée en bas latin) :

> *De sun cervel le temple en* ***est rumpant*** (*Rol.* 1764)
> [La tempe de son crâne s'en brise].

La plupart du temps, la forme en *-anz (-ant)* est en réalité un adjectif verbal attribut (formellement confondu à cette époque avec le participe présent) :

> *Ultre cest jurn ne* ***serum*** *plus* ***vivant*** (*Rol.* 1520)
> [Après ce jour, nous ne serons plus vivants].

> *Ele* ***estoit*** *son pere* ***cremanz*** (*Vair P.* 222)
> [Elle était craintive à l'égard de son père].

Ailleurs, elle est justifiée par le besoin d'exprimer (comme la « forme progressive » en anglais) l'aspect « sécant » (v.§ 71), à défaut des auxiliaires *être à* et *être en train de* encore inexistants :

... « *Jo oi le corn Rollant* !
Unc nel sunast, se ne ***fust cumbatant*** » (*Rol.* 1768)
[« J'entends le cor de Roland !
Il n'en sonnerait pas s'il n'était en train de combattre »].

La fréquence de cette périphrase en vers et surtout dans les laisses (monorimes) s'explique par la facilité qu'elle offrait aux poètes.

2. Périphrases formées avec *aler*

a) L'ancien français a fait ample usage d'une périphrase formée d'*aler* et d'une forme en *-ant* invariable où il faut voir probablement un gérondif. Le tour, attesté en latin mérovingien et carolingien (*qui mentiendo vadunt*), exprime l'aspect **continuatif** ou l'aspect **itératif** selon l'ordre de procès du verbe (cf. CFC § 181) ; le verbe *aler* pouvait y perdre tout sens de mouvement :

*Car chevalcez ! Pur qu'****alez arestant***? (*Rol.* 1783)
[Chevauchez donc ! Pourquoi restez-vous là ?]

De noz Franceis ***vait disant*** *si mals moz* (*Rol.* 1190)
[Il ne cesse de dire sur nos Français de bien laides paroles].

Cette périphrase — comme la précédente — était souvent une simple « cheville » amenant le gérondif à la rime. Rare en prose, elle déclina en poésie après le XIIe siècle. Après le XVIIe, elle ne se maintiendra que si le verbe *aler* y présente un sens propre (*aller cueillant des fleurs*), ou devant des verbes de sens progressif : *aller (en) augmentant, aller (en) diminuant.*

b) Le verbe *aler* suivi de l'infinitif n'avait pas en ancien français la valeur aspectuelle d'« ultérieur proche » qu'il présente en français moderne. Dans tous les exemples antérieurs au XVe siècle qu'on a voulu en relever, il conserve son sens propre :

Puis ***vunt ferir*** *des espees qu'unt ceintes* (*Rol.* 3601)
[Puis ils s'en vont frapper des épées qu'ils ont ceintes].

3. Périphrases formées avec *venir*

a) Ce qui vient d'être dit pour *aler* auxiliaire d'aspect s'applique aussi bien à *venir* qui gardait son sens propre en ancien français devant *de* + infinitif :

« *Je* ***vieng****, fet il,* ***de visiter*** *un mien serjant qui est malades* »
(*Queste* 162, 10)

C'est également au XVe siècle que ce verbe deviendra l'auxiliaire de l'aspect « antérieur proche ».

b) *Venir a* exprimait en ancien français l'arrivée d'un procès prévisible dans l'ordre normal des choses ; il s'employait souvent impersonnellement devant un verbe à l'infinitif :

Quant ***ce vendra*** *au departir* (Béroul 2686)
[Quand viendra le moment de partir].

Aucun des emplois relevés en ancien français ne comportait la nuance d'« événement imprévu » qu'y attachera le Dictionnaire de l'Académie en 1798 (*Si le secret venait à être découvert...*).

4. Périphrases formées avec *cuidier*

En français moderne, on exprime par l'auxiliaire *faillir* (fr. familier *manquer*) une action qui a presque été accomplie : *J'ai failli mourir.* En ce sens, l'ancien français employait *cuidier* (« croire ») :

Gerris le voit, de duel ***quide morir*** (*Raoul de Cambrai* 3648)
[Gerris le voit, il s'en faut de peu qu'il ne meure de douleur].

5. Périphrases formées avec *faire*

a) Le bas latin avait remplacé *jubere* par *facere* devant un infinitif : *fratrem fecit occidere* [il fit tuer son frère] (Spartien, IVe s., *Caracalla* 2, 4). De là l'emploi de *faire* comme auxiliaire factitif dès l'ancien français :

> *Dis blanches mules* ***fist amener*** *Marsilies* (*Rol.* 89)

Par un appauvrissement de la valeur factitive, cette périphrase en est venue quelquefois à remplacer le verbe simple :

> *Baron, ce a dit Aymes,* ***faites moi escouter*** [écoutez-moi].
> (*Renaut de Montauban* p. 356, v. 32)

b) *Faire a* + infinitif avait au Moyen Age un sens proche de « être à » (la périphrase supplée l'adjectif verbal latin en *-ndus* disparu) :

> *Cil ki la sunt ne* ***funt*** *mie* ***a blasmer*** (*Rol.* 1174)
> [Ceux qui sont là ne méritent aucun blâme].

6. Périphrase formée avec *prendre*

Ce verbe avait en ancien français la valeur aspectuelle ingressive qu'il présente aujourd'hui dans *se prendre à* :

> *Desoz les arbres* ***prennent a someillier*** (*Cour.* AB 2068)
> [Ils se mettent à dormir sous les arbres].

7. Périphrase formée avec *soloir*

Soloir, du latin *solere*, « avoir l'habitude », employé seulement en association avec l'infinitif, était toujours auxiliaire, marquant le prolongement ou la répétition habituelle du procès :

> *Ja est ço Rollant, ki tant vos* ***soelt amer*** ! (*Rol.* 2001)
> [C'est ici Roland, qui vous aime si fidèlement !]

B. INDICATIF PRÉSENT

63. Désinences de l'indicatif présent à la 1re conjugaison

Certains verbes de la 1re conjugaison française (infinitif en *-er*) ont hérité du latin à l'indicatif présent un paradigme à radical unique marqué en personne par la seule variation des désinences ; c'est le cas, par exemple, de *chanter* (lat. *cantare*) et d'*entrer* (*intrare*) :

latin	français
cant-o	*chant*
cant-as	*chant-es*
cant-at	*chant-e(t)*
cant-amus	*chant-ons*
cant-atis	*chant-ez*
cant-ant	*chant-ent*

latin	français
intr-o	*entr-e*
intr-as	*entr-es*
intr-at	*entr-e(t)*
intr-amus	*entr-ons*
intr-atis	*entr-ez*
intr-ant	*entr-ent*

1re PERSONNE DU SINGULIER :

On sait que les lois phonétiques ont entraîné l'effacement en syllabe finale de toute voyelle (sauf e̥ issu de a) au VIIIe siècle (SPH p. 14), d'où le français *(je) chant.*

On sait aussi que la voyelle finale s'est maintenue dans trois cas sous forme d'*e* central :

— après un groupe consonne + *r* ou *l* :

intro>*entre* *inflo*>*enfle* *tremulo*>*tremble*

— après l'affriquée [d͜ž] :

cambio>*change* *calumnio*>*chalonge*

— dans les proparoxytons latins :

dubĭto>*doute* *compŭto*>*conte*

Sous l'influence de la 2e personne (*chant-es, entr-es*) et de la 3e (*chant-e, entr-e*), les verbes de la 1re conjugaison ont tendu à généraliser au singulier l'*e* final du type *entrer,* d'où : *(je) chante.* L'extension n'a été fréquente qu'à partir du XIIIe siècle, époque où l'amuïssement des consonnes finales menaça l'intégrité du radical. Les poètes usaient alors du choix possible entre les deux formes selon les besoins du mètre.

2e PERSONNE DU SINGULIER :

Lat. *-as* > -[e̥s] (VIe s.).

3e PERSONNE DU SINGULIER :

Lat. *-at*>-[e̥t] (VIe s.). Le *t* final, normalement amuï au IXe, se lit encore au XIe, maintenu comme marque personnelle sur le modèle des verbes d'autres groupes (§ 64). L'auteur de la *Chanson de Roland* l'élide ou le prononce selon les besoins du mètre :

Li empereres chevalch(et) ireement (1834)

Guardet aval et si guardet amunt (2235).

Certains textes, surtout anglo-normands, conservent quelquefois le *t* en amuïssant l'*e* désinentiel : *plurt* (pour *plore*, de *plorat*), *parout* (pour *parole*, de **parolat*, cf. § 65).

1re PERSONNE DU PLURIEL :

Sauf deux attestations de *-am* (continuant *-amus*) dans les tout premiers textes (*Eulalie, Passion*), on n'observe anciennement à la 1re personne du pluriel que le timbre [õ] résultant vraisemblablement d'une labialisation de *a* par *m* dans *-am+s* (alors que *habemus* est continué par *avem* dans la *Passion*). Cette explication phonétique (G. de Poerck, *Revue de linguistique romane* 1963), appuyée sur les textes, paraît préférable à l'explication analogique de N.C.W. Spence (*R.L.R.* 1977) qui suppose une généralisation à l'époque gallo-romaine de *-umus* (désinence de *sŭmus*) favorisée par une généralisation de *-unt* à la 3e personne du pluriel (cf. **habunt*> *ont* § 67). L'influence d'une désinence celtique *-ommos* est possible. L'influence de *sons*, variante de *somes*, serait à considérer si *sons* (XIIe s.) ne paraissait lui-même une réfection analogique de la forme ancienne *somes.*

On relève dans le N. et le N.-E. une désinence *-omes* où un *e* paraît avoir été inséré entre *m* et *s* pour protéger le timbre labial de la nasale (une autre solution est l'épenthèse d'un *p* observée dans la *Vie de St Léger* : *cantomps*) ; la forme *somes* s'explique de la même façon, et aurait été généralisée en français par opposition à *sont* (de *sunt*). La désinence *-omes* s'est répandue en Champagne, en Bourgogne, dans le Centre et à l'Ouest : *demandommes* (*Cour.* 1898).

On relève, principalement dans les textes de l'Ouest et en Picardie, une désinence *-on* (anglo-normand *-um*) créée vraisemblablement par suppression de l'*-s* réservé aux secondes personnes du singulier et du pluriel (picard *vos cantés*).

2e PERSONNE DU PLURIEL :

Lat. *-atis*>-[ets], écrit *-ez* même quand l'affriquée se sera réduite à [s], puis amuïe.

Après une consonne palatale, l'*a* tonique libre donnant -[ie] (SPH p. 17), la désinence a la forme *-iez* : *laissiez* (lat. *laxatis*), *chaciez* (lat. **captiatis*) ; mais la forme *-ez* remplacera *-iez* à partir du XIIIe siècle pour des causes phonétiques ou analogiques selon les verbes.

3e PERSONNE DU PLURIEL :

La désinence -[ə̣nt] remonte soit à la désinence latine *-ant*, soit à *-ŭnt* peut-être généralisé en gallo-roman (avec maintien de la voyelle finale inaccentuée sous forme d'*e* central pour préserver la marque *-nt* de personne).

Au XIIIe siècle, des graphies comme *oret* pour *orent* (lat. *orant*) prouvent que l'*n* n'était plus prononcé.

64. Désinences aux autres conjugaisons

Les verbes des 2e et 3e groupes de la conjugaison française remontent à des verbes latins dont la désinence au singulier de l'indicatif présent contenait une voyelle autre que *a*, vouée à l'amuïssement à l'époque gallo-romane. On observera le résultat dans les verbes *vendre* (lat. *vendĕre*) et *semonoir* ou *semondre*, « avertir » (lat. *submonēre* ou **-ĕre*) dont la voyelle radicale ne varie pas à l'indicatif présent :

latin	français
vend-o	**vend>vent*
vend-is	**vend-s>venz*
vend-it	**vend-t>vent*
vend-ĭmus	*vend-ons*
vend-ĭtis	*vend-ez*
vend-unt	*vend-ent*

latin	français
submon-eo	*semoing*
submon-es	*semon-s*
submon-et	*semon-t*
submon-emus	*semon-ons*
submon-etis	*semon-ez*
submon-ent	*semon-ent*

1re PERSONNE DU SINGULIER :

Dans les verbes comme *vendre* remontant au type latin de la 3e conjugaison (*lego, -is, -ĕre*), la chute du *o* a donné une « désinence zéro » ; le *d* de **vend* devenu final s'est normalement assourdi.

Dans les trois autres types de conjugaison latine (seconde : *moneo, -es, -ēre,* 3e mixte : *capio, -is, -ĕre,* 4e : *audio, -is, -īre*), la désinence -[yo] (remontant à *-eo* ou à *-io*) a provoqué une mouillure de la consonne finale du radical qui ne se retrouve pas aux autres personnes ; cette mouillure, traduite ici par la graphie *ing* (ou *ign*) notant *n* mouillé, se manifeste ailleurs sous d'autres formes (§ 66).

Dans certains verbes, le radical se terminait en français par un *s* étymologique ; c'est le cas de *naistre* (lat. *nascere*), *croistre* (lat. *crescere*), *conoistre* (lat. **conoscere*), dont l'*s* s'explique par l'évolution du groupe *-sc-* (>*-is-*) devant *e* ou *i* dans de nombreuses formes comme *nascentem, nascebam, nascis, nascere.* La généralisation du radical entraîna à l'indicatif présent une première personne du singulier en *-s* : *nais, crois, conois,* confondue avec la seconde personne (où *nascis*> **nasces*> **naises*> *nais*). Cette confusion se rencontre dans tous les verbes de la conjugaison « inchoative » : *je fenis, tu fenis* (§ 59). Par analogie, les autres verbes du « 3e groupe » tendirent, à partir du XIIe siècle, et surtout quand les consonnes finales ne se prononcèrent plus, à prendre à la 1re personne du singulier l'*-s* de la seconde ; on lit dans le *Roman de la Rose* : *(je) plains* pour *plaing* (de *plango*), chez Rutebeuf : *(j')entens* pour *entent* (de *intendo*), etc.

Exceptionnellement, l'*-s* analogique s'est étendu à des verbes du 1er groupe : *j'ains* pour *j'aim*, « j'aime » (*Rose* 1969).

2e PERSONNE DU SINGULIER :

Chute normale du *e* ou *i* avec maintien de l'*-s* désinentiel ; dans le groupe final de **vends*, le *d* s'est assourdi par assimilation au *s*, et le groupe *-ts*, écrit *z*, s'est simplifié en *-s* au XIIe siècle.

3e PERSONNE DU SINGULIER :

Chute normale du *e* ou *i* avec maintien du *-t* désinentiel après la consonne finale du radical : *semont*; simplification du groupe final *-tt* dans un verbe comme *hatit* > **hett* > *het* ; assimilation et simplification dans le groupe *-dt* : *vent* ; *videt* > **veidt* > *veit*, *voit*.

1re PERSONNE DU PLURIEL :

La désinence *-ons*, d'origine incertaine (et qui ne peut remonter à *-ēmus*, *-ĭmus* ou *-īmus*) était généralisée en ancien français avec ses variantes *-on* (*avum*, *Rol.* 1464) et *-omes* (*avomes*, *Perc.* 2371) mentionnées au § 63.

Quelques verbes ont maintenu des formes remontant à la désinence *-ĭmus* : a. fr. *dimes*, supplanté par *dions* et *disons* (d'après *disant* et *disoie*), *faimes*, supplanté par *faisons* (d'après *faisant*, *faisoie*).

2e PERSONNE DU PLURIEL :

A l'époque française, la désinence du 1er groupe *-ez* (du lat. *-atis*) ou *-iez* après palatale (SPH p. 17) a été étendue à tous les verbes : *manez* (lat. *manetis*), *ferez* (lat. *feritis*), *plaisiez* (lat. *placetis*), *fenissiez* (lat. *finiscitis*) ; *-iez* se réduira à *-ez* à partir du XIIIe siècle.

Dans de vieux textes apparaissent quelques vestiges de *-ētis* (*quereiz*, *attendeiz* dans *Alexis*) et de *-ītis* (*sentiz*, *moriz* dans les sermons de Saint Bernard). Quelques verbes maintiennent des formes remontant à *-ĭtis* : *dites* (concurrencé par *diez* et *disez* d'après *disant*, *disoie*), *faites*.

3e PERSONNE DU PLURIEL :

La terminaison française *-ent* remonte à *-unt* dans *vendent* et à *-ent* dans *semonent* (avec maintien de la voyelle pour préserver la marque personnelle), à moins qu'on n'admette la généralisation de *-unt* en latin vulgaire (cf. § 63). Cette généralisation a touché en tout cas, en latin vulgaire, la terminaison *-iunt* : des formes comme *viennent*, *font* ne peuvent remonter qu'à **venunt*, **facunt* (d'où **faunt*).

65. Variations radicales liées à la place de l'accent

Le paradigme du present est constitué :

- de formes **fortes**, accentuées depuis le latin sur le radical ; ce sont les trois personnes du singulier (ex. *chant*, *chantes*, *chante*) et la 3e du pluriel (*chantent*) ;
- de formes **faibles**, accentuées depuis le latin sur la désinence ; ce sont les 1re et 2e personnes du pluriel (*chantons*, *chantez*).

Cette différence originelle d'accentuation entraîna en latin vulgaire une évolution différente du timbre des voyelles, pouvant aller jusqu'à l'effacement (syncope) de la seconde voyelle dans les radicaux dissyllabiques :

tu paroles (**parōlas*, cl. *parabolas*) / *vos parlez* (**parolātis*)
tu aiues (*adjūtas*) / *vos aidiez* (*adjutātis*)
(la triphtongue *aiu* se réduisait à *aï* par assimilation : *tu aïes*)
tu araisones (**adratiōnas*) / *vos araisniez* (**adrationātis*)
tu desjunes (**dis[je]jūnas*) / *vos disnez* (**dis[je]junātis*).

Dans certains cas, la syllabe faible a été maintenue par l'influence d'un autre mot ; ainsi, l'*u* de *salutātis* est resté dans *saluez* parce qu'il existe le nom *salut* (lat. *salūtem*), et peut-être aussi pour éviter la confusion phonétique avec *sautez* (lat. *saltatis*) ; l'*o* de *coronatis* est resté dans *coronez*, parce qu'il existe *corone* (lat. *corōna*), et peut-être pour éviter la confusion phonétique avec *cornez* (dérivé de *corn*).

Les verbes *chanter, entrer, vendre* et *semondre* ont été choisis comme exemples pour l'étude des variations désinentielles (§§ 63-64) parce que leur radical était exempt de variation vocalique. Ce cas est la minorité. Dans la plupart des verbes, le jeu normal des lois de la phonétique a produit une alternance vocalique entre les formes fortes (où la dernière voyelle du radical est accentuée) et les formes faibles (où elle ne l'est pas) :

A roman :

tu leves (*lavas*) / *vos lavez* (*lavātis*)
tu chiez (**cades*, cl. *cadis*) / *vos cheez*
tu comperes (*comparas*, « acquiers ») / *vos comparez* (*comparātis*)
tu achates (**adcaptas*) / *vos achetez* (**adcaptātis*)
tu travailles (**trapalias*) / *vos traveilliez* (**trapaliātis*)
tu mainz (*manes*) / *vos manez*
tu plainz (*plangis*) / *vos plagniez*

E ouvert roman :

tu lieves (*lĕvas*) / *vos levez* (*levātis*)
tu crieves (*crĕpas*) / *vos crevez* (crepātis)
tu fiers (*fĕris*) / *vos ferez*
tu quiers (*quaeris*) / *vos querez*
tu siez (*sĕdes*) / *vos seez*
tu pries (*prĕcas*) / *vos proiiez* (*precātis*)
tu is (*ĕxis*) / *vos oissiez*
tu criens (**crĕmis*) / *vos cremez*
(ce verbe a été refait sur *plaindre* dès le XIIe siècle ; le verbe *giembre*, de *gĕmĕre*, a eu le même traitement)

E fermé roman :

tu esfroies (**exfrĭdas*) / *vos esfreez* (**exfridātis*)
tu meines (*mĭnas*) / *vos menez* (*minātis*)
tu voiz (*vĭdes*) / *vos veez*
tu croiz (*crēdis*) / *vos creez*
tu poises (*pensas*) / *vos pesez* (*pensātis*)
tu espoires (*spēras*) / *vos esperez* (*sperātis*)
tu bois (*bĭbis*) / *vos bevez*, altéré en *buvez* au XIVe siècle.

Les verbes composés en *-cĭpĕre* (*recipere, concipere*, etc.) devraient présenter le vocalisme *i* aux formes fortes (cf. *cēra* > *cire*, SPH p. 17) ; les formes en *oi* paraissent refaites à partir du radical faible en *e* (*recevez*) sur le modèle des verbes comme *boire*.

O ouvert roman :

tu trueves (**trŏpas*)/*vos trovez* (**tropātis*)
tu uevres (*ŏpĕras*)/*vos ovrez* (*operātis*)
tu mues (*mŏves*)/*vos movez*
tu meus (*mŏlis*)/*vos molez*
tu muers (*mŏris*)/*vos morez*
tu enuies (*inŏdias*)/*vos enoiiez* (*inodiātis*)
tu vuides (**vŏcĭtas*)/*vos voidiez* (**vocitātis*).
tu apruismes (**adprŏxĭmas*) / *vos aproismiez* (**adproximātis*)

O fermé roman :

tu pleures (*plōras*)/*vos plorez* (*plorātis*)
tu chalonges (*calŭmnias*)/*vos chalengiez* (*calumniātis*)

Le verbe *corre, courir*, de *currĕre*, **currĭre*, dont le radical était protégé de la diphtongaison par un *r* double, présente à partir du XIIIe siècle des formes comme *cueurs* alternant avec *cours*, sans doute refaites d'après *meurs/mourez*.

Le **I** et le **U** romans, remontant à *ī* et *ū* du latin classique, n'ont pas subi de diphtongaison :
tu files (*fīlas*)/*vos filez* (*filātis*)
tu fies (*fīdas*)/*vos fiez* (*fidātis*)
tu dures (*dūras*)/*vos durez* (*durātis*)
tu tues (*tūtas*)/*vos tuez* (*tutātis*).

Remarque : Pour beaucoup de verbes, un des deux radicaux sera généralisé entre le XIe siècle et la fin du XVIe. En principe, le radical faible (celui de l'infinitif) l'emportera parce qu'il est mieux représenté dans l'ensemble de la conjugaison : ex. : (*tu*) *laves, trouves* ; si la voyelle est un *e* central, il prend cependant un timbre tonique : (*tu*) *achetes, leves, peses, menes, celes* (anciennement *çoiles*, de *celas*).

Dans la conjugaison de *valoir* (lat. *valere*), le radical fort **vel-* attendu aux 2e et 3e personnes du singulier et à la 3e du pluriel a été éliminé dès la période prélittéraire par la forme sans diphtongaison des personnes faibles (*valons, valez*) dont l'*a* se retrouvait à la 1re personne du singulier (*vail*) et aux personnes fortes et faibles du subjonctif (*vaille*, etc.) ; de là : *(tu) vals, vaus, (il) valt, vaut, (il) valent. Salir*, « sauter » (lat. *salire*) a eu le même traitement, ainsi que *chaloir* (lat. *calere*), pour lequel des variantes *chielt, chelt* sont anciennement attestées.

Mais diverses causes pourront favoriser au contraire le radical fort :

1. Fréquence d'emploi :

Le radical de *pluet*, « il pleut », prévaudra sur celui de *plovons, plovez, plovoir* (lat. *plŏvēre*, cl. *pluere*), celui de *j'aim, je pri* sur ceux d'*amer, proier*.

2. Influence d'un nom ou d'un adjectif du radical fort :

L'existence et l'emploi fréquent d'un nom ou d'un adjectif présentant le radical fort comme *ennui, travail, demeure, pleur, creux, vuide* feront remplacer les formes verbales faibles comme *enoiier, traveillier, demourer, plourer, crouser, voidier* par *ennuyer, travailler, demeurer, pleurer, creuser, vuider*. Pour *envoier* (lat. *invĭare*), l'influence probable de *vĭa* est prélittéraire.

3. Différenciation d'homonymes :

Les lois de l'évolution phonétique avaient confondu sous la forme *noiier* les infinitifs issus de *nĕgare*, « nier » et *nĕcare*, « tuer », mais *nĕgat* avait donné *nie* et *nĕcat, noie* ; la généralisation du radical *ni-* dans le premier verbe supprimera l'ambiguïté.

4. Analogies :

Prouver conservera son radical faible malgré l'existence du nom *preuve*, probablement sous l'influence de *trouver*, soutenu en ancien français par le nom *trouvere*.

Des cas particuliers sont à noter :

— Le verbe remontant à *plĭcare*, « plier », avait normalement en ancien français le radical *ploi-* dans toutes ses formes : *ploie* (de *plĭcat*)/*ploiier* (de *plĭcare*) ; sous l'influence probable de *nie*/*noiier* puis *nier*, il deviendra dans l'Ouest *plie*/*ploiier* puis *plier*, forme qui, au XVIIe siècle, supplantera en français commun *ployer*, maintenu surtout dans la langue littéraire.

— Les radicaux de *desjunes* et *disnez*, malgré leur origine commune, donneront naissance à deux verbes désignant des repas différents.

— Le verbe *jeter*, remontant à **jĕctare* ou **jettare* (pour cl. *jactare* d'après *conjectare* etc.), mélange trois radicaux ; ainsi *gite* (de **jectat*) alterne avec *jete* (d'après *jeter*) et *giete* (fait sur *jeter* d'après *lieve / lever*).

66. Variations liées à l'altération de la consonne finale du radical

a) Altérations en position finale

A l'indicatif présent, la consonne finale du radical verbal s'est trouvée finale de mot à la 1re personne du singulier après la chute de la désinence *-o*, alors qu'elle se maintenait aux autres personnes. Dans ces conditions, une consonne sonore s'est assourdie en gallo-roman :

vendo > *vent*   **wardo* > *gart* *surgo* > *sorc*

**servo* (cl. *servio*) > *serf*   **adcapo* > **atšievo* > *achief*

Un *t* final non appuyé d'une autre consonne s'est effacé au IXe siècle :

**oblito* > *oblit* > *obli*   *claudo* > *clot* > *clo*

b) Altérations devant une consonne finale

A la 2e et à la 3e personne du singulier, certaines consonnes (éventuellement assourdies) se sont amuïes devant *-s* et *-t* :

servis > **serfs* > *sers*   *moves* > **mueves* > **muefs* > *mues*
debes > **deives* > **deifs* > *deis, dois*
bibit > **beivet* > **beift* > *beit, boit*

Cet amuïssement a pu s'étendre par analogie à la 1re pers. : *ser, boi*.

Le groupe *-ts* (issu de *-tes* ou *-des*), écrit *-z*, s'est réduit à *-s* à la fin du XIIe siècle dans la prononciation, et au singulier dans la graphie :

cantatis > *chantez*   *partis* > *parz* > *pars*
perdis > *perz* > *pers*   *claudis* > *cloz* > *clos*

Le groupe *-tt* issu de *-tet* ou de *-det* s'est simplifié immédiatement (et conservé) :

partit > **partet* > **part*   *claudit* > **clodet* > **clodt* > *clot*

Une sifflante s'est conservée devant *t* jusqu'au XIe siècle :

placet > **plaidzet* > *plaist* (de même *tacet* > *taist*).

Un *l* s'est vocalisé devant *-s* et *-t* :

vales > *vals* (§ 65 Rem.) > *vaus* *valet* > *valt* > *vaut*
**vŏles* (cl. *vis*) > *vuels* > *vueus* > *veus* (absorption de *u* par *v*)
dŏles > *duels* > *dieus*, puis *deus* d'après *veus* (de même *sŏles*)
(dans le N.-E., l'E., en Champagne et dans l'Orléanais, *ue* évolue en *ia* devant *u*, d'où *viaus, diaus, siaus, viaut, diaut, siaut*)

tollis > *tols* > *tous* *solvit* > **solft* > *sout.*

Un *m* s'est dentalisé devant *-s* et *-t* :

**cremis* > **criems* > *criens* (refait en *crains* § 65)
rumpis > **romps* > *rons* *rumpit* > **rompt* > *ront*

Des réfections analogiques rendront une unité graphique au radical quand les consonnes finales seront devenues muettes :

tu perds, il perd d'après *perdons, perdez, perdent*
tu romps, il rompt d'après *rompons, rompez, rompent.*

c) Altérations d'une consonne intervocalique

Les **dentales** intervocaliques, spirantisées au VIe siècle, se sont amuïes dans les formes de pluriel à partir du IXe siècle :

lat. *claudimus, clauditis, claudunt*, a.fr. *cloons, cloez, cloent* (les formes *closons, closez, closent* sont des réfections du moyen français avec un *s* de transition pris au participe *clos, close* du lat. *clausu, clausa*)

lat. **pŏtemus, *pŏtetis, *pŏtent* a.fr. *poons, poez, pueent* (§ 67).

Dans les verbes en *-ĭtare*, le *t* intervocalique sonorisé en *d* a été mis en contact avec la consonne précédente par la chute du *i* intermédiaire et s'est conservé (mais assourdi en finale absolue) :

cōgĭtat > **coyyidat* (vers 400) > **cuidat* (fermeture du *o* fermé tonique par les deux yods suivants) > *cuide* (1re p. *je cuit*).

Plaidier et *voidier* (*vuidier*) sont ordinairement expliqués à partir de *placitare* et *vŏcitare*, mais la non palatalisation du *k* devant *i* dans ces verbes reste obscure.

Les **palato-vélaires** se sont amuïes devant *o*, et après *o, u* devant *a* :

**facunt* (§ 64) > **faunt* > *font* *dīco* > *di*
dicunt > *dient* (refait en *disent* d'après *disons, disoie...*)

jŏcamus > *joons* *jŏcatis* > *joez* (le radical faible a été généralisé : *jo, joes, joe, joent*)
loer, de *lŏcare*, a eu la même évolution que *joer.*

Dans le paradigme de *rover* (pour **roer*, de *rŏgare*), les formes **roons, *roez, *rueent* ont pu entraîner une réfection de la 1re personne singulier étymologique *rueu* (attestée une fois) en *ruis* sur *puis* (§ 67) d'après *poons, poez, pueent.* Les formes attestées de pluriel *rovons, rovez, ruevent* peuvent être analogiques de *movons, movez, muevent* (lat. *mŏvere*) à partir de **rues, *ruet*/*mues, muet.* Enfin, **rues, *ruet* ont pu faire place à *rueves, ruevet* d'après *trueves, truevet* de **tropare* (v. plus bas) à partir de *rovons, rovez, ruevent*/*trovons, trovez, truevent.*

K et *g* devant *a* après *a, e, i* se sont affaiblis en *-yy-* :

plicat > **pleyyat* > *ploie* *pacat* > **payyat* > *paie* **exmagat* > *esmaie*
castigat > *chastie* *nĕgat* > **neyyat* > **nieiyat* > *nie*

K devant *e* ou *i* est devenu *-its-*, puis *-idz-* (vers 400) et *-iz-* (vers 1 200) :

placent > *plaisent*

Mais de nombreuses réfections ont effacé le résultat normal de *k* intervocalique. Selon G. Straka, les formes *tu fais* (et non **faiz*), *il fait* (et non **faist*), *dis, dit, dions, dicz, duis, duit, duions, duiez, duient* ont été refaites sur les radicaux *fai-, di-, dui-*, des infinitifs *faire, dire, duire* remontant à **facre, *dīcre, *dūcre* (pour cl. *facĕre, dīcĕre, dūcĕre*). Les variantes *faisons, disons, disent, duisons, duisez, duisent* sont refaites sur les imparfaits et les participes présents réguliers *faisoie, disoie, duisoie* et *faisant, disant, duisant*.

Le verbe *cuire*, de **cŏcĕre* (cl. *cŏquĕre*) a subi les mêmes réfections que *ducere*.

Composé de *dīcere*, le verbe *benedīcere* a donné en ancien français des formes attendues comme *bene(d)i, benediums* (*Psautier d'Oxford*), *bene(d)ient*, mais surtout des formes comme l'infinitif *beneïstre* (§ 104) explicables par une conjugaison inchoative : 1re p. sg. *beneïs* (de **benedīsco*), 3e p. sg. *beneïst* (*Rol.*, de **benedīscit*), 1re p. pl. *beneïssons*, 2e pl. *beneïssiez*, 3e pl. *beneïssent*. *Maudire* (lat. *maledicere*), resté anciennement plus proche du simple *dire*, subira pourtant l'influence de son antonyme : *maudissons, maudissent* (XIVe s.).

G devant *e* ou *i* s'est affaibli en *-yy-* :

> *lĕgis* > **lieyyes* > *lis* (la 1re pers. attendue, **lié*, de *lĕgo*, a fait place à *li* refait sur *lis, lit* : *lisons, lisez, lisent* sont également refaits, sur *disons, disez, disent*).

Au présent des verbes *traire* et *destruire*, les formes comme *il trait, il destruit* ne peuvent continuer *trahit, destruit* ; on suppose une réfection en **tragit, *destrugit* d'après *agit* à partir des participes *tractus* et *destructus* terminés comme *actus*. Sur les radicaux *trai-* et *destrui-* pris aux 2e et 3e personnes du singulier (ainsi qu'aux infinitifs *traire, destruire* de **tragĕre, *destrūgĕre*) ont été refaits *trai, traions, traiez, traient* et *destrui, destruions, destruiez, destruient* (les trois derniers refaits plus tard sur les verbes en *-duire* : *destruisons, -sez, -sent*).

Les labiales intervocaliques se sont maintenues sous forme de *v* devant *a, e, i* :

**trŏpas* > *trueves*	*bĭbimus* > *bevons*
lĕvant > *lievent*	*mŏvent* > *muevent*

A la 1re personne du singulier, toute labiale intervocalique devant *o* devait s'amuïr ; ainsi, les formes attendues à partir de **mŏvo* (cf. plus bas, f), *bĭbo, lĕvo* sont **muo, *boi, *lié*, mais par analogie avec les autres personnes un *v* a été maintenu ou restitué, et s'est assourdi en *f* après la chute du *o* : *muef, boif, lief*. Ces formes elles-mêmes feront souvent place à de nouvelles réfections : *meu(s), boi(s), lieve*.

Dans les verbes *trover* (lat. **trŏpare*) et *prover* (*prŏbare*), la 1re pers. du singulier apparaît dès les premiers textes sous la forme *truis, pruis*, probablement analogique de *ruis* (infinitif *rover*) expliqué plus haut. Le paradigme complet est donc :

> *truis, trueves, trueve, trovons, trovez, truevent.*

d) Altérations des groupes romans consonne + palato-vélaire

Cette suite de phonèmes remonte au latin dans les verbes comme *sordre* (lat. *sŭrgĕre*), *plaindre* (lat. *plangĕre*), *veintre* (lat. *vĭncĕre*), *tortre* (lat. **tŏrcĕre*, cl. *tŏrquēre*), *naistre* (lat. *nascĕre*).

Dans ces verbes, l'évolution de la palato-vélaire *k* ou *g* a été différente selon qu'elle était suivie de *o* (issu d'*o* ou *ŭ*) auquel cas elle se conservait, éventuellement assourdie en fin de mot (*vĭnco*> *venc, vĭncunt*> *venquent* ; *sŭrgo*> *sorc, sŭrgunt*> *sorguent*) ou de *e, i, a,* auquel cas elle se palatalisait (cf. SPH p. 29) ; la différence de résultat, souvent perturbée par des réfections analogiques, apparaît dans les tableaux suivants (conformes à l'usage le plus fréquent) :

sordre (1)	***plaindre*** (4)	***veintre*** (8)
sorc, sors	*plaing* (5)	*venc* (9)
sors	*plains* (6)	*veinz* (10)
sort	*plaint* (6)	*veint* (10)
sorjons (2)	*plaignons* (7)	*vencons* (11)
sorgiez (2)	*plaigniez* (7)	*venquez* (11)
sorguent (2) (3)	*plaignent* (5)	*venquent* (9)

tortre (12)	***naistre*** (16)
tors (13)	*nais*
tors	*nais*
tort (14)	*naist*
tordons ou *-tons* (15)	*naissons*
tordez ou *-tez* (15)	*naissiez*
tordent ou *-tent* (15)	*naissent*

(1) Même modèle : *aerdre*, « s'attacher à, saisir » (lat. **ad-erĭgĕre*), *espardre*, « disperser » (lat. *spargĕre*), *terdre*, « essuyer » (lat. *tergĕre*).
(2) Seulement dans le Nord ; ailleurs *sordons, sordez, sordent*, d'après *mordre, perdre*, etc.
(3) Variante : *sorgent*, empruntant le radical de *sorjons, sorgiez.*
(4) Même modèle : *ceindre* (lat. *cĭngĕre*), *esteindre* (bas lat. **extĭngĕre* pour *extinguere*), *feindre* (lat. *fingere*), *fraindre* (lat. *frangĕre*), *joindre* (lat. *jŭngĕre*), *-streindre* (lat. *-strĭngĕre*), *poindre* (lat. *pŭngĕre*), *oindre* (lat. *ŭngĕre*).
(5) Pour **planc, *planguent*, d'après les formes en *plain-*.
(6) Nasalisation par *n* vélaire du *g* palatalisé devant *e* ou *i* (cf. SPH p. 29).
(7) Au lieu de *plagnons*, par généralisation du radical en *ain.*
(8) Ou *veincre*, d'après le participe *vencu* (bas lat. **vincūtu*) ; au XIIe s., dans tout le paradigme, la graphie *ain* alterne avec *ein*, homophone.
(9) Ou *veinc, veinquent* par influence de *veinz, veint*, etc.
(10) Le groupe *-nk-* devant *e* ou *i* a donné *-nts-*, d'où *-ints-* (l'n étant en position implosive) : *vincit*> **venket*> **veintset*> **veinst* et *veint* par influence de *plaint.*
(11) Analogiques de *venquent* par le vocalisme et le consonantisme ; variantes : *veincons, veinquez* par influence de *veinz, veint.*
(12) Ou *tordre* d'après *mordre, sordre.*
(13) Pour **torc*, non attesté.
(14) Pour **torst* (de **torcet*) par opposition à *torst* passé simple.
(15) Toutes formes analogiques de *mordre* à partir de *tordre* ou de *tortre.*
(16) Même modèle : *conoistre* (lat. **conoscĕre*), *croistre* (lat. *crēscĕre*), *paistre* (lat. *pascĕre*) et tous les verbes du 2e groupe (§ 59) comme *fenir* (lat. *fīnĭsco*) :

fenis, fenis, fenist, fenissons, fenissiez, fenissent.

Dans le paradigme de ces verbes, l'invariabilité du radical est due à la généralisation (analogique) du résultat *-is-* du groupe *-sc-* devant *e* et *i* ; devant *o* et *u*, le radical en *-sc-* devrait se conserver (**nasc, *finisc*).

Dans d'autres verbes comme *jugier* (lat. *judĭcare*), *chevauchier* (lat. *caballĭcare*), *mangier* (lat. *mandūcare*), *c(u)eudre*, « cueillir » (lat. *cŏllĭgĕre*), un groupe consonne + palato-vélaire est né d'une syncope à l'époque romane :

jugier (1)	***chevauchier*** (5)	***mangier***	***cueudre***
juge (2) *juges* (3) *juge* (3) *jujons* (4) *jugiez* (4) *jugent* (3)	*chevauche* (2) *chevauches* (6) *chevauche* (6) *chevauchons* (7) *chevauchiez* (7) *chevauchent* (6)	*manju* (8) *manjues* (8) *manjue* (8) *manjons* *mangiez* *manjuent* (8)	*cueil* (9) *cueus* (10) *cueut* (10) *coillons* (11) *coilliez* (11) *cueillent* (12)

(1) Même modèle : *assegier* (lat. **assedicare*), *chargier* (lat. *carricare*), *negier* (lat. **nivicare*, cl. *ninguere*), *plongier* (lat. **plumbicare*), *rogier* ou *rongier* (lat. **rodicare*), *targier* (lat. **tardicare*), *vengier* (lat. *vindicare*).
(2) Refaits sur les 2e et 3e pers. ; les formes phonétiques seraient **juc*, **chevauc*.
(3) On attendrait aux 2e et 3e pers. **juches*, **juche*, **juchent*, car la syncope du *i* pénultième bref a précédé la sonorisation du *k* intervocalique ; le radical *džudž-* est peut-être pris aux formes accentuées sur la désinence, telles que *jujons*, *jugiez* et l'infinitif. Selon P. Fouché, la syncope aurait été retardée dans les formes fortes sous l'influence des formes faibles.
(4) Formes phonétiques : la chute du *i* prétonique interne a été ultérieure à la sonorisation de *-k-* en *-g-*.
(5) Même modèle : *couchier* (lat. *collŏcare*), *escorchier* (lat. *excortīcare*), *maschier* (lat. *mastīcare*), *reverchier*, « retourner en tous sens » (lat. **revertīcare*), *torchier* (lat. **tortīcare*).
(6) Formes phonétiques : la syncope du *i* pénultième bref a précédé la sonorisation du *-k-* intervocalique.
(7) On attendrait **chevaujons*, **chevaugiez* comme on a *jujons*, *jugiez*, mais le radical des formes fortes a été généralisé dans ces verbes. Selon P. Fouché, le *-k-* intervocalique devenu *-g-* avant la syncope se serait ensuite assourdi au contact d'une sourde dans **escortgare*, **mastgare*, etc. ; mais cette explication ne convient pas à *caballicare* (où les deux *l* sont sonores). Le cas de *collocare* (> *couchier*) est à mettre à part selon La Chaussée : l'*o* s'y est amuï à toute personne avant la sonorisation du *-k-* intervocalique.
(8) On attendrait **mandu*, **mandues*, **mandue*, **manduent* ; le timbre *dž* des formes faibles (*manjons*, *mangiez*, *mangier*) a été étendu avant les premiers textes à toute la conjugaison.
(9) Au lieu de **colc* (de **cŏlgo* issu de *cŏllīgo*) d'après les 2e et 3e personnes à l'étape *cueilz*, *cueilt*.
(10) *Cŏllīgis,-it* > [kǫlleyyes,-et] > [kǫles,-et] > [kuols,-t] > [kuoilz,-t] > *cueilz,-t* > *cueus,-t* > [koes,-t], cf. *aqueult* (*Renart* éd. Roques 16388) rimant avec *veut*.
(11) L'*o* de la syllabe initiale, ne portant pas l'accent, ne subit pas la diphtongaison conditionnée ; *cueillons*, *cueilliez*, analogiques, se rencontrent dès l'ancien français.
(12) Au lieu de **colguent* (< *collīgunt*) par généralisation du radical mouillé.

e) Action d'un yod radical

Dans les verbes remontant à un verbe latin en *-yare* comme *abregier* (d'*abbrĕviare*), *apoiier* (d'**appŏdiare*), *baignier* (de **baneare*, cl. *balneare*), *baisier* (de *basiare*), *chacier* (de **captiare*), *changier* (de *cambiare*), *chaucier* (de *calceare*), *couroucier* (de *corrŭptiare*), *enoiier* (d'**īnŏdiare*), *glacier* (de *glaciare*), *proisier* (de *prĕtiare*), *taillier* (de **taliare*) et les dérivés en *-oiier* (du latin *-idyare*) comme *otroiier* (d'**auctoridyare*), le yod appartenant au radical se retrouvait à toutes les personnes ; il en résulte en français des paradigmes assez réguliers :

chacier (1)	***proisier*** (2)	***apoiier*** (3)	***otroiier*** (4)	***baignier*** (5)
chaz *chaces* *chace* *chaçons* *chaciez* *chacent*	*priz* *prises* *prise* *proisons* *proisiez* *prisent*	*apui* *apuies* *apuie* *apoions* *apoiiez* *apuient*	*otroi* *otroies* *otroie* *otroions* *otroiiez* *otroient*	*baing* *baignes* *baigne* *baignons* *baigniez* *baignent*

(1) Dans **captiare*, le groupe *-ty-* appuyé a donné *-ts-*, devenu [s] (écrit *c*) vers 1200.
(2) Dans *prĕtiare*, *-ty-* non appuyé a donné *-idz-*, devenu *-z-* vers 1200 ; à la 1re pers. du singulier, l'affriquée, finale, s'est assourdie. Les formes fortes ont le vocalisme *i* par réduction de la triphtongue *iei* née de la diphtongaison conditionnée ; le radical fort s'est très vite généralisé : *prisons*, *prisiez*, *prisier*.

(3) Le groupe intervocalique *-dy-* a donné partout *-yy-*. Les formes fortes ont *ui* par réduction de la triphtongue *uoi* née de la diphtongaison conditionnée ; le radical fort se généralisera : *apuions, apuiiez, apuiier.*
(4) Dans **auctoridyare*, le groupe *-dy-* a donné partout *-yy-*. Comme *ploiier* devenu *plier* (§ 65), ce verbe présente parallèlement toute une conjugaison en *-ier* (*otriier, il otrie*, etc.), qui disparaîtra en moyen français ; même hésitation pour *charroiier, costoiier, esbanoiier, foloiier, guerroiier, lermoiier, netoiier, tornoiier*... Seul *manier* a éliminé *manoiier* ; l'analogie a joué en sens inverse pour des verbes en *-ier* comme *estudier* (emprunté du latin **studiare*), *mendier* (lat. *mendīcare*) dont on relève des formes telles que *estudoier, estudoie, mendeie* (*Rol.* 46).
(5) Dans ce paradigme, la graphie *-ign-* note simplement *n* mouillé, et l'*a* précédent est nasal ([ã]) ; au XIIIe siècle, le vocalisme [ẽ] réalisé à la 1re pers. *baing* (où *n* est implosif) ainsi qu'au singulier du subjonctif, et dans le nom *bain*, sera généralisé. Des extensions analogues se produiront dans le paradigme des verbes comme *soignier* (de **sunniare*), *tesmoignier* (de **testimoniare*). Au contraire, dans le verbe *gaaignier* (de **wadaniare*), le vocalisme [a] sera étendu à la 1re personne (d'où *gagne*) malgré l'existence du nom *gain*, peut-être sous l'influence du *a* initial.

f) Action d'un yod désinentiel

Toutes les 3es personnes du pluriel en *-iunt* ayant été réduites à *-unt* (§ 64), le yod désinentiel n'apparaît à l'indicatif présent qu'à la 1re personne du singulier. Encore y a-t-il souvent disparu en latin vulgaire, notamment dans les verbes où il était précédé d'une labiale : *dormio > *dormo > dorm, servio > *servo > serf, mŏveo > *movo > muef* (cependant les verbes *habeo, debeo, sapio,* d'emploi très fréquent, ont perdu précocement leur labiale : *habeo > *abyo > *ayyo > ai*, etc. cf. § 67).

Au contraire, dans quelques verbes très courants comme *dono, pono, tollo,* un yod est apparu en latin vulgaire à la 1re personne de l'indicatif présent : *doing, poing* (refait de bonne heure en *pon*), *toil* (à côté de *tol*) supposent **donyo, *ponyo, *tollyo* ; on invoque le modèle de *maneo, moneo* (cf. *semoing*), *teneo, venio.*

Quand il s'est maintenu, le yod a altéré de diverses manières la consonne terminant le radical :

K + **YOD** intervocalique > **T͜S** (écrit **Z** en fin de mot) :

facio et *placeo* ont donné *faz, plaz,* refaits en *fais, plais* sur les autres personnes fortes du singulier ;
jaceo aurait dû donner **jaz,* remplacé dès les premiers textes par *gis*, analogique de *gis* (< *jaces*), *gist* (< *jacet*) et de *gisent* (< *jacent*) dont le radical a été généralisé au pluriel : *gisons, gisiez.*
nŏceo a subi un traitement semblable, d'où le paradigme :
nui(s), nuiz, nuist, nuisons, nuisiez, nuisent

G + **YOD** intervocalique > **YY** :

*fŭgio > *fuyyo > fui* *fŭgis > *fuyyis > fuis*
Dans ce verbe, le timbre *u*, maintenu en position tonique sous l'influence du double yod, a été étendu à toute la conjugaison.

T + **YOD** appuyé > **T͜S** (écrit **Z** en fin de mot) :

mentio, partio > menz, parz, attestés à l'Est, remplacés ailleurs par *ment, part* (analogiques des personnes suivantes).

T + **YOD** après voyelle :

L'ancien français *haz*, de **hatio*, à côté de *hez* (< **hatis*), *het* (< **hatit*) doit être analogique de *faz* ; il sera remplacé par *hé* (analogique des personnes suivantes) et *hais* (graphisme inspiré de *haïr* (< **hatīre*).

D + YOD intervocalique > **YY** :

vĭdeo > **veyyo* > *vei, voi*

La diphtongue *oi*, que l'évolution d'*e* fermé produisait aux autres personnes du singulier (*voiz, voit* de *vĭdes, vĭdet*), sera étendue aux personnes faibles *veons, veez*, d'où *voions, voiez* (XIIIe s.).

audio > **auyyo* > **oyyo* > *oi*

Le radical *oi-*, retrouvé au subjonctif (*audiam* > *oie*), sera étendu à la plupart des formes du verbe, et le paradigme primitif

j'oi, tu oz, il ot, nos oons, vos oez, il oent

deviendra :

j'oi, tu ois, il oit, nos oions, vos oiez, il oient.

En revanche, dans *sĕdeo*, la forme attendue **si* (de **sieyyo*) a été remplacée dès les premiers textes par *sié*, analogique des autres personnes fortes *siez, siet, sieent* ; les personnes faibles *seons, seez* seront refaites en *seions, seiez* comme dans *veoir* (supra) ; enfin l'ensemble du paradigme sera refait (au XVIe s.) sur *voir* : *j'(as)sois, tu (as)sois*, etc.

Cado, devenu **cadeo*, a subi une évolution semblable.

L + YOD intervocalique > **L palatal** :
Dans les verbes en *-lyo*, le *l* palatalisé de la 1re personne du singulier s'opposait au *l* des autres personnes, conservé devant voyelle et vocalisé en *u* devant consonne : *vail*, de *valeo*, se distinguait de *valons, valez, valent*, et de *vaus, vaut* (de *vales, valet* avec généralisation du *a* non diphtongué des autres personnes).

Ainsi se conjuguaient à l'indicatif présent *chaloir* (de *calēre*), *falir* (de **fallīre* pour *fallĕre*, tromper), *salir* (de *salīre*, sauter). Mais des réfections analogiques produiront d'une part *je vaus* (XIVe), *je fal* (XIIe) et d'autre part *tu defailles, tu (tres)sailles, (tres)saillir* par généralisation du radical palatalisé.

Les 1res personnes *doleo, oleo, soleo, *voleo* sont devenues régulièrement *dueil, ueil, sueil, vueil* ; aux 2e et 3e personnes, la vocalisation du *l* produisait une triphtongue *ueu* (*dueu*, etc.) qui se réduisit à *eu* après *v* dans *veus* et se dissimila dans les autres verbes : *dieus, ieus, sieus* ; l'*o* se maintenait aux personnes faibles : *dolez, olez, solez, volez*. Des 1res personnes analogiques comme *deu(l), eu(l), seu(l), veu(l)* diminueront la complexité du paradigme.

Dans *bolir* (lat. *bŭllire*), des formes à palatale analogique *boillons, boilliez* alternent dès l'ancien français avec les formes étymologiques *bolons, bolez* qui se maintiendront jusqu'au XVIe siècle.

R + YOD intervocalique > **IR** :

mŏrio > *muir* refait en *muer* sur *muers, muert*
fĕrio > **fir* refait en *fier* sur *fiers, fiert*.

N + YOD > N palatal :
Maing, de *maneo*, alterne avec *main(s)* refait sur les personnes suivantes, d'où le paradigme :

maing (main, mains), mains, maint, manons, manez, mainent.

Ting, de *teneo*, est rarement attesté ; les formes usitées sont *tieng* et *tien(s)* empruntant le vocalisme des formes suivantes :

tieng (tien, tiens), tiens, tient, tenons, tenez, tiennent.

Le présent de *venir (vĕnīre)* a eu un traitement identique.

Remarque : En picard, à la 1re personne de l'indicatif présent, la suite *t/k* + yod aboutissait à une affriquée écrite *ch* ou *c* : *mentio* > *mench, menc ; facio* > *fach, fac*, etc. Cette consonne devint la désinence de la 1re personne du singulier dans toutes les conjugaisons à l'indicatif présent (ainsi que, dans certains verbes, au passé simple, cf. § 79 Rem. a).

aporc [= *aport*] (*Feuillée* 346), *ainc* [= *aim*] (*Richart li Biaus* 1701), *ainch* (ibid. 5011), *demanch* [= *demant*] (*Sone de Nansay* 5461), etc.

67. Particularités propres à certains verbes

ALER

vois, vas, va (vait), alons, alez, vont

Les formes de ce verbe, sauf le futur, remontent non pas à *eo* (trop altéré par l'évolution phonétique), mais à deux verbes du latin vulgaire en distribution complémentaire :

— *vadere* pour les formes fortes,

— *alare* (Gloses de Reichenau), réduction possible d'*ambulare*, pour les formes faibles.

Un emploi très fréquent des formes fortes — notamment avec l'infinitif remplaçant le supin du latin classique (§ 62, 2°) — explique un traitement atone du *a* dans *tu vas* (< *vadis*), *il va* (< *vadit*) et *il vont* (de **vaunt* issu de **vadunt* par un effacement précoce du *d*). A la 3e personne du singulier, *vait* (écrit aussi *vet*), moins fréquent mais plus anciennement attesté, peut n'être qu'une variante tonique de *va(t)* ; on relève aussi (rarement) *ves* (Béroul) pour *vas*.

A la 1re personne du singulier, *vado* devenu **vao*, d'où **vo*, a pu prendre un *i* sur le modèle de *ai* à partir de la ressemblance entre *vas, va(t)* et *as, a(t)* ; et l'on aurait ajouté un *s* analogique. *Vois*, refait plus tard en *va(s)* et en *vai(s)*, s'emploiera jusqu'en 1625 (Maupas).

Le verbe *ester* (lat. *stare*) emprunte les désinences d'*aler* :

estois, estas, esta(t) ou **estait, estons, estez, estont**

AVOIR

ai, as, a(t), avons, avez, ont

A l'indicatif présent de ce verbe, le *b* d'*habere* ne s'est conservé (sous forme de *v*) qu'aux personnes faibles *avons, avez* (où il appartient à la syllabe tonique), remontant avec substitution de désinences à *habemus, habetis*. A la 3e personne du pluriel, sa chute (à l'étape β) s'explique devant un *u* (**habunt*) analogique de *sunt*. Aux trois personnes du singulier, on constate une disparition précoce du *b* (β) sans doute liée à la fréquence d'emploi de ces formes (Väänänen) et dont aucun historique précis n'a satisfait l'unanimité des phonéticiens : *habeo* > *ai* (§ 66 f), *habes* > *as, habet* > *a(t)* ; la fréquence d'emploi est aussi tenue pour la cause de la non-diphtongaison du *a* dans *as* et *a(t)*.

La même chute du *b* devant yod s'observe à la 1re personne du singulier des présents de *debere* et *sapere* (§ 66 f) dont les paradigmes anciens sont :

doi, dois, doit, devons, devez, doivent
sai, ses, set, savons, savez, sevent

Mais il n'y a pas eu disparition précoce du *b* aux 2e et 3e personnes du singulier comme dans *habere*, car le maintien du *t* dans *doit* et *set* implique l'appui d'un *f* au IXe siècle (cf. *dift* dans les *Serments de Strasbourg*).

DONER

doing (doins), dones, done(t), donons, donez, donent

Ces formes, à part la première, continuent régulièrement le paradigme latin de *donare*. *Doing* est expliqué soit par **donyo* (sans modèle clair), soit par une réfection analogique à partir de verbes comme *semondre* (§ 64) : *doing* serait à *donons* ce que *semoing* est à *semonons*. Quant à la variante *doins*, la meilleure explication en est l'addition à *doing* du *-s* analogique, entraînant la dépalatalisation du *n* (La Chaussée). *Doing* et *doins* seront refaits en *don(n)e* en moyen français.

ESTRE

sui(s), ies (es), est, somes (sons), estes, sont

Sui est expliqué par un croisement de *sŭm* avec **ayyo* (de *habeo*), d'où **sŭyyo*, où l'action fermante de *-yy-* aurait maintenu le timbre de *u* (une variante *soi* est dialectalement attestée) ; un *-s* analogique apparaît au XIIe (*suis*) mais est rare avant le XIVe.

A la 2e personne, *ies* remonte à *ĕs* et la variante non diphtonguée s'explique par le fréquent emploi du verbe, surtout dans les périphrases (§§ 57, 60) ; *es* l'emportera sous l'influence de *est* (continuant le latin *est* où la diphtongaison est impossible).

Somes et *sons* ont été expliqués au § 63. Une forme *esmes*, exceptionnellement attestée, est sans doute analogique de *estes* (lat. *estis*) où la voyelle finale est maintenue pour sauvegarder la désinence.

Sont continue régulièrement *sŭnt*, où l'*u* est tonique.

LAISSIER

lais, laisses, laisse, laissons, laissiez, laissent

Ces formes découlent régulièrement de *laxo*, *laxas*, etc. Une variante *laist* est souvent attestée à la 3e personne du singulier (cf. § 63).

Mais ce paradigme est concurrencé en ancien français par une série défective à radical *lai-* (*lei-*, *lé-*) sans *s :*

lai, laies, laie (lait), ..., ..., laient

P. Fouché explique ces formes par un étymon germanique *lagyan*, attesté en gotique, qui justifierait l'infinitif *laier* et le participe *laiant*. D'autres y voient seulement des réductions analogiques à partir de *lais/fais*, ces deux verbes ayant des constructions semblables (d'où la variante *laire* à l'infinitif). Le caractère défectif du verbe fait pencher pour la 2e solution.

POOIR

puis, puez, puet, poons, poez, pueent

Puis remonte à **pŏssyo* où l'on peut voir soit une contamination de *pŏssum* et **pŏteo* (fait sur *pŏtes*), soit une réfection d'après le subjonctif (§ 93). Une variante *pois* non diphtonguée est dialectale. Le moderne *peus* (*peux*) apparaîtra au XVIe siècle, refait sur les personnes suivantes.
Les autres formes remontent régulièrement à *pŏtes*, **pŏtet*, **pŏtemus*, **pŏtetis*, **pŏtent*. (avec la substitution de désinences aux 1re et 2e pers. du pluriel).
Les formes modernes avec *v* de liaison (*pouvons, pouvez, peuvent*) sont probablement refaites sur *mouvoir* (et *avoir, devoir, savoir*).

PRENDRE

Le Nord, le Nord-Est, l'Est et le Centre ont le paradigme attendu à partir de *prendere,* contraction de *prehendere* :

prent, prenz, prent, prendons, prendez, prendent.

En français commun, les formes de 2e et 3e personnes du singulier semblent à l'origine d'une réfection de la 1re personne du singulier et des personnes du pluriel sur le modèle de *tenir* et *venir* :

preing, prenz, prent, prenons, prenez, prennent.

SIVRE (SIURE)

siu, sius, siut, sevons, sevez, sivent

Le paradigme latin du présent de *sĕquĕre* (cl. *sequi*) explique les formes fortes *siu, sius, siut, sivent* et les formes faibles *sevons, sevez,* sachant que la labio-vélaire *Kw* s'est sonorisée et spirantisée en *w* (SPH p. 35) et que la diphtongue *ie* + *w* a évolué en *iu* ou en *iv* selon qu'elle était finale ou devant consonne ou qu'elle était devant voyelle.

Des variantes conservant *ie* s'observent en picard : *sieut, sievent* ; on relève aussi de nombreuses réfections par généralisation d'un radical : *sivons, sivez, sievons, sievez, pursuions,* etc. ; mais la réfection par métathèse de *iu* en *ui* (cf. *tēgŭla*> *tiule*> *tuile*) a eu une fortune plus générale, conduisant aux formes *suis, suit, suivons,* etc. exclusivement usitées à partir du XVIe siècle.

68. Emploi de l'indicatif présent

L'indicatif présent avait en ancien français la même valeur fondamentale qu'en français moderne : il énonçait un procès en cours d'accomplissement ou de répétition au moment de la parole.

L'emploi métaphorique appelé « présent de narration » (qui remonte au latin) était courant dans les récits de l'épopée et du roman (où l'interprétation d'une forme de présent comme marque d'un fait réellement en cours est *a priori* exclue). Quelques auteurs en ont tiré les effets les plus pertinents (expression d'une « tension affective » selon la formule de Marc Wilmet). C'est le cas dans la chantefable d'*Aucassin et Nicolette* :

> *Li quens Bougars de Valence oï dire c'on penderoit Aucassin son anemi, si venoit cele part ; et Aucassins ne le mescoisi mie : il tint l'espee en la main, se le* ***fiert*** *par mi le hiaume si qu'i li* ***enbare*** *el cief. Il fu si estonés qu'il caï a terre ; et Aucassins* ***tent*** *le main, si le* ***prent*** *et l'en* ***mainne*** *pris par le nasel del hiame et le* ***rent*** *a son pere.* (X, 31)
> [Le comte Bougard de Valence, ayant entendu dire qu'on allait pendre Aucassin son ennemi, venait de ce côté ; son arrivée n'échappa pas à Aucassin : celui-ci avait l'épée à la main, il le frappe en plein sur le heaume si bien qu'il le lui enfonce sur la tête. Le comte en fut tellement ébranlé qu'il tomba à terre ; et Aucassin tend la main, le saisit et l'emmène en le tenant par le nasal du heaume, et le livre à son père.]

Mais cette fréquence était acquise aux dépens de l'expressivité et de la cohérence temporelle. Dans beaucoup de textes en vers, et même dans des récits en prose où la commodité métrique n'entre pas en jeu, l'alternance du présent avec les temps du passé est souvent anarchique :

> *Endementres que il parloient de ceste chose, messire Gauvains* ***regarde*** *encoste la damoisele et* ***vit*** *pendant une aumosniere moult riche a sa ceinture ; mais ele n'estoit mie vuide par semblant ; et il i* ***mist*** *la main et l'****uevre*** *maintenant et en tret unes letres...*
> [Tandis qu'ils parlaient de cela, messire Gauvain regarde au côté de la demoiselle et vit une très riche aumonière qui pendait à sa ceinture ; mais elle n'avait pas du tout l'air vide ; il y porta la main, l'ouvre aussitôt et en tire une lettre...] (*Mort Artu* 71, 1)

Selon une statistique de Robert Martin, 20 % des verbes à l'indicatif étaient au présent de narration dans les récits en ancien français, pourcentage réduit à 12 en moyen français et à moins de 7 en français moderne. Dans les propos au discours direct, l'emploi du présent au sens d'un passé était à peu près exclu.

C. INDICATIF IMPARFAIT ET PLUS-QUE-PARFAIT

69. Formes de l'imparfait du latin à l'ancien français

Le latin classique avait trois types d'imparfait :

a) *am-āබam*

b) *man-ēbam, leg-ēbam*

c) *cap-iēbam, aud-iēbam.*

Pour des raisons phonétiques dans certains verbes, analogiques dans les autres, le yod des formes en *-iebam* était effacé en gallo-roman où il ne resta que deux types d'imparfait : en *-abam* et en *-ebam*. Dans les premiers textes français, le premier type ne se maintenait que dans l'Ouest et l'Est, remplacé au Centre et au Nord par le second. Le tableau suivant donne les formes du premier type à l'Ouest (Normandie, Bretagne), où elles posent des problèmes phonétiques controversés, et à l'Est, où elles sont conformes au jeu normal des lois phonétiques, sauf aux 1re et 2e personnes du pluriel, refaites sur le second type :

OUEST	EST
chanto(u)e	*chanteve*
chanto(u)es	*chanteves*
chanto(u)t	*chantevet*
chantiiens	*chantiiens*
chantiiez	*chantiiez*
chanto(u)ent	*chantevent*

Ces formes disparaîtront avant le XIVe siècle devant des formes analogiques du second type (*chantoie*, etc.).

Les désinences du second type remontent aux paradigmes latins en *-ebam*, soit *manebam, legebam, *audebam* et même, dans le Centre et le Nord, **amebam.*

Dans la presque totalité du domaine roman, *-ebam* a perdu le *b* (devenu β), effacement expliqué par son caractère désinentiel, et favorisé par la dissimilation dans le verbe très fréquent *habebam.* Dans le résultat *-ēam, -ēas,* etc. l'*e* fermé long (à une date où ne jouait plus la loi latine d'abrègement d'une voyelle longue devant voyelle) assuma la fonction « marque d'imparfait » et subit au VIe siècle la diphtongaison en *ei* ; aux personnes faibles, il se ferma en *i* sous l'influence de l'hiatus (cf. *leone*> *lion*) et le développement d'un yod de transition entraîna l'application de la loi de Bartsch (SPH p. 17).

Le tableau suivant montre l'état des désinences d'imparfait dans un verbe comme *vendre* en bas latin et en français du XIe et du XIIIe siècle :

Ve s.	XIe s.	XIIIe s.
vend-ea	*vend-eie*	*vend-oie*
vend-eas	*vend-eies*	*vend-oies*
vend-eat	*vend-eit*	*vend-oit*
vend-eamos	*vend-iiens*	*vend-iiens, -iions*
vend-eades	*vend-iiez*	*vend-iiez*
vend-eant	*vend-eient*	*vend-oient*

1re ET 2e PERSONNES DU SINGULIER :

L'*e* final s'amuïra à partir du XIIIe siècle (1re pers. *vendoi,* 2e pers. *vendois*). La 1re personne recevra l'*-s* analogique à partir du XIVe, mais *-oi* se maintiendra en prose et *-oie* en poésie jusqu'au XVIe siècle.

3e PERSONNE DU SINGULIER :

Quelques formes en -eiet sont attestées très anciennement. A partir du XIe siècle, seulement *-eit,* puis *-oit* : l'articulation du *t* final exige un effort dont l'*e* a fait les frais (c'est le cas le plus ancien, avec les subjonctifs *ait* et *seit,* d'amuïssement de l'*e* central).

1re PERSONNE DU PLURIEL :

Evolution phonétique : [-eamos]>[-iamos]>[-iyamos]>[-iyiemos] (VIe s.)> [-iyiens] (VIe s.) écrit *-iiens* ou *-iens* dans les anciens textes ; une prononciation monosyllabique apparaît en picard au XIIIe s. mais s'étendra plus tard en français et n'y éliminera l'autre qu'au XVIIe siècle.

La désinence *-ons* généralisée au présent (§ 63) a été substituée analogiquement à *-ens,* d'où les formes en *-iions, -ions* ; on lit déjà *aviüm* dans la *Chanson de Roland,* mais la victoire de *-ions* en langue littéraire ne sera effective qu'au XIVe siècle.

2e PERSONNE DU PLURIEL :

Evolution phonétique : [-eatis] > [-eades] > [-iades] > [-iyades] > [-iyiedes] (VIe s.)>[-iyets] (VIIe s.) écrit *-iiez* ou *-iez* dans les anciens textes ; prononciation monosyllabique en picard, puis en français comme à la 1re p. du pluriel.

3e PERSONNE DU PLURIEL :

C'est à la 3e pers. du pluriel que l'*e* final s'est conservé le plus longtemps ; il ne disparaîtra jamais de la graphie, mais les poètes (déjà Marot) compteront *-oient* pour une rime masculine monosyllabique.

Remarques : a) Des graphies comme *entrait, avait, envoiet* apparaissent au XIIIe s. dans l'Ouest, reflétant une prononciation [ẹ] qui n'éliminera [wẹ] qu'au XVIIe siècle.

b) Le latin populaire usait largement d'une terminaison *-ībam* (ex. *audibam*) qui a laissé des traces en France dans l'Est et le Sud-Est : *venivent* [=venaient] de **venibant.*

c) Les variations du radical, si complexes dans le paradigme du présent (§§ 65-66) n'avaient pas de raison d'être à l'imparfait où le radical était toujours faible (inaccentué). Mais il s'est produit souvent que l'imparfait a pris par analogie le radical fort du présent : on relève *voioie* à côté de *veoie* (*vĭdēbam*), *issoie* à côté de *oissoie* (**ĕxēbam*) ; pour quelques verbes, la réfection était généralisée dès les premiers textes : *giseie* (lat. *jacebam*), *tisseie* (*tĕxebam*). L'emprunt pouvait aller jusqu'au consonantisme : *venquoie* (lat. *vĭncebam*) est fait sur *venquent* (de *vincunt*, sans palatalisation, § 66 d), *tordoie* (lat. **torcebam*) sur *tordent.*

Le phonétisme du radical aurait pu influer sur la désinence : un radical terminé par une consonne palatale aurait dû, régulièrement, fermer la diphtongue *ei* en *i* comme dans *merci*, de *mercēdem* (SPH p. 17), et l'on attendrait en conséquence **naissie* à partir de *nascebam.* Il n'en est rien : la diphtongue *ei* marque d'imparfait a résisté à l'action fermante et les formes comme *naisseie, naissoie* sont seules attestées.

d) L'imparfait attendu **leieie* de *lĕgēbam* a été refait à époque prélittéraire en *liseie* d'après *diseie* (*dīcebam*) à partir de *lis, lis, lit/di, dis, dit.*

70. L'imparfait du verbe *estre*

En latin, le verbe *esse* était doté d'un imparfait sans *b* :

ĕram, ĕras, ĕrat, ĕrāmus, ĕrātis, ĕrant.

Ce type exceptionnel est conservé en ancien français sous la forme :

(i)ere, (i)eres, (i)er(e)(t), eriiens (eriions), eriiez, (i)erent.

On suppose que le radical fort (à diphtongue *ie*) remonte à des emplois du verbe au sens propre, le faible à des valeurs d'auxiliaire, mais aucune règle de cette nature ne s'observe dans les emplois français.

La 3e personne du singulier se présente selon les textes avec ou sans *e* après l'*r* : *(i)eret* ou *(i)ert.* Dans la *Vie de saint Alexis,* on lit même 7 fois *ert* et 4 fois *eret.*

Les 1re et 2e personnes du pluriel (aux désinences analogiques) sont très peu attestées.

Ce paradigme avait deux défauts : il ne portait pas aux formes fortes la marque unifiée d'imparfait *ei* (*oi*) ; il tendait à se confondre avec le futur issu du latin *ĕro, ĕris*, etc. (§ 75).

Aussi était-il concurrencé dès les premiers textes par un imparfait du type généralisé : *esteie* (*estoie*), etc. Les deux paradigmes pouvaient alterner dans des entourages identiques :

> *Il se vit enclos de trois choses qui ne le reconfortoient mie molt. Car d'une part* ***ert*** *la forest qui granz* ***estoit*** *et desvoiable* [de nature à s'y égarer] ; *et d'autre part avoit* [il y avait] *deus roches qui* ***estoient*** *hautes et anciennes, et d'autre part l'eve* [l'eau] *qui* ***ert*** *parfonde et noire.* (*Queste*, 246, 9).

L'origine de ce paradigme est discutée : s'agit-il d'un emprunt au verbe *ester* (se tenir, demeurer), du latin *stare,* qui aurait aussi donné les participes *estant* (*stantem*) et *esté* (*statu*) ? On objecte que la forme *estoue* ne se rencontre pas dans l'Ouest, ni *esteve* dans l'Est, et l'on propose une création analogique sur *estre* à partir de *metre*/*meteie.* Mais, l'analogie ne rendant pas compte du participe *esté* (sans rapport avec *mis*), on admet généralement (Fouché, La Chaussée) qu'il s'agit bien de *stabam,* devenu en latin **stebam* sous l'influence de *habebam.*

Le paradigme *iere* se rencontrera jusqu'au XIVe siècle.

71. Emploi de l'indicatif imparfait

En latin comme en français moderne, l'imparfait de l'indicatif exprimait un procès **passé** sous l'**aspect sécant** (en partie accompli, en partie inaccompli) :

> *...in altissimos montes qui ad castra* ***pertinebant*** *confugerunt*
> [ils s'enfuirent sur les très hautes montagnes qui touchaient au camp] (César, *De bello civili,* III, xcv).

Si le procès était du type conclusif (CFC § 181), la vue sécante portait sur sa répétition :

> *Carthagine quotannis annui bini reges* ***creabantur***
> [A Carthage deux rois étaient nommés chaque année pour un an] (Cornelius Nepos).

L'ancien français conserve la valeur d'aspect sécant dans le passé :

> *De ses paiens enveiat quinze*
> *Chascuns* ***portout*** *une branche d'olive* (*Rol.* 202)
> [Il envoya quinze de ses païens,
> chacun portait une branche d'olivier].

Dans le discours indirect rapportant des propos ou des pensées à un verbe au passé, l'imparfait de l'indicatif remplaçait en ancien français l'imparfait du subjonctif latin :

> *N'il ne lur dist, ne il nel demanderent*
> *Quels hom* ***esteit*** *ne de quel terre il* ***eret*** (*Alexis* 239)
> [Il ne leur dit pas, et ils ne lui demandèrent pas,
> Quel homme il était ni de quel pays].

Pourtant l'imparfait est rare dans les vieux textes : 25 emplois dans les 625 vers d'*Alexis,* une quarantaine dans les 4000 vers de *Roland.* L'imparfait de répétition n'y existe pratiquement pas.

On sait (§ 68) avec quelle liberté les vieux auteurs usaient du présent de narration. Cette plongée dans le passé les dispensait souvent d'employer l'imparfait de durée ou de répétition :

Curant i vint Margariz de Sibilie ;
Cil ***tient*** *la tere entrequ'as Cazmarine.*
Pur sa beltet dames li ***sunt*** *amies :*
Cele nel ***veit*** *vers lui ne s'esclargisset ;*
Quant ele le ***veit,*** *ne* ***poet*** *muer ne riet* (*Rol.* 955)
[Margaris de Séville y vint en courant ;
Celui-là tient la terre jusqu'aux Cazmarines.
Pour sa beauté, les dames lui sont amies :
Aucune ne le voit sans que son visage s'éclaire à son adresse ;
Aucune, l'apercevant, ne peut s'empêcher de lui sourire].

Le présent se rencontrait même au lieu de l'imparfait dans les propos au discours indirect dépendant d'un verbe principal à un temps du passé :

Et on li dist qu'ele ***est*** *en l'ost et si i avoit mené tox ciax du païs*
[On lui dit (passé) qu'elle était à l'armée et y avait mené tous ceux du pays] (*Auc.* XXVIII, 17).

Souvent aussi l'imparfait était supplanté par un emploi descriptif du passé simple dont l'étude sera développée à propos de ce temps (§ 86) :

Li empereres en ***tint*** *son chef enclin.*
De sa parole ne ***fut*** *mie hastifs :*
Sa custume est qu'il parolet a leisir.
Quant se redrecet, mult par ***out*** *fier lu vis* (*Rol.* 139)
[L'empereur tenait la tête inclinée.
Il n'était jamais pressé de parler :
Sa coutume est de parler quand il lui plaît.
Quand il se redressa, il avait le visage plein de fierté].

L'emploi du présent narratif et celui du passé descriptif iront en décroissant, et la fréquence de l'imparfait augmentera aux XIIe et XIIIe siècles, avec ses valeurs modernes essentielles, sauf la valeur narrative de l'« imparfait flash » (CFC § 187).

Remarque : L'imparfait est étudié dans ce chapitre comme temps passé de l'indicatif ; il n'y a pas lieu de faire état de son emploi comme temps de l'irréel, dont l'étude ressortit à un chapitre spécial (§§ 102-103).

72. Formes et emplois de l'indicatif plus-que-parfait

Pour remplacer le plus-que-parfait classique moribond (§ 56), le bas latin avait créé un temps composé (§ 57) dont l'auxiliaire était à l'imparfait ; ce plus-que-parfait composé existe donc en français dès les premiers textes :

Tut dreitement en vait en paradis
A sun seinor qu'il ***aveit*** *tant* ***servit*** (*Alexis,* 333).

Le premier procès passé, « servir Dieu », est donné comme antérieur au second procès passé, « aller en paradis » (ici exprimé au présent de narration).

Le plus-que-parfait était tout indiqué dans le discours indirect pour exprimer un procès antérieur au moment de l'énonciation marqué par le verbe principal. C'est le cas dans l'exemple d'*Aucassin* cité au paragraphe précédent, où *avoit mené* exprime un procès antérieur au moment du procès *dist*. Il en est de même si le verbe principal est au présent de narration :

> *Si leur* ***conte*** *ceste merveille,*
> *Comment cil* ***avoit esploitié*** (*Thèbes* 3550)
> [Il leur conte ce fait extraordinaire,
> comment celui-ci s'était comporté].

Pourtant le plus-que-parfait a été d'abord d'un emploi assez rare, étant concurrencé par trois autres temps :

1. le **passé simple,** qui laissait implicite l'antériorité du premier procès passé relativement au second par un retour au repérage absolu (en français parlé moderne, cette imprécision est courante au passé composé : « Elle a perdu la broche que je lui ai donnée ») :

> *Et si li ont dit et conté*
> *Comment il* ***trouverent*** *pasmé*
> *A l'uis de la cambre Amadas* (*Amadas et Ydoine* 814).

2. le **passé antérieur** (§ 88) :

> *Quant Renart vit qu'il* ***ot falli,***
> *Forment se tint a malbailli* (*Renart* II 298).

3. le **passé composé** (§ 87) :

> *Quant cil qui entor Lancelot estoient oïrent ceste parole, si orent trop grant joie et li demanderent que il* ***a veu*** [et lui demandèrent ce qu'il avait vu] (*Queste* 258, 6).

Dans l'exemple suivant, l'emploi du plus-que-parfait, puis du passé composé après un verbe principal au présent de narration montre combien ce dernier temps représentait un repère instable :

> *li auquant dient* [les uns disent] *qu'ele* ***en estoit fuie,*** *et li autre dient que li quens Garins l'****a faite*** *mordrir* (*Auc.* XX, 6).

Remarque : Comme temps de l'irréel, l'indicatif plus-que-parfait sera étudié au § 103.

D. FUTURS ET FUTURS ANTÉRIEURS

73. Désinences du futur français

Il est montré au § 58 comment le gallo-roman avait grammaticalisé dans la valeur de futur une périphrase composée de l'infinitif et du verbe *avoir*. Le tableau suivant donne les étapes originelle et finale du paradigme pour le verbe *chanter* :

LATIN	ANCIEN FRANÇAIS
cantar(e) (h)abeo	*chante-r-ai*
cantar(e) (h)abes	*chante-r-as*
cantar(e) (h)abet	*chante-r-a(t)*
cantar(e) (h)abemus	*chante-r-ons*
cantar(e) (h)abetis	*chante-r-eiz (-oiz), -ez*
cantar(e) *(h)abunt	*chante-r-ont*

Les terminaisons issues du paradigme *habeo, habes* etc. se confondent avec les formes du présent d'*avoir* expliquées au § 67, sauf à la 1e et à la 2e personne du pluriel où l'élément *av-* (cf. *avons, avez*) a été supprimé à une époque indéterminée en raison de la fréquence et de la rapidité du débit. Les résidus *-*emos* et *-*edes* (de *-ēmus* et *-ētis*) devraient normalement donner :

*-*eins*, qui n'apparaît pas dans les textes, remplacé par la désinence *-ons* généralisée au présent (§ 63), avec ses variantes *-omes* et *-on* ;

-eiz (*-oiz* au XIIe), qu'on rencontre couramment dans la littérature médiévale (*ireiz, Rol.* 79), mais concurrencé dès le début par *-ez* (*irez, Rol.* 70) généralisé au présent (§ 63), qui l'emportera au XIIIe siècle sauf dans l'Est.

L'*e* final de l'infinitif s'élidait en latin classique devant la voyelle initiale d'*habere* (dont l'*h* avait cessé d'être aspiré en latin parlé). L'*r* forma donc syllabe avec la voyelle initiale des formes issues d'*habere*, et l'on peut donner le paradigme *-rai, -ras* etc. pour la marque du nouveau futur. Ainsi le paradigme entier du présent d'*habere* était devenu un jeu de désinences nettement distinctes, toutes monosyllabiques et toniques.

74. Formes du radical

L'accent tombant à toutes les personnes sur la terminaison issue du verbe auxiliaire, le futur ignorait comme l'imparfait l'alternance d'un radical fort et d'un radical faible.

Des différences de conjugaison du latin, il ne subsiste plus en ancien français qu'une répartition possible entre trois types de futur :

1. Type remontant aux verbes latins en *-are*

L'a prétonique dans **cantarayyo, *cantaras*, etc. s'est normalement conservé sous forme d'*e* central : *chanterai, chanteras.*

Après une voyelle ou une diphtongue, cet *e* tendra vite à s'effacer, comme l'attestent des graphies telles que *prirons* (XIIe), *merciront, remuront, pairai* (XIIIe) ; l'effacement sera général dans la prononciation au XVIIe siècle, mais l'*e* sera graphiquement maintenu ou rétabli.

Après une consonne, l'*e* a phonétiquement tendu à s'amuïr quand cette consonne était un *r* : *durera* > *durra, demorera* > *demorra, plorera* > *plorra*, etc. ;

mais les formes complètes subsisteront concurremment et majoritairement, et élimineront totalement au XVIIe siècle les formes syncopées.

Après *n*, l'*e* s'est effacé au futur de *doner* et *mener* : *donrai* (*dunrai* dans *Alexis*), *menrai* (XIIIe s.) ; en anglo-normand, l'*n* s'est alors assimilé : *dorrai* (*durrai* dans *Roland*), *merrai*. Les formes complètes seront rétablies par analogie au XVe siècle.

D'autres cas de chute s'observeront, régionaux ou isolés : *torra* (= *tornera*), *parra* (= *parlera*), *portra* (= *portera*), *aidra* (= *aidera*).

La suite *re* après consonne (même après voyelle en picard) aboutira souvent par métathèse à *er* : *entrera* > *enterra*, *delivrera* > *deliverra*. Ces formes, fréquentes chez Rutebeuf (XIIIe s.), disparaîtront des textes au XVe siècle.

Le futur ancien *envoierai* d'*envoier* (*invĭare* § 65 R) sera refait au XIVe s. en *enverrai* sans doute d'après *voi* (*video*) / *verrai* (cf. 3).

2. Type remontant aux verbes latins en *-ire*

Dans ces verbes l'*i* prétonique s'amuïssait normalement :

morire habeo > *morirayyo > morrai — venire habeo > *venirayyo > vendrai
audire habeo > *audirayyo > orrai — ferire habeo > *ferirayyo > ferrai

Par exception, l'*i* se maintenait sous forme d'*e* central après un groupe combiné consonne + *r/l* :

operire habeo > *ovrerai*
*implire habeo > emplerai

Mais les lois phonétiques ont subi une infraction bien plus générale, et d'origine analogique, dans le cas des verbes du 2e groupe de conjugaison (§ 59) : presque tous ont maintenu l'*i* latin au futur ou l'ont rétabli analogiquement pour l'harmonie de la conjugaison, car un *i* s'entendait à la dernière syllabe du radical à toutes les formes : *fenis, fenit, fenissons, fenissoie, fenir*, etc. De là le futur *fenirai* (au lieu de *findrai). *Garir* (de *warire), dont le futur ancien (phonétique) est *garrai*, a lui-même reçu au XIe siècle un futur *garirai* normalisé.

Les verbes en *-ir* du 3e groupe (où n'existait pas le même modèle, ex. *dors, dort, dormons, dormoie, dormir*) se sont souvent refait un futur en *-irai* : *dormirai* (seul attesté), *partirai* (anciennement *partrai*), *ovrirai*. On sait qu'un certain nombre de ces verbes ont adopté toute la conjugaison du 2e groupe, comme *emplir* remplaçant l'imparfait *emploie* par *emplissoie* en même temps que le futur *emplerai* par *emplirai*.

Les verbes *falir* de *fallire, *salir* de *salire*, *bolir* de *bullire* (cf. § 66 f), qui avaient étymologiquement pour futurs *faudrai, saudrai, boudrai*, referont ces futurs sur le radical palatalisé du subjonctif présent : *faillerai, saillerai, bouillerai* (XIIIe-XIVe), puis changeront l'*e* en *i* sous l'influence de l'infinitif : *faillirai, saillirai, bouillirai*.

3. Type remontant aux verbes latins en *-ere*

Que l'*e* pénultième fût long ou bref, il devait normalement s'amuïr au futur :

parēre habeo > *parrai*
movēre habeo > *movrai*
prendĕre habeo > *prendrai*
vidēre habeo > *verrai*

Mais un accident phonétique (épenthèse) a fait apparaître à sa place un *e* central entre l'*r* désinentiel et une consonne labiale ou dentale en anglo-normand, en picard, en wallon, en lorrain : *viveras* (= *vivras*), *baterunt* (= *batront*), *defenderai* (= *defendrai*) ; on l'appelle « *e* svarabhaktique » du nom d'un élément vocalique, le svarabhakti, qui naissait en sanskrit dans des conditions semblables. Cet *e* s'est répandu dans les textes littéraires, mais ne sera compté en poésie qu'à partir du milieu du XIIIe siècle.

Dans les futurs remontant à des infinitifs en *-ĕre*, le radical devait présenter les mêmes accidents consonantiques qu'à l'infinitif, puisque l'*e* bref s'amuïssait qu'il fût pénultième ou prétonique :

scribĕre > escrivre	*scribĕre habeo > escrivrai*
fingĕre > feindre	*fingĕre habeo > feindrai*
vincĕre > veintre	*vincĕre habeo > veintrai*

Les seules différences attendues touchent la voyelle antépénultième, donc tonique à l'infinitif, qui perd son accent au futur :

bĭbĕre > boivre	*bĭbĕre habeo > bevrai*
crēdĕre > croire	*crēdĕre habeo > crerrai*
**crĕmĕre > criembre*	**crĕmĕre habeo > crembrai.*

Mais de nombreuses réfections sur l'infinitif français se sont produites : *croirai, criembrai* ; en face de *lire* (*lĕgĕre*), *tistre* (*tĕxĕre*), on rencontre seulement *lirai, tistrai* (et non **leirai*, **teistrai*).

Le futur du verbe *cueudre*, de **cŏlgĕre* (§ 66 d), devrait être **coudrai* (de **cŏlgĕre habeo*) ; on ne rencontre anciennement que *cueudrai* et *coildrai* (analogiques de *cueudre* et sa variante *coillir*) qui seront refaits en *cueillerai* et *cueillirai* (le premier l'emportera en français moderne).

Dans les formes remontant à des infinitifs en *-ēre*, le radical du futur, altéré par des rencontres de consonnes consécutives à la syncope du *e*, peut être très différent de celui de l'infinitif :

valēre > valoir	*valēre habeo > valdrai, vaudrai*
**volēre > voloir*	**volēre habeo > voldrai, voudrai*
manēre > manoir	*manēre habeo > mandrai*

Ici encore se sont produites des réfections sur l'infinitif : *maindrai* d'après *maindre* analogique de *plaindre* (§ 59).

Remarques : a) Les formes du futur d'*avoir* sont graphiquement ambiguës dans les manuscrits, car les mêmes lettres pouvaient représenter *avrai, avras*, etc. et *aurai, auras*, etc. En fait les deux séries de formes existaient, et cette dualité pose un problème phonétique dont P. Fouché paraît avoir donné une explication satisfaisante : à l'étape **awerayyo* (IIIe s.), une chute précoce de l'*e* prétonique conduisait à *aurai*, une chute plus tardive permettant la consonnification du *w* en *v* (comme dans *avoir*) conduisait à *avrai*. La différence de traitement a pu être régionale (*aurai* est méridional) ou syntaxique (*aurai* dans les valeurs d'auxiliaire). L'existence d'*avrai* à côté d'*aurai* largement majoritaire sera signalée par les grammairiens au XVIe siècle, et prouvée par quelques rimes léonines (portant sur deux syllabes). Au Moyen Age, si *aurai* paraît avoir donné le futur *arai* (encore usité au XVIe), *avrai* seul a pu donner (dans le Nord) *averai* par épenthèse.

Le verbe *savoir*, de **sapēre* (cl. *sapĕre*) ne pouvait avoir pour futur régulier que *savrai* (le *p* n'ayant donné *v* qu'à la fin du IVe s.) ; les variantes *saurai* (conservé) et *sarai* sont donc analogiques du verbe *avoir*.

b) Le futur *ferai* de *faire* ne peut remonter à *facĕre habeo* (> **fairai*). Les homologues italien *farò*, occitan *farai* font supposer un infinitif réduit **fare* (d'après *dare* ou *stare* ?) ; reste à expliquer comment l'*a* initial de **farayyo* a pu donner l'*e* de *ferai*. Fouché propose une influence labialisante du *f* initial dans ce verbe très usité ; La Chaussée, ne retrouvant pas cet effet dans *farine* (de *farina*), préfère l'explication de G. Paris selon qui l'*a* serait devenu *e* central en position prétonique interne dans les expressions très courantes *sic *farayyo* (> *si ferai*), *non *farayyo* (> *non ferai*) signalées au § 22, Rem. c.

c) De même que l'infinitif *laisser* a pour doublet *laire* (§ 67), le futur *laisserai* a pour doublets *lairai*, écrit aussi *leirai*, *lerai* (Rutebeuf), *lerrai* (id.), et la variante dialectale *larai*.

75. Le futur du verbe *estre*

Le futur latin du verbe *esse* :

ĕro, ĕris, ĕrit, ĕrimus, ĕritis, ĕrunt

survit en ancien français dans le paradigme défectif :

ier, iers, iert, iermes, ..., ierent.

Des formes sans diphtongaison (*ers, ert, ermes, erent*) se rencontrent, mais plus rarement qu'à l'imparfait (§ 70). Ces paradigmes tendant à se confondre phonétiquement avec les imparfaits issus d'*eram*, etc. dont l'*e* final a même gagné leurs trois personnes du singulier (on relève *ere, eres, ere*), ce futur ambigu (et qui ne fournissait pas de conditionnel) était déjà rare au XIIe siècle, remplacé par la série moderne :

serai, seras, sera, serons, sereiz (seroiz, serez), seront

formée sur l'infinitif **essere* (§ 59) avec aphérèse de la syllabe initiale.

Une forme concurrente assez rare *estrai* (quelquefois *esterai*) est tenue pour une réfection française sur l'infinitif *estre*.

76. Emploi du futur

Le futur avait en ancien français la même valeur que le futur synthétique latin (conservé dans *ier*), celle du français moderne avec la plupart des effets d'emploi qu'on y observe. Il situait le procès dans l'avenir, sans nuance particulière d'aspect :

> « *Cumfaitement* ***purrai*** *Rollant ocire* ? »
> *Guenes respunt* : « *Ço vos sai jo ben dire.*
> *Li reis* ***serat*** *as meillors porz de Sizer* ;
> *Sa rereguarde avrat detrés sei mise* ;
> ***Iert*** *i sis niés, li quens Rollant, li riches...* » (*Rol.* 581)
> [« Comment pourrai-je faire périr Roland ? »
> Ganelon répond : « Je sais bien vous le dire.
> Le roi sera aux meilleurs passages de Cize ;
> Il aura placé son arrière-garde derrière lui ;
> Son neveu y sera, le puissant comte Roland... »].

Il se chargeait comme aujourd'hui de nuances modales, exprimant principalement l'ordre :

> *Ne traïson vers nelui ne* ***ferez****,*
> *Ne orphelin son fié ne li* ***toldrez*** (*Cour.* 66)
> [Vous ne commettrez de trahison envers personne,
> Ni n'enlèverez son fief à l'orphelin].

Il était fréquent avec *mar* (de *mala hora,* « à la mauvaise heure », « à tort », « pour mon / ton / etc. malheur » ou « vainement »).

Il dist al rei : « Ja ***mar crerez*** *Marsilie ! »* (Rol. 196)
[Il dit au roi : « Vous aurez bien tort de croire Marsile ! »

Comme en français moderne, le présent remplaçait parfois le futur pour donner l'impression de certitude (procès commencé ou accompli) :

Se uns escapet, morz ***iés*** *e cunfunduz* (*Rol.* 3955)
[Si un seul échappe, tu es mort et anéanti].

77. Formes et emploi du futur antérieur

Le futur antérieur du latin classique avait été remplacé en bas latin (§ 56) par un temps composé (§ 57) dont l'auxiliaire était au futur et qui apparaît dès les premiers textes sous la forme du futur antérieur moderne.

Il exprime normalement le procès entièrement accompli à un moment de l'avenir : c'est le cas au 4e vers (584) du passage de *Roland* cité au paragraphe précédent. Ce procès peut appartenir à l'avenir comme dans l'exemple de *Roland,* au présent ou même au passé comme dans ces vers de *Tristan :*

Donc savra bien Yseut la givre
Que malement ***avra ovré*** (Béroul 1214)
[Traduction d'Herman Braet : Alors Yseut, la vipère, saura qu'elle a mal agi].

Le futur antérieur est ainsi usité pour présenter le bilan d'un ou plusieurs procès du point de vue de la postérité :

Mult larges teres de vus [par vous] ***avrai cunquises*** (*Rol.* 2352)

78. Futur et futur antérieur du passé

Un autre « temps » de la conjugaison française, celui que le grammairien Restaut baptisa « conditionnel » en 1730, remonte à la périphrase qui a donné naissance au futur, avec cette différence que l'auxiliaire y était à l'imparfait de l'indicatif ; le tableau suivant en donne les formes pour le verbe *chanter* :

LATIN	ANCIEN FRANCAIS
cantar(e) (h)abebam	*chante-r-eie* (*-oie*)
cantar(e) (h)abebas	*chante-r-eies* (*-oies*)
cantar(e) (h)abebat	*chante-r-eit* (*-oit*)
cantar(e) (h)abebamus	*chante-r-iiens* (*-iens*), *iions* (*-ions*)
cantar(e) (h)abebatis	*chante-r-iiez* (*-iez*)
cantar(e) (h)abebant	*chante-r-eient* (*-oient*)

Par une syncope semblable à celle qui effaça le radical *hab-* aux 1re et 2e personnes pluriel du futur (*cantare habemus*> **cantaremus*, § 73), le paradigme de l'imparfait d'*habere* s'est ici réduit aux seules terminaisons *-eam, -eas, -eat, -eamus, eatis, -eant* qui sont les terminaisons de l'imparfait en dehors du 1er groupe (cf. *vend-eie, vend-oie* § 69) ; ces désinences ont évolué en français comme à l'imparfait. Quant au radical, il est issu de l'infinitif comme au futur avec les mêmes accidents (§ 74).

Etymologiquement, le futur du passé, autrement appelé « forme en *-roie* », situe le procès dans l'avenir par rapport à un moment passé. Cet avenir peut être passé par rapport au moment de la parole, comme dans ce récit où le Diable raconte la mort d'un pieux prudhomme assassiné la veille par les neveux du comte Agaran :

> *si virent que li preudons estoit ou* [au] *servise de la messe. Si ne l'oserent mie assaillir en tel point, ainz distrent* [convinrent entre eux] *qu'il* ***attendroient*** *tant qu'il issist de laienz* [qu'il sortît de là-dedans] (*Queste* 120, 30).

Ils ont attendu (et l'ont tué) : le procès est passé.

Mais la réalisation d'un procès pensé futur à un moment passé peut se situer dans le présent ou l'avenir par rapport au moment de la parole. Aucassin avait dit à son père :

> — *Je prendrai les armes, s'irai à l'estor* [combat], *par tex covens* [à condition] *que, se Dix me ramaine sain et sauf, que vos me* ***lairés*** *Nicolete me* [ma] *douce amie tant veir que* [voir jusqu'à ce que] *j'aie deus paroles u trois a li parlees et que je l'aie une seule fois baisie* [embrassée]. (VIII, 33).

Le père avait répondu « *Je l'octroi* ». Aucassin est allé au combat, il revient vainqueur et rappelle la promesse :

> — *Enne m'eustes vos en covent* [Ne m'avez-vous pas promis] *que, quant je pris les armes et j'alai à l'estor, que, si Dix me ramenoit sain et sauf, que vos me* ***lairiés*** *Nicolete ma douce amie tant veir que j'****aroie parlé*** *a li deus paroles ou trois ? Et que je l'****aroie*** *une fois* ***baisie*** *m'eustes vos en covent ! Et ce voil je que vos me tenés.* (X, 47)

Le premier discours d'Aucassin situait dans l'avenir le procès qu'exprime le futur *lairés*. Le consentement de son père en a fait une promesse de la part de celui-ci. Le second discours d'Aucassin présente comme une promesse passée le procès qu'exprime *lairiés* : ce verbe est maintenant au **futur du passé**. Les verbes *aroie parlé* et *aroie baisie*, dénotant sous l'aspect accompli des procès promis dans le passé, sont au **futur antérieur du passé**.

Au moment où il prononce son second discours, Aucassin attend encore la réalisation de ces trois procès ; hélas, le comte Garin a oublié ses promesses, et refusera de s'en acquitter.

La forme en *-roie*, comme temps de l'indicatif, énonce toujours des procès prédits ou pré-pensés (au « discours indirect »), mais il y a souvent loin de l'espoir ou de la promesse à la réalité, et c'est pourquoi le futur du passé et son temps composé ont pris en français la valeur modale d'irréel dont il sera question dans un chapitre spécial (§ 103).

E. LES « PASSÉS » DE l'INDICATIF

79. Désinences et classement accentuel des passés simples

En latin classique, l'unité des parfaits par-dessus les types de conjugaison reposait clairement sur un paradigme propre de désinences personnelles :

-ī, -ĭstī, -ĭt, -ĭmus, -ĭstis, -ērunt.

Les radicaux du parfait, qui différaient de ceux du présent (comparer *am-o/amav-i, man-eo/mans-i, cap-io/cep-i, vĕn-io/vēn-i, vend-o/vendid-i* ...), se répartissaient entre plusieurs types qui ne correspondaient que très partiellement aux types de conjugaison.

En ancien français, les passés simples, qui remontent aux parfaits latins, différaient entre eux jusque dans leurs désinences personnelles (comparer *chantai/dormis, chanta/lut*), lesquelles s'étaient plus ou moins amalgamées aux radicaux.

Le jeu combiné des accidents phonétiques et des analogies anarchiques avait produit un ensemble très complexe (et malade de sa complexité) qui ne s'éclaire qu'à la lumière d'une connaissance de son passé et d'une prospective de son avenir — car il tendait dès cette époque à une réduction au système moderne tripartite : passés en *-ai*, en *-is* et en *-us*.

Le tableau ci-dessous résume l'histoire du passé de *veoir* :

LATIN CLASSIQUE	FIN DU IIIᵉ SIÈCLE	ANCIEN FRANÇAIS
vīdī	vidi	*vi*
vīdistī	vidisti	*veïs*
vīdĭt	vidit	*vit*
vīdĭmus	*vidimes	*veïmes*
vīdistis	vidístis	*veïstes*
vīdērunt	*vidrunt	*virent*

Ce tableau montre que, si l'on appelle « faibles » les formes accentuées sur la désinence (§ 65), le parfait latin avait trois personnes faibles :

— en latin classique : *vidisti, vidistis, viderunt* ;

— en latin vulgaire : *vidisti, *vidimes, vidistis.*

Selon F. de La Chaussée (*Initiation à la morphologie historique de l'ancien français*, 1977), la forme proparoxytonique **vidĭmus* du latin classique, devenue régulièrement **vidimes* au IIIᵉ siècle (SPH p. 14), a subi aussitôt après un déplacement d'accent sous l'influence de *vidistis* (on sait qu'au présent les 1ʳᵉ et 2ᵉ personnes du pluriel font un couple bien assorti de formes faibles) : le résultat **vidimes* explique seul la forme française *veïmes.*

Quant à *viderunt*, son *e* compté long par les poètes était bref en latin parlé, et en bonne position (prétonique devant *r*) pour s'amuïr avant le IIIᵉ siècle.

Dans les formes françaises, le timbre [i] de la seconde personne du singulier *veïs* (au lieu de [e], aboutissement normal d'*i* bref tonique entravé) s'explique par l'action fermante de l'*i* final par-dessus les consonnes (dilation, SPH p. 17) ; par analogie, le timbre [i] a été maintenu au pluriel à la 2e pers. *veïstes* et à la 1re *veïmes*. L'*e* initial de ces trois formes faibles s'explique par une dissimilation (*i-i*> *e-i*).

Les passés conservant comme celui de *veoir* une alternance de formes fortes et de formes faibles sont appelés dans la pratique didactique **passés forts**. Un plus grand nombre d'autres verbes, exempts de cette alternance, ont des **passés faibles** accentués seulement sur la désinence ; c'est le cas, par exemple, de *dormir* :

LATIN CLASSIQUE	FIN DU IIIe SIÈCLE	ANCIEN FRANÇAIS
dormīvī	*dormi	*dormi*
dormīvĭsti	dormisti	*dormis*
dormīvĭt	dormit	*dormi(t)*
dormīvĭmus	*dormimẹs	*dormimes*
dormīvĭstis	dormistis	*dormistes*
dormīvĕrunt	*dormirunt	*dormirent*

Dès l'époque classique, les variantes *dormii, dormiisti*, etc. témoignent de l'effacement du *v* [w], normal entre deux voyelles semblables dont la 1re est tonique. L'usage oral pratiquait probablement aussi, au moins à certaines personnes, la contraction des deux *i* (comme dans *sis*, variante de *si vis*) : *dormit* est attesté chez Cicéron. Déjà était commencé le télescopage du radical et de la désinence que perpétue l'ancien français, et qui a rendu naturel un nouveau découpage retrouvant dans le passé simple le radical *dorm-* du présent, suivi des désinences *-i, -is, -i(t), -imes, -istes, -irent.*

Remarques : a) A la 1re p. du sg. des passés en *-i*, un *-s* s'ajoutera (d'où : *vis, dormis*) à la fin du XIIIe siècle sous l'influence des verbes à *s* radical (comme *mis, pris, dis, fis*) et des secondes personnes.

Le *ch* (*c*) final commun en picard au présent (§ 66 R) s'y rencontre à la 1re pers. des passés forts : *vich, vic* (de *veoir*), *duc* (de *devoir*), *much* (de *mouvoir*)...

b) A la 2e p. du sg., la syllabe finale *-sti* aurait dû laisser *-*st* ; on suppose que le *-t* a disparu sous l'influence de tous les autres temps, où un *-s* final caractérisait cette personne (*dors, dormais, dormiras*...).

c) A la 3e p. du sg., le *-t* s'est maintenu dans les mêmes conditions qu'à la 3e p. du présent des verbes du premier groupe (§ 63) : phonétiquement amuï après voyelle dès le IXe siècle, il disparaîtra à peu près de l'écriture au XIe siècle. Il renaîtra en moyen français dans les passés en *-i* sur le modèle des verbes où il avait été maintenu par une consonne précédente (*mist, prist, fist, vit* de **vidt*, etc.)

d) A la 1re p. du pl., le maintien de la voyelle finale sous forme d'*e* central tient au caractère proparoxytonique conservé jusqu'au IIIe siècle par cette désinence dans le plus grand nombre des verbes : *vidĭmus*> *veïmes* comme *comĭtem*> *comte* (SPH p. 14). Un *s* graphique, analogique de la 2e p. *veïstes*, apparaîtra au cours du XIIIe siècle : *veïsmes*.

e) A la 2e p. du pl., le maintien de la voyelle finale sous forme d'*e* central est vraisemblablement analogique de son maintien à la 1re personne : *veïmes* préserve *veïstes*.

80. Paradigme *je fui*

Une place à part doit être faite au passé du verbe *estre*, qui mériterait d'être appelé archifort, étant accentué sur le radical à toutes les personnes. De tous les verbes le plus usité, il a servi de modèle à toute une classe de passés faibles (§§ 81, 84).

LATIN CLASSIQUE	FIN DU IIIᵉ SIÈCLE	ANCIEN FRANÇAIS
fuī	fui	*fui*
fuĭstī	*fusti	*fus*
fuĭt	*fut	*fu(t)*
fuĭmus	*fumẹs	*fumes*
fuĭstis	fustis	*fustes*
fuērunt	*furunt	*furent*

Le caractère dissyllabique des formes *fui* et *fuit* du parfait latin de *esse* a préservé l'*u* de la consonnification en [w] qui était la loi devant voyelle après une consonne en position forte (de même, l'*i* du dissyllabe *vĭa* s'est conservé, et diphtongué, dans *voie*). La quantité longue originelle de cet *u*, souvent maintenue à la 1ʳᵉ et même à la 3ᵉ personne comme l'atteste une partie des scansions de Plaute, et étendue à tout le paradigme, a-t-elle déterminé la chute de l'*i* ou *e* pénultième aux personnes fortes ? Ou cette chute est-elle analogique des paradigmes *dormii, dormisti*, etc. et *cantai, cantasti*, etc. (§ 81) ? Toujours est-il que la 2ᵉ p. du pl. *fustis* attestée dans le *Corpus inscriptionum latinarum* autorise à restituer en latin vulgaire le paradigme entier donné dans le tableau ci-dessus, qui seul rend compte du paradigme de l'ancien français.

L'*i* final de la 1ʳᵉ p. du sg., maintenu par l'hiatus comme dans *lui, cui*, disparaîtra sous l'influence des autres personnes, remplacé par un *-s* analogique (*je fus*), à partir du XIVᵉ siècle.

Le *-t* final de la 3ᵉ p. du sg., disparu dans l'écriture à la fin du XIᵉ siècle, sera rétabli en moyen français sous l'influence des passés forts en *-ut* (§ 84).

81. Paradigmes faibles *je dormi, je chantai, je parui*

a) DORMI

Le paradigme *dormi* a été choisi au § 79 comme le plus simple des passés faibles parce que la disparition du *v* [w] dans la terminaison latine y est conforme aux lois phonétiques.

Ce type a été celui d'un grand nombre de verbes remontant à la 4ᵉ conjugaison latine, par ex. *exii, ferii, *fugii* (pour cl. *fugi*), *vestii*, d'où en a. fr. *oissi, feri, foi* ou *fui, vesti*, ou à son type de parfait comme **sequii*, analogique de *ii* et *exii*, d'où en a. fr. *sevi, sivi* ; il a recueilli également les passés du type *vendi* (§ 82) et un grand nombre de passés forts (§ 83).

Un verbe de la 3ᵉ conjugaison latine, *colligĕre*, avait un parfait fort *collēgi*/ *collegisti* que des facteurs phonétiques et analogiques propres assimilèrent avant les premiers textes français au type *dormi* :

coilli, coillis, coilli(t), coillimes, coillistes, coillirent

F. de La Chaussée explique ainsi ce paradigme :

- *collegi*, devenu [kolligi] par dilation, puis [kolliyyi] (SPH p. 34), a donné normalement **coli* ; l'extension du timbre [i] aux autres personnes fortes a donné **colit* et **colirent* ;

- *collegisti*, devenu [kolleyyisti] puis par syncope [kolyisti], a donné normalement *coillis* ; *coillimes* et *coillistes* s'expliquent de même ;

- La palatalisation du *l* aurait été étendue aux formes fortes à époque prélittéraire.

b) CHANTAI

Un autre type de passé faible, le plus représenté, est celui des verbes du 1ᵉʳ groupe, *je chantai* :

LATIN CLASSIQUE	FIN DU IIIᵉ SIÈCLE	ANCIEN FRANÇAIS
cantāvī	cantai	*chantai*
cantavĭstī	cantasti	*chantas*
cantāvit	*cantawt	*chanta(t)*
cantavĭmus	*cantammẹs	*chantames*
cantavĭstis	cantastis	*chantastes*
cantavērunt	cantarunt	*chanterent*

Les désinences ont évolué en latin comme il est dit au § 79, mais la disparition du *v* [w] ne relève plus ici des lois normales de la phonétique : elle tient à la rapidité du débit et à l'influence des parfaits en *-ivi*/ *-ii*.

Cantasti, cantastis et *cantarunt* étaient les formes prononcées à l'époque classique ; *cantai* est attesté plus tard (*Appendix Probi*) ; à la 3ᵉ p. du sg., **cantawt* (avec chute précoce du *i*), attesté par l'italien *cantò*, l'espagnol *cantò* et le portugais *cantou*, peut selon Meyer-Lübke avoir été refait en gallo-roman sur le modèle de l'indicatif présent d'*avoir* (*ai, as, a*) : d'où le français *chanta(t)* ; **cantammes*, postulé par les langues romanes, s'explique par assimilation du *w* (labial) dans **cantawmes* (de **cantawimes*).

Le timbre de l'*a* tonique a été régulièrement conservé par l'entrave dans *chantas, chantames, chantastes* ; à la 1ʳᵉ p. du singulier, il s'est maintenu au sein d'une diphtongue *ai*, qui se prononcera [ei] au XIᵉ siècle, [ẹ] au XIIᵉ et [ẹ] au XIIIᵉ ; la graphie *e* se rencontre sporadiquement à partir du XIIIᵉ siècle, elle se retrouvera chez Racine pour justifier une rime :

> *Vaincu, chargé de fers, de regrets consumé,*
> *Brûlé de plus de feux que je n'en* ***allumé****...* (*Andromaque* I, iv)

A la 3ᵉ p. du sg., le timbre [a] est sans doute analogique (v. plus haut). A la 3ᵉ p. du pl., le timbre [e] résulte normalement de la diphtongaison d'*a* tonique libre (avec la variante [ie] après une consonne palatale : *il laissierent*). Une désinence *-arent*, relevée dans l'Est, dans le Nord-Est, en anglo-normand, résulte probablement d'une extension analogique.

Remarque : Le passage du type en *-ai* au type en *-i* s'observe au XIIIe siècle surtout en anglo-normand et en picard :

*par devant lui **s'arestit*** (*Auc.* XXIX, 5).

L'usage s'en répandra et gagnera la langue littéraire, au point de susciter les sarcasmes et condamnations des grammairiens.

c) PARUI

Un 3e type, bien moins répandu, de passé faible remonte aux parfaits en *-ui* où l'*u* était précédé de *r, l, m,* ou *n,* comme **corui* (gallo-roman pour *cucurri*), **morui* (cl. *mortuus sum*), *parui, calui, dolui, molui, solui* (de *solere*), **tollui* (cl. *sustuli*), *valui, *cremui* (gallo-roman pour *tremui*), *submonui,* qui ont donné en a. fr. *corui, morui, parui, chalui, dolui, molui, solui, tolui, valui, cremui, semonui.* Le paradigme était en ancien français :

parui, parus, paru(t), parumes, parustes, parurent

Paradigme identique à celui de *fui* (§ 80) et qui a eu la même évolution.

Dans ces parfaits latins, l'*u* n'était pas, comme dans *fui,* protégé de la consonnification par l'accent. Ils ont pourtant abouti au même paradigme, soit, aux formes fortes, sous la seule influence de *fui,* soit en même temps, aux formes faibles, par le jeu normal de l'évolution phonétique conduisant de **parwisti(s)* à **parwüsti(s)* (labialisation de l'*i* tonique par le *w* précédent), puis à **parüsti(s)* (assimilation et absorption de *w* par *ü*).

Remarque : Le passage du type en *-ai* au type en *-ui* s'observe dans *s'arrestut* (ex. : Béroul 1520), sans doute sous l'influence de *estui* (§ 84 b).

82. Paradigme faible *je vendi*

Dans le système hétéroclite des radicaux du parfait latin survivait un type à redoublement, représenté principalement par les verbes *credere, perdere, rendere* (cl. *reddere*), *vendere* : parfaits *credidi, perdidi, rendidi, vendidi.* Le latin vulgaire, retrouvant (à bon droit) le simple *dare* dans ces dérivés, substitua *-dĕdi* à *-dĭdi* dans les parfaits : on lit *crededi, perdedi, reddedit* ; voici le paradigme remontant à **vendedi* (accentué comme le simple *dedi*) :

LATIN CLASSIQUE	PREMIER SIÈCLE	ANCIEN FRANÇAIS
vendĭdī	*vendĕdi	*vendi*
vendidĭsti	*vendedisti	*vendis*
vendĭdit	*vendĕdit	*vendie(t)*
vendidĭmus	*vendedĭmus	*vendimes*
vendidĭstis	*vendedistis	*vendistes*
vendidērunt	*vendedĕrunt	*vendierent*

Il semble qu'au Ier siècle la syllabe *-de-* ait disparu par une syncope (haplologie) aux personnes où elle n'était pas tonique, c'est-à-dire aux secondes personnes qui devinrent : **vendisti, *vendistis* (d'où en français *vendis, vendistes* comme *veïs, veïstes,* § 79) ; aux autres personnes, la diphtongaison de l'*e* bref tonique (début du IIIe siècle) donna respectivement : **vendiedi, *vendiedit, *vendiedimes, *vendiederunt* ; peu après, le second *d* de ces formes disparut par dissimilation, ce qui explique : *vendi* (par **vendiei*), *vendiet, vendimes* (par **vendieimes*), *vendierent.*

En définitive, deux formes seulement, les 3es personnes *vendiet* et *vendierent*, distinguent ce paradigme de celui de *dormi* ; dès les plus vieux textes, des formes analogiques comme *vendit, vendirent* concurrencent et dominent les formes anciennes, qui disparaîtront complètement au début du XIIIe siècle en français commun et en picard.

Parfois, l'existence de formes en *-it, -irent* atteste seule l'existence en français prélittéraire du paradigme en *-iet, -ierent* : le fait qu'on rencontre en francien *creït, creïrent* prouve que l'ancien parfait *credidi* avait évolué comme *vendidi*, même si **creiet, *creierent* n'existent pas dans les textes.

Aux parfaits en *-dedi* correspondaient des participes en *-dĭtu* (de *-datu*) : *credĭtu, perdĭtu, reddĭtu, vendĭtu*. Ces participes ont souvent entraîné la réfection du parfait en *-ui* sur le modèle *habui/habitu* (§ 110), et les parfaits en *-ui* ont souvent entraîné la réfection des participes en *-ūtu* sur le modèle *statui/statūtu* ; d'où l'existence en ancien français de participes en *-u* en face des passés de type *vendi* : *creü, perdu, rendu, vendu*. L'existence d'un parfait **credui* est prouvée par le passé fort français *crui* (§ 84) qui l'emporta très tôt sur *creï*.

Le paradigme de *vendi*, explicable dans les dérivés de *dare*, a été étendu en latin vulgaire à des verbes en *-dĕre* d'une autre origine comme *ascendere, descendere, expandere, findere, fundere, pendere, resplendere, respondere, tendere*, d'où en a. fr. : *espandiet, fendiet, fondiet, pendiet, respondiet, tendiet*, etc.

L'existence d'un passé *chaï, cheï* (Chrétien de Troyes) prouve que le latin vulgaire a connu **cadidi* pour *cecidi* (inf. *cadere*) ; mais l'existence concurrente d'un passé fort en *-ui* (*chui* § 84) suppose une variante **cadui* (analogue à **credui*).

Le type a été étendu en latin vulgaire à des verbes où la désinence *-ĕre* d'infinitif était précédée de consonnes autres que *d*, comme **battĕre* (cl. *battuere*) : si le participe français *battu* remonte à **battūtu* qui suppose le parfait **battui*, les formes de passé *batiet, batierent* supposent **battedit, *battederunt*. On relève de même, en regard des participes français *irascu* (b. lat. **irascutu*, inf. *irascere*), *nascu* (b. lat. **nascutu*, inf. *nascere*), *rompu* (b.l. **rumputu*, inf. *rumpere*), *vencu* (b. lat. **vincutu*, inf. *vincere*), *vescu* (b.l. **viscutu* ou **vescutu*, inf. **viscere* ou **vescere*, haplologie de *vivescere*), les passés *irasquiet, nasquiet, rompiet, venquiet, vesquiet*.

Dans tous ces verbes, le *w* d'un parfait en *-ui* devait disparaître, étant précédé d'une consonne appuyée (**battui*>**batti*) ; le passé *vescu* de *vivre*, beaucoup plus récent que *vesquiet*, semble refait au XVIe siècle sur le participe *vescu*...

83. Passés forts réductibles au paradigme *dormi*

Le paradigme *vi* a été choisi au § 79 comme le plus simple des passés forts parce que le *d* qui terminait le radical latin a simplement disparu entre voyelles sans altérer l'entourage vocalique ou consonantique ; à la 3e personne du pluriel, il s'est assimilé au *r* désinentiel à l'étape **vidrunt*, et la géminée *rr* s'est simplifiée : *virent*.

Les formes faibles deviendront fortes quand l'*e* en hiatus s'amuïra devant l'*i* (XIVe s.) : *tu vis, nous vimes, vous vistes*. Le paradigme rejoindra alors celui des passés faibles en *i* (type *dormi*).

Un grand nombre de passés forts présentant un *i* au radical des personnes fortes se sont normalisés au cours des siècles sur le modèle *dormi* par une généralisation du radical fort ou même du radical faible.

a) Paradigmes *je vin, je tin*

vin, venis, vint, venimes, venistes, vindrent

A la 1re personne *vēnī*, l'*e* a pris le timbre [i] sous l'influence fermante de l'*i* final (dilation, SPH p. 17) ; le radical *vin-* a été étendu aux autres personnes fortes. A la 3e personne du pluriel, le *d* épenthétique né à l'étape **vinrunt* (et qui manque dans les dialectes du Nord, du Nord-Est et d'une partie de l'Est), ne disparaîtra tout à fait qu'au XVIIe siècle. La réfection sur le type *dormi(s)* par généralisation du radical fort aura lieu en moyen français, amenant d'après *virent* et *dormirent* la 3e personne *vinrent* qui l'emportera.

Le passé *tin*, qui remonte à **tēni* substitué à *tĕnui* d'après *vēni*, a évolué pareillement.

b) Passés sigmatiques

On appelle ainsi un groupe nombreux de passés français terminés à la 1re personne du singulier par un *-s* radical originel (en grec *sigma*) issu de *s* ou *x* ou *c* latin. Un des plus simples et des plus usités est le passé de *mettre* :

mis, mesis, mist, mesimes, mesistes, misdrent

Par rapport au paradigme de *je vi* (§ 79), les différences sont la conservation (régulière) du *s*, sonorisé en position intervocalique (*mīsĭstī* > *mesis*), et l'épenthèse à la 3e personne du pluriel d'un *d* à la place de l'*e* pénultième syncopé après la sonorisation du *s*.

Dès le XIe s. apparut à la place de *misdrent* (*mistrent*, Rem. a) la forme *mirent* sans doute analogique de *firent* (p. 127) à partir de *mis/fis, mesis/fesis*, etc. A la fin du XIIe s, l'amuïssement de l'*-s* dans *mis* et *mist* entraîna, à partir de *vi, vit*, la réfection du paradigme en *mis, meïs, mist, meïmes, meïstes, mirent*, dont l'évolution aboutira comme celle de *vi* (p. 125) au type *dormi(s)*.

De la même façon ont évolué :

- *rīsi*, parfait de *ridēre* : *je ris, tu resis, il rist*, etc.
- **occīsi* (cl. *occīdi*), parfait d'*occidĕre* refait sur le participe *occīsu* : *j'ocis, tu ocesis, ... il ocisdrent* ; très vite refait en *ocis, oceïs, ... ocirent* ;
- **prēsi* (cl. *prehendi*), parfait de *prendre* refait sur le participe *prē(n)su* (cl. *prehensu*) : *je pris, tu presis, il prist,... il prisdrent* ; dans ce paradigme (et les deux suivants), l'*i* radical de la 1re personne du singulier s'explique par dilation, et son timbre a été étendu aux deux autres personnes fortes ; l'*e* radical des formes faibles ne résulte pas d'une dissimilation : il continue l'*e* latin. Ce paradigme a été refait non seulement sur le modèle de *vi* (*pris, preïs,... prirent*), mais dès le XIIIe siècle sur celui de *venir, tenir* (v. plus haut, a), d'où une série *prin(s), prenis, print,... prindrent* qui évoluera comme *vin* et qui, très usitée en moyen français, disparaîtra au XVIIe siècle ;
- *quaesi* (forme ancienne en latin pour le cl. *quaesivi*), parfait de *quaerere* (a. fr. *querre*), modelé sur **presi* auquel il emprunte son vocalisme radical : *je quis, tu quesis, il quist*, etc.
- **sēsi*, de **sēssi* (cl. *sēdi*), parfait de *sĕdēre* (a. fr. *seoir*) refait peut-être à partir de *sĕssum* sur le modèle de *prĕssi/prĕssum* (inf. *premere*), puis sur **prēsi*, d'où le paradigme *sis, sesis, sist, sesimes, sesistes, sisdrent*.

Dans les parfaits latins en *-xi*, l'évolution normale du *x* intervocalique (*-ks-*> *-ys-* IIIe s.> *-is-* Xe s., SPH p. 33) fait attendre des paradigmes à sifflante intervocalique sourde ; mais si l'on peut tenir pour étymologique l'épenthèse d'un *t* au lieu d'un *d* à la 3e personne du pluriel, on observe aux autres personnes une sonorisation de l'*s* intervocalique sur le modèle de *mesis*, etc. ; d'où le paradigme suivant :

dis, desis, dist, desimes, desistes, distrent, (dirent)

L'*i* des formes fortes continue l'*ī* latin auquel s'est fondu le yod résultant de l'affaiblissement du *k* implosif dans *x*. L'*e* des formes faibles résulte d'une dissimilation comme dans *mesis*.

Distrent est la 1re forme attestée à la 3e personne du pluriel ; une variante *dirent* apparaît au XIIe siècle, sans doute analogique de *firent* (v. plus loin) d'après *dist*/*fist*.

Le paradigme *dis, deïs*, etc., conduisant au type *dormi(s)* apparaît au XIIIe siècle.

**Lēxi* (cl. *lēgi*), parfait classique de *lĕgĕre*, a donné le même paradigme :

lis, lesis, list, lesimes, lesistes, listrent (lirent)

L'*i* des personnes fortes s'explique par dilation dans **lēxī* avec extension à **lexit* et **lexerunt* ; aux personnes faibles, où l'on attendrait **leisis*, **leisimes*, **leisistes*, l'analogie a substitué *e* à *ei*. Un second paradigme *lus, leüs*, etc., remontant à une variante **legui* (v. plus loin), éliminera le premier.

Le parfait *despĕxi* de *despicere*, « mépriser », avait devant l'*x* un *e* bref dont la diphtongaison conditionnée aux personnes fortes a produit avec le yod issu d'*x* une triphtongue vite réduite à *i* ; aux personnes faibles, un *e* analogique de *mesis* remplace la diphtongue *ei* attendue :

despis, despesis, despist, despesimes, despesistes, despistrent (-irent)

Un groupe très particulier de passés sigmatiques est constitué par les descendants des parfaits *dūxi* (de *dūcere*), *-strūxi* (de **strūgere*, cl. *-struere*), *cŏxi* (de **cocere*, cl. *cŏquere*) ; dans ces passés, l'*i* des formes fortes et l'*i* radical des formes faibles remontent au yod issu de *k* implosif ([duksit]> **duyset*> *duist* ; [duksisti]> **duysist*> *duisis*) ; de là le paradigme :

duis, duisis, duist, duisimes, duisistes, duistrent (duirent)

Dans le passé de *cuire*, le vocalisme des formes faibles (où l'on attendrait **coisis*, etc.) a été refait sur les formes fortes d'après *duisis*, *-struisis*, etc. ; des formes faibles ou fortes à radical *cois-* se rencontrent dans les dialectes qui n'ont pas fait la diphtongaison conditionnée de l'*o*.

Le trait le plus notable de ces trois passés est qu'ils ont rejoint le type *dormi* en généralisant le radical faible aux dépens du fort ; on lit dès le XIIIe siècle *conduisit, construisit, cuisit*, etc.

Enfin, un type isolé de passé sigmatique est celui de *faire* :

fis, fesis, fist, fesimes, fesistes, firent

Le *k* intervocalique de *fēcī*, etc. devait évoluer en *-its-* et *-idz-* comme dans *plaisir*, ce qui donnerait :

— à la 1re personne du singulier (avec effet de dilation) *fiz*, qui n'est attesté que deux fois, remplacé à l'époque prélittéraire par *fis*, analogique de *mis* ;

— aux autres personnes fortes un radical *feis-* qui n'est attesté qu'une fois, remplacé par *fis-* de la 1re personne ;

— aux personnes faibles un radical **feis-* qui n'est pas attesté, remplacé par *fes-* sur le modèle de *mesis*.

A la 3e personne du pluriel, *firent* s'explique par une syncope précoce de l'*e* pénultième (sans doute influencée par l'infinitif **facre*, qui a donné *faire*) : de là **feirent* refait en *firent* d'après *fis* ; une chute de l'*e* plus tardive, ou l'analogie du type *mis*, explique la variante ancienne *fisdrent, fistrent*.

Les formes sans *s* intervocalique (*feïs*, etc., analogiques de *veïs*, etc.) apparaissent pour ce verbe plus tôt que pour tout autre passé sigmatique, sans doute favorisées par la ressemblance *firent/virent*.

Remarques : a) Dans tous les verbes où la terminaison sonore *-sdrent* est phonétiquement attendue, on rencontre très tôt la sourde analogique *-strent* : *pristrent* (*Alexis* 80).

b) Dans les textes picards, wallons et lorrains, les terminaisons *-sdrent* et *-strent* sont souvent remplacées par *-sent* et *-ssent* (ex. : *misent, dissent*), nées d'une réfection analogique.

84. Passés forts réductibles au paradigme *fui, parui*

Des passés forts se sont normalisés en ancien ou moyen français sur le modèle de *fui* (*parui*) en unifiant leur radical et en généralisant le vocalisme *u* dans les désinences.

a) Type sigmatique : *conclus, reclus*

Seuls les parfaits sigmatiques *conclūsi, reclūsi*, présentant en latin le timbre vocalique radical *u*, ont donné des passés forts français en *-us* :

-clus, -clusis, -clust, -clusimes, -clusistes, -clusdrent

Ces verbes sont empruntés au latin, comme *exclure* (XIVe), *inclure* (XIXe). Les formes faibles en *s*, d'ailleurs très rares, disparaîtront devant les formes modernes normalisées sur les personnes fortes (*tu conclus, nous conclumes, vous conclustes*) avant le XVIe siècle.

b) Type *dui*

Le vocalisme *u* est radical aux personnes fortes dans deux séries de passés remontant à deux types de parfaits latins :

— soit terminés en [-wwi] comme *movi* prononcé [mowwi], *cognovi* [konnowwi], *crevi* [krewwi] ;

— soit terminés en occlusive + *wi* à vocalisme radical *o, i* ou *e* (ou *a* après une consonne palatale) comme *nŏcui*, **bĭbui* (cl. *bibi*), *lĭcuit*, **cēpui* (cl. *-cēpi* dans *concepi, decepi*, etc.), **crēdui* (cl. *crēdidi*), *dēbui*, **lēgui* (cl. *lēgi*), **stĕtui* (cl. *stĕti*), **cadui* (cl. *cecidi*), *jacui* ; au terme d'une évolution phonétique dont la description la plus précise est faite dans l'*Initiation à la phonétique historique* de La Chaussée, p. 147 et ss., l'occlusive était assimilée au *w* avec lequel elle formait un groupe disjoint *ww*.

Ces deux séries ont abouti en français respectivement à :

— *mui, conui, crui* ;

— *nui, bui, lut, -çui, crui, dui, lui, estui, chui, jui*.

Tous ces passés étaient conjugués au XIIe siècle selon le paradigme suivant :

dui, deüs, dut, deümes, deüstes, durent

Le vocalisme des formes fortes s'explique dans les parfaits à vocalisme *ō* comme *mōvi* et *cognōvi* par un effet de dilation changeant *o* en *u* à la 1re personne du singulier (**muwwi*, **conuwwi*, d'où *mui*, *conui*), avec extension du vocalisme aux 3e personnes du singulier et du pluriel.

Le même résultat a été produit dans le parfait *nŏcui* par la réduction de la triphtongue *uou* à l'étape **nuouwi* (de **nuowwi*).

Dans les parfaits à radical en *e* et *i*, la voyelle radicale fermée en *i* par dilation a subi au VIe siècle l'influence labialisante du *w* implosif :

[debui] > **dibwi* > **diwwi* (fin du Ve) > **duwwi* > *dui*.

Aux 3es personnes du singulier et du pluriel, dotées par extension du même timbre, la chute de la voyelle posttonique a produit respectivement **duwwt* et **duwwront* et de là *dut* et *durent* par simplification de la géminée et fusion de la consonne avec la voyelle labiale. Le *-t* de *dut*, soutenu au IXe siècle par *w*, se maintiendra.

Aux formes faibles, la terminaison avait subi du latin au français l'effet labialisant du *w* explosif montré à propos de *paruisti(s)* au § 81 : de là *deüs*, *deümes*, *deüstes*.

Quelque valeur qu'on accorde à ces hypothèses phonétiques, on constate l'existence du paradigme dès les premiers textes et l'amuïssement de l'*e* dans les personnes faibles dès le XIIe siècle (d'abord en anglo-normand) sans doute par analogie avec les types *fui* et *parui*.

La réduction au paradigme *fui* était ainsi réalisée au XIIIe siècle.

c) Type *oi*

Les autres passés forts réductibles au type *fu* remontent à des parfaits en *-ui* à vocalisme radical *a* non précédé de palatale : *habui*, *pavi* [pawwi], *placui*, *sapui*, *tacui* et à *pŏtui*. Le paradigme commun est donné par le premier :

oi, eüs, out (ot), eümes, eüstes, ourent (orent)

Le timbre radical *o* des personnes fortes s'explique par la coalescence du *a* initial avec l'élément vocalique résultant du *w* issu de l'occlusive par assimilation :

habui > **abwi* > **awwi* > **auwi* > **owi* (fin du Ve s.) > *oi*.

Selon La Chaussée, *pŏtui* a suivi ce modèle (à la différence de *nŏcui*) parce qu'à l'étape **puouwi* le *u* initial de la triphtongue s'est amuï au voisinage de la labiale *p*.

Les 3es personnes du singulier et du pluriel *out* et *ourent* supposent une conservation devant la consonne *t* ou *r* du *w* implosif vocalisé après la chute de la voyelle posttonique. Ce *w* a pu, selon les régions :

— se conserver, d'où *out*, *ourent* ;

— s'amuïr par l'effet du débit rapide de ce verbe auxiliaire, d'où *ot*, *orent* (qu'on explique aussi par une réfection à partir d'*oi* sur le modèle *fui*/*fut*/*furent*).

Aux formes faibles, l'*u* désinentiel s'explique comme dans *dui* et *parui* ; l'*e* est expliqué soit par une évolution phonétique (La Chaussée : absence de labialisation du *a* radical atone), soit par la réfection sur le participe *eü* (issu de **habūtu*, cl. *habĭtu*) ; dans *peüs*, etc. (lat. *potuisti*, etc.), l'*e* est évidemment analogique des formes comme *eüs* à partir de *poi*/*oi*.

Très tôt (dès le XIIe s. en anglo-normand), les personnes fortes prirent le timbre [ü] sur le modèle de *dui*, et le paradigme devint :

[ü], [eüs], [üt], [eümes], [eüstes], [ürent]

et enfin, sur le modèle de *fui* (*parui*) :

[ü], [üs], [ü], [ümes], [üstes], [ürent]

écrit *eu(s)*, etc., jusqu'au français moderne dans le passé d'*avoir*.

Remarque : Le passé de l'impersonnel *estuet* (§ 114) est parfois *estot* (selon *sot* d'après **estopere/sapere* ?), parfois *estut* selon *mut* d'après *movoir/estovoir.*

85. Passés forts irréductibles

On peut regrouper ici des passés forts caractérisés par un vocalisme, parfois un consonantisme, peu favorable à la réduction aux types *dormi* ou *fui* (*parui*) ; ils sont sortis de l'usage, remplacés ou non par des paradigmes plus normaux :

— Le latin **adersi* (cl. *aderexi*) de *aderigere,* « s'attacher à » (cf. § 66 d), a donné :

aers, aersis, aerst, aersimes, aersistes, aerstrent

Ce passé disparaîtra avec le verbe.

Même évolution : *tersi,* de *tergere* (ibid.) : *ters, tersis,* etc.

— Le latin *arsi* de *ardere,* « brûler », a donné :

ars, arsis, arst, arsimes, arsistes, arstrent

Ce paradigme disparaîtra avec le verbe *ardoir.* Même modèle : *espars* (cl. *sparsi* de *spargere,* « répandre »), disparu en moyen français.

— Le latin *cinxi,* de *cingere,* « ceindre », a donné :

ceins, ceinsis, ceinst, ceinsimes, ceinsistes, ceinstrent

Ces formes seront refaites au XVe siècle selon le type *dormis* sur le radical faible de *ceignons* : *ceignis,* etc.

Le même paradigme a continué en français celui des parfaits latins *exstinxi* (d'*exstinguere*), *finxi* (de *fingere,* « feindre »), *pinxi* (de *pingere,* « peindre »), *strinxi* (de *stringere,* « étreindre »), *tinxi* (de *tingere,* « teindre »).

— Le latin *excŭssi* de *excutere,* « secouer », a donné :

escos, escosis, escost, escosimes, escosistes, escostrent

Ce paradigme disparaîtra avec le verbe *escoudre* (*escourre*) et ses composés *rescourre, secourre.*

— Le latin *jŭnxi* (cl. *jūnxi*) de *jŭngere,* « joindre », a donné :

joins, joinsis, joinst, joinsimes, joinsistes, joinstrent

Ces formes seront refaites au XVIe siècle selon le type *dormis* sur le radical faible de *joignons* (§ 66 d) : *joignis,* etc.

Même évolution : **punxi* (cl. *pupugi* de *pungere,* « piquer »), *unxi* (de *ungere,* « oindre »).

— Le latin *mansi,* de *manere,* « rester », a donné :

mes, masis, mest, masimes, masistes, mestrent

Dans les dérivés, l'*a* latin prétonique est devenu *e* : *permesis, remesis,* etc.

Des réfections sur le présent seront tentées : *mains, mainsis* (au XIIIe s.), ou *mainis* (au XVIe) ; mais le verbe disparaîtra, avec ses dérivés *permanoir, remanoir.*

— Le latin **morsi* (cl. *momordi*) de *mordere* a donné :

mors, morsis, morst, morsimes, morsistes, morstrent

Ce paradigme sera refait en moyen français selon le type *dormis* sur le radical faible de *mordons* : *mordis*, etc.

Même évolution : *torsi* de *torquere*, refait en *tordis*, etc.

— Le latin *planxi*, de *plangere*, « se frapper, se lamenter », a donné :

plains, plainsis, plainst, plainsimes, plainsistes, plainstrent

Ces formes seront refaites en moyen français selon le type *dormis* sur le radical faible de *plaignons* (§ 66 d) : *plaignis*, etc.

Même évolution : **attanxi* (cl. *attigi* de *attangere*), **franxi* (cl. *fregi*, de *frangere*) :

— Le latin *posui*, de *ponere*, « poser », devenu *posi*, a donné :

pos, posis, post, posimes, posistes, posdrent

Ce paradigme disparaîtra, remplacé au sens de « poser » par *posai*, du dérivé *poser*, et au sens de « pondre » par *pondis*, dont le radical *pond-* est pris à l'infinitif.

Sur le même modèle se sont conjugés *respo(n)si*, variante vulgaire de *respondi* (de *respondere*, « répondre »), qui disparaîtra devant le passé faible remontant à **respondedi* (§ 82).

Le même paradigme se retrouve dans le passé issu de *clausi*, de *claudere*, qui disparaîtra dans ce verbe et ses dérivés (*enclore, éclore*, etc.), aujourd'hui défectifs.

— Le latin *scrīpsi*, de *scribere*, a donné :

escris, escressis, escrist, escressimes, escressistes, escristrent

L'*s* appuyé de *p* a échappé à la sonorisation, mais les formes faibles alternent dans les textes avec des formes à *s* sonore analogiques de *mesis* (*escresis*) ainsi qu'avec des formes sans dissimilation (*escrissis, escrisis*) ; le paradigme sera refait en français moderne selon le type *dormis* sur un radical plus proche des autres formes du verbe : *escrivis* (comme *escrivons*, imparf. *escrivois*).

— Le latin **submonsi* (cl. *submonui*), de *submonere*, a donné :

semons, semonsis, semonst, semonsimes, semonsistes, semonstrent

Ce paradigme, ainsi que *semonui* (§ 81), disparaîtra avec le verbe *semondre*.

— Le latin **solsi* (pour cl. *solvi* cf. § 110), de *solvere*, « résoudre », a donné :

sous, sousis, soust, sousimes, sousistes, soustrent

Dans ce verbe et ses dérivés *assoudre, dissoudre*, le passé fort sera remplacé par un passé faible en *-ui* fait sur le radical du participe *solu* (de *solūtu*).

— Le latin *traxi* de **tragere* (cl. *trahere*) a donné :

trais, traisis, traist, traisimes, traisistes, traistrent

Ce passé disparaîtra, ainsi que le passé de *braire* (lat. pop. **bragere*), du même modèle.

— Le latin *volui*, de **volere* (cl. *velle*), a donné :

voil, volis, **volt,** volimes, volistes, **voldrent**

Il faut supposer une réduction vulgaire de *volui* à **voli*, qui rend claires les formes faibles et la 3e p. du pl. où un *d* est né par épenthèse — sauf dialectalement — à l'étape **volront*.

La palatalité du *l* dans *voil* suppose une généralisation du timbre acquis devant voyelle (*ly*> *l* palatal ; quant à l'absence de diphtongaison conditionnée dans *voil* et spontanée dans *volt* (de **volit*). La Chaussée l'explique par un emprunt aux autres personnes en vue de différencier *voil* et *volt* des formes homologues du présent *vueil* et *vuelt*.

Volui était concurrencé en latin vulgaire par un parfait sigmatique **volsi*, qui a donné :

vols, **volsis,** volst, **volsimes, volsistes,** volstrent

Les formes imprimées en gras dans ces paradigmes sont de beaucoup les plus usitées, avec leurs doublets graphiques en *vou- : vousis, vout, vousimes, vousistes, voudrent.*
Elles seront éliminées au XVIe s. par le passé faible *voulus* refait sur *vouloir* au XIVe.

86. Emploi du passé simple ; concurrence avec l'imparfait

En latin, les parfaits à redoublement comme *vendidi* étaient apparentés aux parfaits grecs comme πεποίηκα, montrant le procès achevé (*perfectum*) au moment de l'énonciation ; les parfaits sigmatiques comme *misi* étaient apparentés aux aoristes grecs comme ἐποίησα situant l'action dans le passé sans préciser son degré d'accomplissement. Au témoignage de Priscien (VIe s.) et des textes classiques, le parfait latin cumulait ces deux valeurs.

Le passé composé né en bas latin (§§ 56-57), exprimant l'état qui succède présentement à l'achèvement du procès, supplanta le parfait dans sa première valeur, ne laissant à son continuateur français, le passé simple, que la seconde.

A l'aube de la littérature française, trois temps étaient en concurrence pour exprimer un fait passé : l'**imparfait**, le **passé simple**, le **passé composé**.

A la différence du passé composé, qui énonçait le résultat présent d'un procès passé, l'imparfait et le passé simple énonçaient le procès lui-même, mais l'imparfait en donnait une vue **statique** (procès montré en un point de son déroulement, § 71) :

> *Ele **avoit** les caviaus* [cheveux] *blons* (*Auc.* XII, 19)

et le passé simple une vue **dynamique** (procès montré du début jusqu'à la fin éventuelle de son déroulement) :

> *Ele **vint** au postic* [à la petite porte], *si le **deffrema*** [l'ouvrit], *si **s'en isci** par mi les rues de Biaucaire* (*Auc.* XII, 29).

Les deux temps étaient aussi bien capables d'exprimer le procès répété dans le passé, avec la nuance d'aspect statique/dynamique définie ci-dessus :

> *Li chevaliers fu biaus et cointes* <...>
> *Et sovent* ***aloit*** *et* ***venoit***
> *A la cort, et tant i* ***ala***
> *Que la duchoise l'enama* [s'éprit de lui].
> (*La Chastelaine de Vergi* CFMA 43)

L'imparfait *aloit* laisse hors du champ le début et la fin de la répétition du procès ; le passé simple *ala* montre sa répétition depuis le début jusqu'au résultat atteint.

Ces emplois étaient parfaitement conformes aux valeurs qu'on reconnaît à ces deux temps en français moderne. Pourtant un emploi du passé simple aujourd'hui inconnu régna dans la littérature jusqu'à la fin du XIIIe siècle, l'emploi appelé **descriptif** mentionné au § 71 et dont l'extrait cité ci-dessus de la *Chastelaine de Vergi* contient un exemple au premier vers : *Li chevaliers* ***fu*** *biaus*. En employant *fu* là où il pouvait dire *estoit* (là où nous dirions : *était*), l'auteur veut-il marquer qu'il s'agit d'un état révolu, du portrait d'un mort ? L'explication serait sans doute pertinente à propos des emplois relevés en latin comme ***Fuit*** *etiam disertus* (Cicéron, cité par Ernout-Thomas, *Syntaxe latine* p. 190) et l'origine de l'emploi semble latine puisqu'il se retrouve en ancien provençal ; mais à la date des premiers textes français il paraît bien n'être plus qu'une marque de discours poétique ou du moins littéraire, alternant quelquefois avec l'imparfait sans autre raison apparente que la commodité du mètre :

> *Un duc i est, si ad num Falsaron ;*
> *Icil* ***er*** [était] *frere al rei Marsiliun.*
> *Il* ***tint*** [tenait] *la tere Dathan et Abirun.* [de D. et A.] (*Rol.* 1213))

Au cours des siècles l'ornement deviendra désuet. Guillaume de Lorris (début du XIIIe), dans ses nombreux portraits allégoriques, use ordinairement de l'imparfait, mais ne dédaigne pas d'introduire çà et là le passé, comme dans ce court extrait d'une description (image de Tristesse) où l'imparfait règne sur plus de 40 vers :

> *N'el n'avoit pas sa robe chiere ;*
> *En maint leu l'avoit desciree* [déchirée]
> *Con cele qui mout* ***fu*** *iree.*
> *Si chevel* [Ses cheveux] *tuit destrecié* [détressés] ***furent****,*
> *Et espanduz par son col* ***jurent****,*
> *Qu'* [car] *el les avoit tretoz deroz* [arrachés]
> *De mautalent et de corroz* (*Rose* 316).

Les prosateurs ne cherchaient pas de tels effets (n'y étant pas sollicités par le mètre ou la rime) : on peut lire de nombreux chapitres de Villehardouin (début du XIIIe) sans rencontrer un passé simple descriptif, et ses rares apparitions s'y réduisent à peu près aux verbes *estre* et *avoir*. En moyen français, selon Marc Wilmet, *estre* sera seul usité, et de plus en plus rarement, dans cet emploi que condamnera Henri Estienne et que maintiendront exceptionnellement, pour la saveur de l'archaïsme, des poètes comme Du Bellay et Desportes.

87. Emploi du passé simple ; concurrence avec le passé composé

Selon une étude de Frederike Stefenelli-Fürst (*Die Tempora der Vergangenheit in der Chanson de Geste,* Vienne 1966), dans les récits d'auteur des chansons de geste, le verbe est ordinairement au passé simple quand la référence au passé est exprimée par un complément de temps :

Li quens Rollant li ***trenchat ier*** *le poign* (*Rol.* 2701).

La règle est aussi bien observée si le fait s'est passé le jour même :

Kar ***hoi*** [aujourd'hui] ***matin*** *vos* ***vi*** *plurer des oilz* ! (*Rol.* 3629)

La règle entraîne l'association quasi obligatoire du passé simple à l'adverbe *onques* (= un jour quelconque) :

Unc *ne* ***vi*** *gent ki si fust cumbatant* (*Rol.* 3516)

et à l'adverbe *mar* (§ 17) qui remonte à *mala hora* :

Carles li magnes ***mar*** *vos* ***laissat*** *as porz* (*Rol.* 1949).

Le passé composé, de par sa valeur originelle (aspect accompli du présent), apparaissait :

1. soit dans les propos rapportés au discours direct (narrations parlées) parce que le locuteur énonce des faits passés dont les conséquences conditionnent la situation présente :

« *Li reis Marsilie m'***ad tramis*** *ses messages* » (*Rol.* 181)
[Le roi Marsile m'a envoyé ses messagers].

« *De cels de France les corns* ***avuns oït*** » (*Rol.* 2132)
[De ceux de France nous avons entendu les cors].

(Le passé composé est deux fois plus employé dans le discours direct rapportant des faits passés vécus que dans les récits d'auteur).

2. soit dans les récits d'auteur pour rapporter le résultat passé d'un fait plus ancien en replaçant le lecteur (comme par le « présent de narration », § 68) au moment où ce résultat était ressenti :

Tant ***ad seinet*** *li oil li sunt trublet* (*Rol.* 1991)
[Il a tant saigné que ses yeux sont troublés].

Mult fierement chevalchet l'emperere.
Il est darere [derrière] *od* [avec] *cele gent barbee* [barbue],
Desur lur bronies lur barbes ***unt getees*** (*Rol.* 3316).

Le passé *unt getees* coordonné aux présents *est* et *chevalchet* montre les barbes étalées sur les cuirasses.

Il a été montré (principalement par F. Stefenelli-Fürst)

— que la fréquence du passé composé double avec les verbes dénotant un mouvement rapide comme *monter, saillir, descendre, avaler, devaler, issir, entrer, aler, se tourner, voler, venir* ; l'action est montrée aussitôt faite que dite (valeur cinétique) :

Voit le li rois, encontre ***s'est levez*** *(Charroi de Nîmes* CFMA 58)

— que le passé composé est plus apte à résumer des procès révolus répétés ou accumulés (valeur sommative) ; ainsi Roland, ayant énuméré au passé simple les conquêtes dont il a enrichi Charlemagne (v. 2322-2332), termine ainsi :

« ***Cunquis*** *l'en* ***ai*** *païs et teres tantes*
Que Carles tient, ki ad la barbe blanche »
[Que de pays et de terres je lui ai conquis,
domaine de Charles qui a la barbe blanche !]

Ces divers facteurs peuvent aider à déceler dans une analyse approfondie des textes narratifs les raisons de chaque choix ; l'analyse est fructueuse, par exemple, dans ces deux vers de la *Chanson de Guillaume* (SATF 2516-17) :

Set mile ***fumes*** *de chevalers armez ;*
*De tuz icels ne m'****est*** *un seul* ***remés*** [resté].

(La belle armée de 7 000 hommes est coupée de la situation présente, où le locuteur se retrouve seul).

et dans ces 4 vers de la *Chanson de Roland* (2755-58)

Ço dist Marsilie : « Carles l'emperere
Mort *m'****ad*** *mes homes, ma tere* ***deguastee*** [dévastée]
E mes citez ***fraites*** [forcées] *e* ***vïolees.***
Il ***jut*** *anuit sur cel'ewe de Sebre*
[Il coucha cette nuit sur les bords de l'Ebre]

(Le passé composé convient ici à l'expression de faits passés dont le résultat présent constitue trois chefs d'accusation ; le passé simple *jut* énonce un fait plus récent accompli la nuit précédente, mais dont la conséquence présente n'est pas considérée).

Selon F. Stefenelli-Fürst, un autre type d'explication peut être cherché dans les commodités de la rime et du mètre ; il est un fait que dans les décasyllabes coupés 4 + 6 le passé composé (plus volumineux) figure souvent dans la seconde partie du vers :

Tendit sa main, si ***ad pris*** *l'olifan* (*Rol.* 2224)

Sun destre guant en ***ad*** *vers Deu* ***tendut*** (*Rol.* 2373).

Peter Blumenthal (*Vergangenheitstempora, Textstrukturierung und Zeitverständnis in der französischen Sprachgeschichte*, Franz Steiner Verlag 1986) juge pertinents deux autres facteurs, dont le jeu seul peut rendre compte de l'alternance Présent/PS/PC par exemple dans les vers 792-798 de la *Chanson de Roland* :

(Roland ayant accepté de commander l'arrière-garde,
ses amis se rangent à ses côtés)

Cuntre lui [auprès de lui] ***vient*** *sis cumpainz Oliver.*
Vint *i Gerins e li proz quens Gerers,*
E ***vint*** *i Otes, si i* ***vint*** *Berengers*
E ***vint*** *i Astors e Anseïs li veillz,*
Vint *i Gerart de Rossillon li fiers ;*
Venuz *i* ***est*** *li riches dux Gaifiers.*

Selon P. Blumenthal :

— le présent de narration a une plus grande « valeur de communication », c'est-à-dire marque une importance plus grande du procès énoncé ; dans le texte cité, le présent *vient* distingue ainsi la venue d'Olivier, émule et ami de Roland ;

— le passé composé a valeur démarcative, indiquant souvent la fin d'un ensemble cohérent de procès ; c'est le cas ici où *venuz i est* termine la liste des procès exprimés par le verbe *venir.*

Ces valeurs rhétoriques ou stylistiques, dont l'exploitation est parfois propre à tel genre, à tel auteur, et toujours capricieuse, ne peuvent avoir existé que dans la mesure où le passé simple et le passé composé présentaient, au moins dans certains contextes, la même valeur temporelle et aspectuelle dite de « prétérit » ou d'« aoriste » (vue passée non sécante du procès). Les cas restent nombreux où le choix de l'un ou de l'autre temps n'apporte aucune indication morphologique ni rhétorique, par exemple dans ce vers de *Saint Alexis* :

> *Nel* ***reconurent*** *ne ne l'****unt anterciet*** (121)
> [Ils ne le reconnurent pas et ne l'ont pas identifié]

ou au début des laisses XLVII, XLVIII et XLIX du *Couronnement de Louis* :

> *Li cuens Guillelmes a la fiere personne*
> ***S'en est tornez*** *vers Bordeaus sor Gironde* (1999-2000)
> *Li quens Guillelmes a l'aduré corage*
> ***S'en retorna*** *par devers Pierrelarge* (2004-5)
> *Li quens Guillelmes a la chiere membree*
> *Vers Amadore* ***a*** *sa voie* ***tornee*** (2009-10).

Contrairement à l'opinion soutenue par L. Foulet (*La disparition du prétérit*, Romania 1920), cet emploi aoristique du passé composé, dérivé de sa valeur originelle de « parfait » (aspect accompli du présent) et qui éliminera le passé simple dans l'usage oral à l'époque classique, semble avoir existé anciennement dans la poésie narrative, même si la prose, plus proche des modèles latins, l'évita longtemps.

88. Emploi du passé antérieur

En principe, le passé antérieur énonçait un procès accompli antérieurement à un moment passé. Son emploi est attendu dans les propositions subordonnées à une principale dont le verbe est à un temps du passé ou au présent de narration. Comme il est dit au § 72, il avait pour concurrent dans ce contexte le plus-que-parfait de l'indicatif. R. Martin et Ch. Muller ont étudié la concurrence entre ces deux temps dans un texte du XIIIe siècle, *la Mort le roi Artu*. Leurs dénombrements établissent que le passé antérieur, comme en français moderne, était beaucoup plus fréquent dans les propositions temporelles (216 emplois contre 7), le plus-que-parfait dans les propositions relatives (155 contre 30) ; comparer :

> *Quant il* ***ot*** *messe* ***oïe*** *et il* ***ot fetes*** *ses oroisons, si se parti de leanz* [il sortit de là] (16, 29).
>
> *... si avint que li rois commença a regarder entor lui et vit les paintures et les ymages que Lancelos* ***avoit portretes*** *tandis comme il demora leanz en prison* (44, 9).

Dans ces deux exemples, le choix est conforme à ce qu'on sait des valeurs fondamentales du passé simple et de l'imparfait : Lancelot quitte la maison de son hôte dès qu'il se trouve dans l'état de messe ouïe et d'oraisons faites, tandis que le roi aperçoit les graffiti de Lancelot un temps indéfini après leur exécution. On comprend que les conjonctions comme *quant* (exprimant la concomitance), *si tost com* (soulignant l'immédiateté) introduisent le temps narratif, alors que les pronoms relatifs, participant à la permanence des substances qu'ils représentent, sont suivis du temps descriptif.

Pourtant la statistique de Martin et Muller semble mettre en évidence une influence du temps de la principale ; si c'est le passé simple, la subordonnée tend à prendre le passé antérieur :

> *et moult le mercia de la belle chiere* [du bon accueil] *que il li* ***ot fete*** *en son ostel* (30, 8).

En dehors des propositions subordonnées, la concurrence des deux temps est plus difficile à rattacher à des facteurs contextuels. En français moderne, le passé antérieur n'est usité en proposition indépendante que pour montrer le résultat atteint en un certain laps de temps (souvent court) : *A deux heures, nous* ***fûmes rentrés***, *En cinq sec, il* ***eut vidé*** *l'assiette*. En ancien français, on le rencontre dans des conditions moins restrictives, empiétant sur le plus-que-parfait comme le passé simple empiétait sur l'imparfait (§ 86). Guillaume de Lorris, à la fin du portrait (à l'imparfait) de Vieillesse, introduit le passé antérieur pour décrire son vêtement :

> *Ele* ***ot*** *d'une chape forree*
> *Mout bien, si come je recors,*
> ***Abrïé*** [abrité] *et* ***vestu*** *son cors.*
> *Bien fu vestue chaudement...* (*Rose* 398)

Il use pourtant du plus-que-parfait (après deux passés simples descriptifs) dans le portrait de Papelardie :

> *El ne fu gaie ne jolive,*
> *Ainz fu par semblant ententive*
> *Dou tot a bones ovres feire,*
> *Et si* ***avoit vestue*** *haire* (425).

Il est difficile de ne pas attribuer aux besoins du mètre le choix différent dans ces deux contextes.

Assez souvent, le passé antérieur en proposition autonome exprimait non pas, comme dans le précédent exemple, l'état passé résultant d'un procès antérieur, mais, en concurrence avec le passé simple, ce procès lui-même — sans nuance aspectuelle claire. Au début du *Couronnement de Louis*, l'auteur présente ainsi la cérémonie du couronnement :

> *Cel jor i fu Looÿs alevez* [élevé en dignité]
> *Et la corone mise desus l'autel ;*
> *Li rois ses peres li* ***ot*** *le jor* ***doné*** (48)

La suite *li ot doné*, qu'il faut bien traduire par « la lui donna », apparaît ici comme le pendant actif des passifs *fu alevez* et (*fu*) *mise*. De tels emplois semblent interprétables comme des « écarts » stylistiques sans avenir grammatical, substituant le passé antérieur au passé composé aoristique senti comme familier dans un contexte littéraire propice au passé simple.

F. IMPÉRATIF

89. Formes de l'impératif

En règle générale, l'impératif avait en ancien français :

— à la 2e personne du singulier, par le jeu des lois phonétiques, la forme de l'indicatif présent sans l'-*s* désinentiel : *chante* (du lat. *canta*), *vent* (lat. *vende*), *dorm* (lat. *dormi*) ; bien entendu, *fenis* (de **finisce*) gardait son *s* radical ;

— à la 1re et à la 2e personne du pluriel les formes de l'indicatif présent : *chantons, chantez*, etc.

Mais pour 4 verbes, dont le sens se prêtait mal à l'expression d'un ordre, les formes de l'impératif étaient empruntées au subjonctif :

estre : *soies, soi(i)ens, soi(i)ez*

avoir : *aies, ai(i)ens, ai(i)ez*

savoir : *saches, sachiens, sachiez*

voloir : *vueilles, voilliens, voilliez*

Remarques : a) Dès les plus anciens textes apparaissent des secondes personnes du singulier de l'impératif dotées d'un -*s* analogique : *oz, vas* (*Alexis*) ; l'usage se développera au XIIIe siècle pour les verbes du 3e groupe, peut-être sous l'influence des premières personnes du singulier de l'indicatif qui ont alors reçu l'-*s* analogique (§ 64) : dans les verbes du 1er groupe, l'addition d'un -*s* est exceptionnelle. Les formes sans -*s* domineront au 3e groupe jusqu'au XVIe siècle.

b) Certains verbes avaient à la 2e personne du singulier de l'impératif une consonne finale étymologique : *boif* (lat. *bibe*). Cette consonne s'est amuïe analogiquement comme à la 1re personne du singulier de l'indicatif présent (p. 98), avant même l'addition d'un -*s* : *boi* (XIIe).

c) Les verbes empruntant au subjonctif les formes d'impératif présentent au singulier des formes analogiques sans -*s* (*aie, sache, vueille*), sauf *soies* qui a perdu anciennement l'*e*, et non l'-*s* : *sois*.

A la 1re personne du pluriel, ces verbes changeront -*iens* en -*ions* dans les mêmes conditions qu'au subjonctif (§ 91).

90. Emploi de l'impératif

Les formes de l'impératif, en ancien français, ne se distinguaient donc de celles de l'indicatif qu'à la 2e personne du singulier, par une absence d'-*s* final que l'analogie tendit à éliminer.

En français moderne, les marques morphologiques défaillantes sont suppléées par une seule marque syntaxique : l'absence de pronom sujet. L'ancien français, lui, disposait de plusieurs marques :

1. **L'absence de sujet :** elle était déjà un statut dominant, en vertu duquel le verbe à l'impératif pouvait occuper la première place de la phrase (position soumise à des règles très restrictives pour un verbe à l'indicatif, cf. § 121) :

« ***Issiez** fors de la nef, chevalier Jhesucrist* [Sortez du vaisseau, chevaliers de Jésus-Christ] » (*Queste* 275, 12).

« *Biau sire Jhesucrist, **aiez** merci* [pitié] *de cest pecheor !* » (*Queste* 124, 9).

(On ne tiendra pas pour sujets les mots en apostrophe, dont la présence près du verbe suppléait toute autre expression de l'agent).

La position du verbe en début de phrase entraînait la postposition des pronoms conjoints régimes :

« *Ha ! sire, fet il, **montez moi** sus vostre cheval* » (*Queste* 153, 5).

Mais d'une part le pronom sujet manquait encore très souvent devant les formes d'indicatif (§ 25, 1) ; d'autre part il n'était pas exclu totalement — comme aujourd'hui — devant l'impératif (ou après, selon la règle d'inversion) :

*E ! reis celeste, **tu** nus i **fai** venir* [fais-nous y venir] (*Alexis* 335).

*Sire, **vos** me soiez pastres et deffenderres et conduisierres* [Sire, soyez pour moi un berger, un défenseur et un conducteur] (*Queste* 96, 11).

(Le second exemple peut aussi bien être interprété comme une phrase optative, où l'expression du sujet est normale).

2. **L'emploi d'adverbes spécifiques,** principalement *or* et *car* :

***Or** oëz ore* [Ecoutez donc maintenant] ! (*P. Or.* 772).

***Quar** lessons France* [Laissons donc la France] (*Cour.* 2645).

***Ore ne** vus esmaiez* [Ne vous effrayez donc pas] ! (*Rol.* 27).

Si avait la même fonction que *or, car* quand la proposition de sens impératif ne commençait pas la phrase.

Dist a ses homes : « Fetes pes [silence], ***si** m'oiez...* » (*Cour.* 2333)

Mes or parlons de cez qui furent,
***Si** lessons cez qui ancor durent* (*Yvain* 29).

*Se je vos ment, **si** me pendez.* (*Béroul* 4276).

La présence d'un adverbe en place 1 permettait de laisser en position proclitique les pronoms régimes conjoints (*vus, me* dans les exemples qui précèdent) ; mais elle entraînait la postposition d'un éventuel pronom sujet selon la règle générale (§ 25, 1) :

*Sire, par vostre pitié, ne soffrez **vos** mie que je isse de vostre servise* [ne permettez pas que je quitte votre service] (*Queste* 96, 1).

G. SUBJONCTIF

91. Désinences du subjonctif présent

Le tableau ci-dessous donne les désinences les plus anciennes en français de deux verbes représentant les types de conjugaison les plus répandus. Le reste, composé de verbes à radical terminé par une consonne palatale, s'en distinguait surtout à la 1re personne du pluriel par une désinence *-iens* qui tendra à gagner l'ensemble des verbes à partir du XIIIe siècle.

1er GROUPE	
Latin	**Ancien français**
cantem	*chant*
cantes	*chanz*
cantet	*chant*
cantemus	*chantons*
cantetis	*chantez*
cantent	*chantent*

AUTRES GROUPES	
Latin	**Ancien français**
vendam	*vende*
vendas	*vendes*
vendat	*vende(t)*
vendamus	*vendons*
vendatis	*vendez*
vendant	*vendent*

SINGULIER

La comparaison des paradigmes latins donnés ici et aux paragraphes 63-64 explique comment en ancien français les personnes du singulier du subjonctif présent s'opposaient à leurs homologues de l'indicatif par l'absence (au 1er groupe) ou la présence (aux autres groupes) d'un *e* final, sauf à la 1re pers. du 1er groupe où *cantem* et *canto* avaient donné également *chant*.

Certains verbes du 1er groupe avaient au subjonctif un *e* d'origine phonétique (SPH p. 19) : *entre, entres, entre(t)* (lat. *intrem*, etc.) ; *change, changes, change(t)* (*cambiem*, etc.), *doute, doutes, doute(t)*, (*dubĭtem*, etc.). Cet *e* s'est étendu aux autres verbes du 1er groupe plus tôt qu'à la 1re pers. du présent de l'indicatif (cf. § 63) ; les formes analogiques s'observent d'abord à la 2e pers. (*chantes*), puis à la 1re, enfin à la 3e. Les formes en *e* prévaudront dans la 2e moitié du XIIe siècle, les formes sans *e* se maintenant dans des formules comme *Dieu vous gard* (Molière, La Fontaine).

L'*e* issu de *a* s'est parfois amuï devant le *t* de 3e personne, après certaines consonnes (surtout *s*) : *voist* (= *voiset*), *puist* (= *puisset*), *doinst* (= *doinset*).

Dans le cas (normal) où l'*e* s'est conservé, le *t* s'est amuï dans les mêmes conditions qu'à la 3e pers. du sing. de l'indicatif présent (§ 63).

1re PERSONNE DU PLURIEL

On admet que la désinence *-ons*, qui n'est phonétique dans aucun groupe, est empruntée à l'indicatif ; elle se maintiendra jusqu'à la fin du XVIe siècle, mais a été concurrencée, d'abord dans l'Est, par l'extension de la forme *-iens*.

Celle-ci est ancienne et phonétique dans tous les verbes où la désinence *-amus* était précédée d'une palatale (cf. SPH p. 20) : au nombre de ceux-ci étaient les verbes les plus employés *seiiens, aiiens* (§ 93).

C'est au XIVe que le croisement de *-ons* et de *-iens* donnera la désinence moderne *-ions*.

2e PERSONNE DU PLURIEL

La désinence *-ez* (*-iez* après une palatale) est phonétique (du latin *-atis*) sauf au 1er groupe où elle ne peut être qu'analogique (on rencontre dans l'Ouest la forme phonétique *-eiz*, *-oiz*, de *-ētis* : *chanteiz*). La forme *-iez* se généralisera du XIIe au XVIe siècle, sous l'influence de *-iens* (*-ions*) : *chantiez*.

3e PERSONNE DU PLURIEL

Les terminaisons latines *-ent* et *-ant* ont abouti également à [e̥nt] en français.

92. Variations radicales au subjonctif présent

L'altération des radicaux a obéi aux mêmes lois phonétiques au subjonctif qu'à l'indicatif (§§ 65-66). Leur jeu a souvent ajouté des différences radicales aux différences désinentielles. Comparer :

INDICATIF	SUBJONCTIF
*wardat > *garde*	*wardet > *gart*
perdit > *pert*	perdat > *perde*
laudas > *loes*	laudes > *loz*
claudis > *cloz*	claudas > *cloes*
tornas > *tornes*	tornes > **tornts* > *torz*
*altiat > *auce*	*altiet > *auzt*
calceat > *chauce*	calceet > *chauzt*
oblitat > *oblie*	oblitet > *oblit*
*parolas > *paroles*	*paroles > *parous*
consiliat > *conseille*	consiliet > *conseut*
vivis > **vifs* > *vis*	vivas > *vives*
rumpis > **romps* > *rons*	rumpas > *rompes*

Les variations radicales les plus importantes sont liées à la mouillure résultant

— soit du timbre palatal de la consonne terminant le radical (ex. : *collocem*, *surgam*) ;

— soit du yod désinentiel dans les subjonctifs en [ya] remontant à *-iam* (ex. *sapiam*) et *-eam* (ex. *maneam*).

a) Subjonctifs en *-cem*, *-gem* et en *-cam*, *-gam*

(Verbes dont l'indicatif présent a été étudié au § 66 c et d).

Les subjonctifs des verbes *paiier* (lat. *pacare*), *ploiier* (*plīcare*), *proiier* (*prĕcare*), *joer* (*jocare*), où le *c* dans *pacem*, etc. devrait se palataliser comme dans *plaisir* (de *placere*), ont été refaits sur l'indicatif présent avant les premiers textes : *pai(e)*, *ploi(e)*, *pri(e)*, *jo(e)*.

Les subjonctifs *chasti(e)*, *ni(e)*, *esmai(e)* de *chastier* (lat. *castīgare*), *noiier*, *nier* (*nĕgare*, cf. § 65 R 3), *esmaiier* (**exmagare*) remontent phonétiquement à *castigem*, *negem*, **exmagem* (par **castiyye*, **nieiyye*, **esmayye*).

Rover (lat. *rogare*) a modelé son subjonctif *ruisse* sur *puisse* (§ 93) comme son indicatif *ruis* sur *puis* (§ 66 c).

Devant *a*, un *c* après *a, e, i* s'affaiblissait en *y*: *dīcam*> *die*, forme conservée jusqu'au XVIIe siècle mais concurrencée dès le XIIIe par *dise* refait sur l'imparfait *disoie* (de *dīcēbam*) et le participe présent. Le subjonctif attendu de *dūcere*, **due* (lat. *ducam*), a été refait à date prélittéraire en *duie* d'après l'indicatif présent *dui* (§ 66 c) et plus tard en *duise* à partir de *duisoie, duisant*. Le subjonctif régulier de *cuire* (lat. **cŏcam*) a été remplacé avant les premiers textes par *cuie* (comme *duie*) et plus tard par *cuise* (comme *duise*).

Le subjonctif attendu de *lire*, **lie* (lat. *lĕgam*) a été remplacé avant les premiers textes par *lise*, analogique de *liseie* (§ 69 R c). Le subjonctif régulier de *traire*, *traie* (de **tragam*) était concurrencé par *trace* (d'après *face*, cf. b) et *traise* (d'après *plaise*, cf. b).

Aucun verbe du 1er groupe ne terminait en latin son radical par une palato-vélaire appuyée. On ne rencontre donc après une consonne que les terminaisons *-cam* et *-gam* des verbes dont l'indicatif est étudié au § 66 d :

sordre : *sorge*, de *sŭrgam*, a été refait en *sorde* d'après l'indicatif ;

plaindre : *plange*, de *plangam*, a été refait en *plaigne* d'après l'indicatif ;

veintre : **venche*, de *vĭncam*, a été refait avant les textes en *venque* (d'après *venc*), puis en *veinque*, *vainque* (comme *veinc* d'après *veinz*, etc.) ;

tortre : *torche*, de **torcam*, a été refait en *torge*, *torte*, *torde* ;

naistre : **nasche*, de *nascam*, a été refait avant les textes en *naisse* d'après l'indicatif ;

conoistre, croistre, paistre et tous les verbes du 2e groupe comme **fenir** (lat. *finīscam*) ont été de même refaits avant les premiers textes en *conoisse*, *creisse*, *paisse*, *fenisse*, etc.

Dans quelques verbes la palato-vélaire est devenue, on le sait, appuyée par syncope. Sauf de rares attestations comme *chevalzt* (de *caballicet*), *culzt* (de **collocet*) dans *Roland* (2109 et 2682), les subjonctifs de ces verbes ont tous été refaits sur l'indicatif : *juge* (de *judĭcem*), *chevauche* (**caballĭcem*), *manjue* (*mandūcem*), *cueille* ou *coille* (*collĭgam*), etc.

b) Subjonctifs en *-yam*

Un certain nombre de subjonctifs en *-yam* (issu de *-iam* ou *-eam*) ont perdu purement et simplement le yod comme à la 1re pers. du sing. et à la 3e pers. du plur. de l'indicatif présent (**dormo*, cl. *dormio*, § 66 f ; **dormunt*, cl. *dormiunt* § 64) :

dormiam> **dormam*> *dorme*
recipiam> **recipam*> *receive, reçoive*
mordeam> **mordam*> *morde*
respondeam> **respondam*> *responde*
plŏveat> **plovat*> *pleuve*
etc.

Au contraire, les verbes qui ont remplacé *-o* par *-yo* à la 1re pers. du sing. de l'indicatif présent en latin vulgaire (§ 66 f) ont reçu un subjonctif en *-yam*: **donyam*, **ponyam*, **tollyam*, fr. *doigne* (§ 93), *poigne* (ib.), *toille*.

Là où le yod s'est maintenu, il a altéré de diverses façons la consonne finale du radical :

Ainsi _ly_ > l̮, et _ny_ > n̮, d'où les paradigmes suivants (où l̮ et n̮ sont écrits _ill_ et _ign_) :

lat. _valeam_	lat. _*volyam_	lat. _maneam_	lat. _veniam_
vaille _vailles_ _vaille_ _vailliens_ _vailliez_ _vaillent_	_vueille_ _vueilles_ _vueille_ _voilliens_ _voilliez_ _vueillent_	_maigne_ _maignes_ _maigne_ _maigniens_ _maigniez_ _maignent_	_vieigne_ _vieignes_ _vieigne_ _veigniens_ _veigniez_ _vieignent_

*Fallyam (§ 66 f) et _saliam_ ont évolué comme _valeam_ ; _teneam_ et _submoneam_ comme _veniam_. Certains auteurs comme Chrétien de Troyes ont généralisé au subjonctif de _venir, tenir_ le radical des 1e et 2e pers. du pluriel : _que je veigne_, etc. Les formes modernes _vienne_ et _tienne_, refaites sur les premières personnes _vien(s)_ et _tien(s)_, n'apparaîtront qu'en moyen français.

Un _r_ final de radical a été palatalisé par yod dans _fĕriam_ et la création d'un _i_ de transition (SPH p. 37) explique _muire_ (de _mŏriat_ avec diphtongaison conditionnée) remplacé plus tard par _meure_ analogique de l'indicatif (où _mŏrit_ > _muert_ > _meurt_) ; _fiere_ (pour _*fire_, de _fĕriat_) est aussi refait.

Un _k_ devant _y_ s'est palatalisé (SPH p. 36). Mais le subjonctif _chauz, chauz, chauzt_ de _calceem, calcees, calceet_ est devenu très tôt _chauce_, etc. par addition d'un _e_.

Faciam a donné le paradigme attendu (écrit _-ss-_ après la simplification des affriquées) :

face, faces, face, faciens, faciez, facent

Mais pour _placeam_, le paradigme attendu, partiellement attesté :

place, places, place, ..., ..., placent

alterne dès les premiers textes avec un paradigme _plaise_, etc. refait sur l'indicatif (§ 66 b, c, f). Parallèlement, _tace_ (de _taceam_) et _jace_ (de _jaceam_) ont été remplacés par _taise_ et _gise_ (§ 66 f).

Les subjonctifs _nuise_ (lat. _nŏceam_) et _luise_ (lat. _luceam_) ont été refaits sur l'indicatif avant les premiers textes.

Un _g_ après voyelle devant _y_ a affaibli son articulation (SPH p. 36) : _fugiam_ > _fuie_, avec extension du vocalisme aux formes faibles _fuiiens_, _fuiiez_ (cf. § 66 f).

Un _t_ appuyé devant _y_ aurait dû se palataliser (_fortia_ > _force_, SPH p. 29) ; on attend donc pour _mentiam_, _*partiam_ les paradigmes _mence_, _parce_, etc., lesquels ne se rencontrent qu'à l'Est, étant refaits ailleurs en _mente_, _parte_, etc. sur l'indicatif présent.

Après voyelle, _ty_ aurait dû évoluer comme dans _ratione_ (> _raison_, SPH p. 36) ; _hatiam_ a pourtant donné une série _hace_ influencée par _face_, alternant avec une série _hée_ refaite sur l'indicatif (_hé_, etc. cf. § 66 f) ; une série du 2e groupe, _haïsse_, plus rare, finira par s'imposer. _*Pretiam_, de _*pretiare_, a généralisé dans son paradigme le vocalisme _pris-_ des personnes fortes (§ 66 e) : _prise_, etc.

Le groupe *dy* appuyé n'est représenté que par *ardeam* qui a donné *arge* en picard et en wallon ; le français ne connaît que *arde*, refait sur l'indicatif.

Après voyelle, *dy* s'est affaibli en *-yy-* : **appodiem*> *apui* (refait en *apuie*), *audiam*> *oie*, *videam*> *veie*, *voie*. Mais **chie* (de **cadeam*) et **sie* (de *sĕdeam*) ont été refaits en *chiee* et *siee* d'après les formes fortes de l'indicatif en *-ié* (§ 66 fr).

Après une consonne labiale, le yod, quand il n'a pas disparu (cf. **dormam*, **recipam*), s'est renforcé dans *sache* (lat. *sapiam*), ou a assimilé la labiale dans les verbes *avoir* et *devoir* (§ 93).

Remarque : Parallèlement à la désinence *-ch* (*-c*) de 1re pers. du sing. de l'indicatif présent (§ 66 Rem.) s'est développée en picard une désinence *-che* (*-ce*) de subjonctif, phonétique dans les verbes en *t* / *k* + *y* + *a* comme *menche* (de *mentiam*), *parche* (de *partiam*), *fache* (de *faciam*), *plache* (de *placeam*), analogique dans beaucoup d'autres comme *meche* (lat. *mĭttam*), *oce* (lat. *audiat*), *dorcent* (lat. *dormiant*) et même *porciez* (lat. *portetis*).

A l'Est, une désinence analogue écrite *-ce* traduisait le son [tse̥] : *chaces* (lat. **cadeas*), *bace* (lat. *battuat*), *perce* (lat. *perdat*), *torces* (lat. *tornes*).

Dans l'Ouest, en anglo-normand et en Picardie, les subjonctifs comme *sorge* (de *surgam*), *plange* (de *plangam*) ont donné une désinence *-ge* extensible à tous les verbes : *perge* (lat. *perdam*), *meurge* (lat. *moriat*), *alge* (*Rol.* 288, lat. **allem*), *torge* (lat. *tornem*), *vougent* (lat. *volent*).

93. Particularités propres à certains verbes

ALER

A côté du subjonctif dialectal *alge* (§ 92), on rencontre un paradigme refait sur le présent *vois* (§ 67) aux personnes où apparaît ce radical :

voise, voises, voise (ou **voist,** § 91), **voisent**

et un paradigme refait sur les deux premières personnes du pluriel de l'indicatif présent (*alons*, *alez*) d'après *valons*, *valez*/ *vaille* :

aille, ailles, aille (aut), aillions (-iens), ailliez, aillent

La 3e pers. *aut* est à expliquer par **aillet* avec perte de l'*e* plutôt qu'à partir d'un **alet* isolé.

Le verbe *ester* (lat. *stare*) emprunte les désinences du paradigme *voise* :

estoise, estoises, estoise (estoist), estoisent

AVOIR

aie, aies, ait, aiiens, aiiez, aient

Comme *habeo* est devenu **ayyo*, d'où *ai*, le subjonctif *habeam*, etc. est devenu **ayyam*, etc. d'où *aie*, etc. A la 3e pers. du sing., l'*e* final s'est effacé avant les premiers textes.

DONER

Le subjonctif régulier issu de *donem*, etc. n'a laissé que des vestiges. Les textes présentent concurremment deux paradigmes, faits sur les deux formes de 1re pers. du sing. de l'indicatif *doing* et *doins* (§ 67) :

doigne, doignes, doignet (doint), doigniens, doigniez, doignent

doinse, doinses, doinset (doinst), doinsiens, doinsiez, doinsent

Les deux paradigmes seront refaits en *don(n)e*, etc. en même temps que la 1re pers. du sing. de l'indicatif présent, mais *doint* (continuant *doint* et *doinst*) subsistera jusqu'au XVIIe siècle dans des formules.

ESTRE

soie, soies, soit, soiiens, soiiez, soient

Ces formes, par l'intermédiaire de *seie*, etc. (VIe-XIe s.), remontent à un subjonctif analogique **siam* pour cl. *sim* (désinence exceptionnelle, comme *velim* devenu **volyam*).

L'*i* bref tonique (mot dissyllabique, SPH 12), devenu *e* fermé, a subi la diphtongaison (analogique dans **siamus* et **siatis*). A la 3e pers. du sing. **seiet* s'est réduit à *seit* avant les premiers textes.

PONDRE

poigne, poignes, poigne, poigniens, poigniez, poignent

Ce paradigme, fait sur la 1re pers. de l'indicatif présent *poing* (§ 66 f), a été refait en *pon(n)e* quand *poing* a été refait en *pon*.

A partir du XIIIe siècle, un paradigme *ponde*, etc. a été refait sur le radical *pond-* incluant le *d* épenthétique de l'infinitif.

POOIR

puisse, puisses, puisse (puist), puissiens, puissiez, puissent

Remonte à **possyam* remplaçant *possim* comme **syam* a remplacé *sim*.

La triphtongue *uoi* s'est réduite à *ui* (vocalisme étendu aux formes faibles *puissiens*, *puissiez*), et dialectalement à *oi* : *poisse (Roland)*, *poissent (Alexis, Roland)*.

Le subjonctif de *pooir* a servi de modèle à ceux de *rover*, *trover*, *prover* à partir de *puis*/*ruis*, *truis*, *pruis* (§ 66 c) : *ruisse*, *truisse*, *pruisse*, etc. Des formes refaites sur les autres personnes de l'indicatif (comme *rues*, *ruet*), s'y sont substituées dès l'ancien français : *rueve*, *trueve*, *prueve*, etc.

PRENDRE

prende, prendes, prende, prendons, prendez, prendent

preigne, preignes, preigne, preigniens, preigniez, preignent

Le premier paradigme continue *prendam*. Le second est refait à partir de la 1re pers. *preing* (§ 67) ; il ne sera remplacé qu'au XVIe siècle par *prenne* refait sur *pren(s)*.

SIVRE (SIURE)

sive, sives, sive, sevons, sevez, sivent

Continue *sequam*, etc. Réfections : *sivons, sivez* (sur le radical fort) ; *suive*, etc. (sur le vocalisme *ui* de l'indicatif, cf. § 67).

94. Formes du subjonctif imparfait

Il est montré au § 56 comment, en latin vulgaire, l'usure phonétique des formes de futur antérieur, de subjonctif passé et de subjonctif imparfait aboutit à la confusion de ces trois temps et à leur abandon.

Dans presque tous les parlers romans, le subjonctif imparfait fut remplacé par le plus-que-parfait, glissement amorcé peut-être dans l'emploi « irréel » où l'écart temporel exprimait métaphoriquement la nature fictive du procès (§ 102).

Le plus-que-parfait du subjonctif resta le seul temps de la conjugaison latine formé sur le radical du parfait (§ 56), dont il suivra en français tous les avatars (érosion phonétique et réfections analogiques). Ses désinences étaient, en latin, les mêmes pour tous les verbes :

-ĭssem, -ĭsses, -ĭsset, -ĭssēmus, -ĭssētis, -ĭssent.

La contraction qui transforma en latin *dormivit* en *dormit* (Cicéron, cf. § 79), *cantavisti* en *cantasti* (§ 81) et *fuistis* en *fustis* (§ 80) changea *dormivissem, cantavissem* et *fuissem* (*paruissem*) en *dormīssem, cantassem* et **fussem* (**parussem*). Il en résulta en français trois paradigmes dont le tableau suivant donne les formes anciennes :

Type en *a*	Type en *i*	Type en *u*
chantasse	*dormisse*	*fusse*
chantasses	*dormisses*	*fusses*
chantast	*dormist*	*fust*
chantissons	*dormissons*	*fussons*
chantisseiz, -oiz, -ez	*dormisseiz, -oiz, -ez*	*fusseiz, -oiz, -ez*
chantassent	*dormissent*	*fussent*

1re PERSONNE DU SINGULIER

L'*e* final a été maintenu ou restitué par analogie avec la 2e personne, sur le modèle de *vende / vendes* (§ 91).

2e PERSONNE DU SINGULIER

L'*e* de la syllabe finale a été conservé pour distinguer la désinence personnelle *-s* des *-ss-* marquant le temps.

3e PERSONNE DU SINGULIER

L'*e* final est tombé devant le *t* ; l'*s* devant *t* final, amuï dès l'origine (cf. *prest*, SPH p. 30), sera conservé graphiquement comme marque morphologique et remplacé (XVIe-XVIIe) par un accent circonflexe.

1re et 2e PERSONNES DU PLURIEL

Selon les lois de la phonétique, l'*a* prétonique interne de *cantassēmus, cantassētis* et l'*i* (entre 4 consonnes) de *dormissēmus, dormissētis* auraient dû se conserver sous forme d'*e* ; on explique le timbre *i* par une dissimilation (*e* – *e*> *i* – *e*) au stade **cantessemos, *cantessedes, *dormessemos, *dormessedes.*

La désinence -*ons*, empruntée au subjonctif présent (§ 91), remplace dès l'origine -**eins* (de -*ēmus*) ; -*iens* remplacera -*ons* dans les mêmes conditions qu'au subjonctif présent (-*ions* au XIVe siècle).

La désinence phonétique -*eiz* (de -*ētis*), -*oiz* au XIIe s., a été remplacée par -*ez* (emprunté au subjonctif présent) dès les premiers textes : *veïssez* (*Rol.* 1622) ; -*iez* remplaça -*ez* dans les verbes qui prirent -*iens* : *veissiez* (*Cligès* 5869).

Remarques : a) Tous les verbes français se répartissent très simplement entre ces trois paradigmes :

— Les verbes du 1er groupe ont suivi le modèle *chantasse.*

— Les verbes des autres groupes à passé faible ont suivi *dormisse* ou *fusse* selon que leur passé était du type *dormi* (et *vendi*) ou *parui.*

— Les verbes à passé fort ont formé le subjonctif plus-que-parfait sur le radical faible, qu'on observe par exemple à la 2e personne du singulier, de sorte qu'on obtient pratiquement la 1re personne du singulier du subjonctif imparfait en ajoutant -*se* à la forme de 2e personne du singulier du passé simple :

veïs→ *veïsse*	*mesis*→ *mesisse*
deüs→ *deüsse*	*jeüs*→ *jeüsse.*

Le radical évoluera comme au passé : *veïsse*> *visse* (XIVe) ; *meïsse* (XIIe pour *mesisse*)> *misse* (XIVe) ; *deüsse*> *dusse* (XIVe).

L'*i* bref tonique dans les formes comme *vidĭssem, misĭssem* a conservé le timbre [i] sous l'influence soit des formes contractées comme *dormīssem,* soit des formes de passé à « dilation » comme *veïs* (§ 79).

b) On rencontre, surtout dans des textes du N., du N.-E. et de l'Est, des imparfaits en -*aisse* (*montaisse, tornaist, clamaissent*) refaits sur la 1re personne du passé simple en -*ai.*

c) Parallèlement au paradigme *fui, fuis,* etc. du passé simple (§ 80 R), il existait un paradigme *fuisse,* variante de *fusse* peu usitée.

d) On trouve dans les textes de l'Ouest et de l'Est des 3es personnes du pluriel de l'imparfait du subjonctif à finale tonique -*eint,* -*aint,* -*ont,* -*ient,* -*ant* :

Mielz lors venist qu'arriers ***retornissant***
Outre le Rosne envers Nymes la grant (*P. Or.* 640).

95. Valeur modale du subjonctif

Le terme de *modus subjunctivus* n'exprimait qu'une des fonctions du subjonctif distinguées par les grammairiens latins, celle de « mode marquant la dépendance ». Il avait aussi, en latin et en ancien français, des fonctions exercées en proposition autonome (indépendante ou principale) classées sous les chefs *modus optativus* (calque d'un mot grec qui désignait un mode distinct exprimant le souhait) et *modus imperativus* (où il rejoignait l'impératif). Ces trois fonctions étaient parfaitement vivantes en ancien français.

Beaucoup de théoriciens ont cherché à définir leur unité ; on le fait si l'on dit que le subjonctif, comme l'infinitif, convient à l'expression du procès **virtuel,** l'indicatif convenant mieux, grâce à la richesse de son système temporel, à l'expression du procès **actualisé** par rapport à l'instant réel de l'énonciation (cf. CFC §§ 192 et 195) ; dans les contextes qui laissent le choix entre l'indicatif et le subjonctif, le premier pose la réalité du procès, le second ne la pose pas, sans pour autant la nier.

De cette valeur du subjonctif, le latin avait dérivé un emploi, lié surtout aux contextes hypothétiques, où il posait le caractère **irréel** du procès. Le français en hérita l'emploi « irréel » du subjonctif imparfait, qu'il élimina au profit de quatre temps de l'indicatif (cf. CFC §§ 197-8).

Les paragraphes suivants passeront en revue les emplois du subjonctif vivants en ancien français. Son emploi au sens irréel, déjà vieilli au XIIe siècle, sera traité dans un chapitre spécial (§§ 102-103).

96. Fonctions optative et impérative en proposition autonome

En ancien français, le subjonctif présent, sans *que*, exprimait normalement le souhait :

> *E ço* ***duinst*** *Deus qu'or en puisum garir* ! (*Alexis* 370)
> [Et que Dieu accorde que nous puissions par là être sauvés !]
>
> *Ne* ***placet*** *Damnedeu* ! (*Rol.* 358)
> [Que cela ne plaise à Dieu !]

Cet emploi existait à la 2e personne, concurremment avec l'impératif :

> *Biax sire, fait il, bien* ***vaingniez*** (*Erec* 387)
> [Monseigneur, dit-il, soyez le bienvenu]

C'est ainsi que le subjonctif a pu devenir la forme d'impératif des verbes *avoir, estre, savoir, voloir* exprimant des procès qu'on peut souhaiter plus proprement que commander (§ 89).

Il pouvait aussi bien exprimer l'ordre :

> *Ki or ne voelt a mei venir* ***s'en alt*** (*Rol.* 3340)
> [Que celui qui ne veut pas venir maintenant avec moi s'en aille]
>
> ***Oies,*** *beaus niés, fait Peleüs* (*R. de Troie* 817)
> [Ecoute, cher neveu, dit Peleüs]

ou la défense :

> *Ne mes devant moi ne* ***reveingnes*** (*Yvain* 1717)
> [et ne reviens jamais devant moi].

L'imparfait du subjonctif convient quand le souhait (ou l'ordre) est rapporté à un moment passé :

> *An mal eür i* ***venist*** *il* ! (*Yvain* 5262).

Ce souhait, qu'une demoiselle infortunée s'attribue rétrospectivement, serait traduit proprement par « *Y vînt-il pour son malheur ! », si le français moderne n'avait perdu cette possibilité. Nous devons aujourd'hui exprimer au présent le souhait passé, ce qui le transforme en regret si la réalité est différente :

« *Puisse*-t-il y *être venu* pour son malheur ! ».

L'imparfait du subjonctif était ainsi devenu en ancien français l'expression spécifique du regret :

Quar ***fusse*** *je en Babiloine* ! (*Segretain moine* 352)
[Si seulement j'étais à Babylone !].

Les locutions à l'imparfait du subjonctif comme *pleüst (a) Dieu* étaient suivies du subjonctif imparfait ou plus-que-parfait selon que le regret portait sur le présent ou sur le passé :

Et ***pleüst*** *Dieu que il l'****eüst***
Espousee ! (*Perc.* 9057).

Remarques : a) L'emploi de la « béquille *que* » en proposition autonome est tardif. Quand on pense la rencontrer, il s'agit presque toujours d'une conjonction de but ou de conséquence rattachant la proposition qu'elle introduit à la proposition précédente :

Oez, seignor, ***que*** *Dex vos* ***soit*** *aidant* ! (*Cour.* 1)
[Ecoutez, seigneurs, pour que Dieu vous protège !]

On relève pourtant quelques rares exemples dès la fin du XIIe siècle :

Se mestier m'est, ***que*** *vos* ***soiez***
Au pasage, prez, enbuschiez (Béroul 3589)
[Si j'en ai besoin, soyez au gué, prêt, embusqué].

b) Dans quelques textes a été relevé un emploi du subjonctif reprenant à la 1re personne, au discours indirect libre, un ordre qui a été donné au locuteur (et dont il repousse l'idée) ; dans *Tristan* de Béroul, trois barons scandalisés de la conduite d'Iseut ont sommé le roi Marc de la chasser si elle ne peut se justifier ; Marc trouve suffisant d'avoir chassé Tristan : « *Lui ai chacié : or* ***chaz*** *ma feme* ? [Je l'ai chassé, lui : maintenant (vous voulez) que je chasse ma femme ?] » (3067) ; et il ajoute : « *Vos me sorquerez* [Vous me demandez trop] ».

c) Le subjonctif dans la locution *ne t'en chaille, ne vos chaille* exprimait originellement une exhortation : « que cela soit sans importance pour toi/vous ». Employé en concurrence avec l'indicatif (*ne t'en chaut, ne vos chaut*) à la faveur de nombreux contextes, il en vient à le remplacer dans la formule interrogative *Toi/vos que chaille* ? où le subjonctif, insolite, apporte peut-être la nuance virtuelle de la formule moderne « Qu'est-ce que ça *peut* te/vous faire ? »

d) La valeur initiale du subjonctif s'est également obscurcie dans la locution *si m'aït Deus/se Deus m'aït* dont l'exemple suivant, tiré de la *Prise d'Orange* (268-270 réd. AB) met en évidence la valeur globale d'interjection non pas optative (quoique le verbe soit au subjonctif) mais « assertive » selon le terme de C. Marchello-Nizia (*Dire le vrai : l'adverbe* **si** *en français médiéval*, p. 76), qui en donne pour équivalents *certes, à mon avis, par ma foi, par mes ieus*, etc. :

Dist li chetis : « Si m'aïst Dex, beau sire,
Se veïez le palés de la vile
Qui toz est fez a voltes et a lices [de voûtes et de mosaïques] ! »

Selon L. Foulet, la 1re forme de la locution commence par l'adverbe *si* (lat. *sīc*) qui entraîne l'inversion du sujet ; elle continue la formule sacramentelle latine *si* (= *sic*) *me di ament, ut...* [qu'ainsi les dieux m'aiment, aussi vrai que...] ; la lexicalisation est telle en français que le verbe *aït* n'y est remplacé par aucun autre, et que les altérations graphiques sont et seront nombreuses : *si m'aist Deus, semesdieu, mesdieu.* John Orr en a rapproché le juron anglais *Swelp me* !, abréviation de *So help me God* !

La seconde forme remplace fautivement *si* par *se*, conjonction n'entraînant pas l'inversion, et signifie textuellement : « s'il est vrai (que je souhaite) que Dieu m'aide » ; le verbe *aidier* y est souvent remplacé par d'autres : *se Deus me saut* (lat. *salvet*), *se Deus vos gart, se Deus m'ament* (lat. *amendet*), *se Dieus te doinst le tous* [la toux] (*Jeu de St Nicolas* 841), au bénéfice de la rime où la formule se trouve le plus souvent.

97. Mode des subordonnées conjonctives pures

Les propositions conjonctives pures du français (souvent appelées « complétives ») continuent en général des propositions infinitives du latin classique, remplacées en latin vulgaire par *quod* ou *quia* suivis d'un mode personnel ; ce mode était en principe après *quod* le subjonctif exerçant proprement sa fonction « subjonctive » (§ 95), après *quia* l'indicatif (Väänänen § 374).

En ancien français, *que* continue *quod* et *quia*, et peut être suivi des deux modes. Soit le cas (le plus courant) d'une proposition complément d'objet d'un verbe principal exprimant l'énonciation ou la croyance :

> *Certes, bien* ***sai*** *que voir* ***diset*** (= *diseit*) (Béroul 78)
> [Je sais très bien qu'il disait vrai].

Si l'on adopte la terminologie imagée de Gustave Guillaume, le verbe de la subordonnée (*diset*) exprime l'« idée regardée », et celui de la principale (*sai*) l'« idée regardante ». Dans cet exemple, l'idée regardante place l'idée regardée dans le réel, elle permet son « actualisation » par l'emploi de l'indicatif. Tel est ordinairement le cas après les verbes « d'opinion et de déclaration » (« subordination *thétique* » selon G. Moignet).

Après un verbe de volonté, de convenance, de conseil, de crainte, de défense, l'idée regardée est ordinairement exprimée au subjonctif (« subordination *critique* » selon G. Moignet) :

> *Jo vos* ***cumant*** *qu'en Sarraguce* ***algez*** (*Rol.* 2673)
> [Je vous commande d'aller à Saragosse].

Quelques linguistes ont pensé que le choix du mode après le verbe *savoir* et après le verbe *commander*, n'étant pas libre, n'est pas significatif : il s'agirait de « servitudes grammaticales » automatiquement déclenchées par le choix du verbe principal. Il est plus juste de voir dans les ensembles *savoir* + indicatif et *commander* + subjonctif des signifiants longs où les traits sémantiques composant le sens de *savoir* et de *commander* déterminent le mode en fonction de la manière dont chaque mode structure le temps ; ces ensembles expriment analytiquement en phrase complexe ce que le mode seul exprime synthétiquement en proposition autonome (ex. : « *Il disait vrai* », « *Allez à Saragosse* »).

Des possibilités de choix existent d'ailleurs en français moderne, liées à des nuances de sens (CFC §§ 261-264) ; elles étaient bien plus larges en ancien français, mettant plus librement en jeu les valeurs fondamentales des deux modes.

Après un verbe d'opinion comme *penser, croire* à la forme affirmative, la conjonctive objet était à l'indicatif si aucun doute n'était jeté sur le fait regardé :

> *Overte ont trové la fenestre*
> *Par u il furent avalé* [étaient descendus],
> *Lors* ***pensent*** *qu'il* ***s'en sont alé***. (*Guillaume d'Angleterre* 523)

Elle était au subjonctif si le fait était donné pour douteux (ou faux) :

> *Bien* ***penserent*** *fantosme* ***soit*** (Béroul 4072)
> [Ils furent persuadés (que) c'était un sortilège]

Comparer de même :

> *E* ***creit*** *que il* ***avra*** *ja del rei l'amistié* (*Becket* 979)
> [Et il croit qu'il aura désormais l'amitié du roi]
>
> *Quant tu ce* ***croiz*** *que Mahomez* ***soit*** *Dé*
> [Puisque tu crois que Mahomet est Dieu]
> (*Charroi de Nîmes* CFMA 896)

Avec *cuidier*, le subjonctif était de règle (marquant une opinion erronée) sauf si le verbe principal, au présent, avait pour sujet le locuteur lui-même (qui ne peut savoir s'il se trompe) ; comparer :

> ***Quidet*** *li reis que el* ***se seit pasmee*** (*Rol.* 3724)
> (mais Aude n'est pas évanouie, elle est morte)
>
> ***Je cuit*** *que j'****ai manti*** (*Cligès* 645)
> (aveu autocritique).

Employé exceptionnellement après *je cuit*, le subjonctif implique une nuance de supposition :

> ***Cuit ge*** *que ce* ***soit*** *vostre sire* (*Eneas* 3243)
> [Je suppose que c'est votre seigneur].

Comme aujourd'hui, et plus souvent, une idée regardante d'opinion entraînait le subjonctif si elle faisait l'objet d'une négation, d'une interrogation, d'un doute :

> *Mais nus* ***ne set*** *que ce* ***soit*** *il* (*Guillaume d'Angleterre* 2157)
> [Mais nul ne sait que c'est lui].

Les deux modes alternent quand la proposition conjonctive est sujet d'un verbe ou d'une locution impersonnels d'« apparence » comme *estre a vis, sembler* :

> ***Avis m'iere*** *qu'il* ***estoit*** *mais* (*Rose* 45)
> [Je croyais que c'était le mois de mai]

si ***li est avis*** *qu'il* ***sente*** [Il croit sentir] *toutes les bones odors dou monde* (*Queste* 247, 2)

Il s'agit dans le premier cas d'une réalité rêvée : les songes sont décrits à l'indicatif. Dans le second cas, le personnage est éveillé, et les senteurs sont présentées comme miraculeuses, donc différentes de la réalité.

Alors qu'en français moderne un verbe ou une locution de sentiment entraîne automatiquement le mode subjonctif du verbe dépendant, l'ancien français tenait compte de la réalité du procès regardé, exprimant à l'indicatif un procès passé ou présent :

> *Et* ***poise m'****en, por sa franchise,*
> *Que il la mort* ***a*** *ici* ***quise*** (Béroul 1565)
> [Je suis peiné que, par fidélité,
> il soit venu ici trouver la mort]
>
> ***Laid est*** *qu'entre vus* ***ad*** *si grant enemistié* (*Becket* 4231)
> [Il est déplorable qu'il y ait entre vous tant d'inimitié]

et au subjonctif un procès à venir ou incertain :

Certes ce ***poise moi*** *mot fort*
Que je li ***doie*** *doner mort* (Béroul 1569)
[Cette idée m'est très pénible
d'être obligé de lui donner la mort]

Il ***cremoit*** *qu'il* ***fust ars*** (Béroul 1355)
[Il craignait d'être brûlé].

Même après le verbe *criembre*, l'indicatif était permis si le procès redouté était raisonnablement à prévoir :

Ço meïsmes Engleis ***cremeient***
Que Normant por noit les ***querreient*** [les attaqueraient la nuit]
(*Roman de Rou* SATF III 6979).

L'ancien français différait encore du français châtié d'aujourd'hui par l'emploi du mode indicatif dans une proposition conjonctive placée en tête de phrase, suivie d'un verbe principal de sens thétique :

C'une tel plaie el vis ***avoit***
Messire Yvains, bien le ***savoit*** (*Yvain* 2901)
[que messire Yvain eût au visage
une telle cicatrice, elle le savait bien].

Dans de telles conditions, le subjonctif apparaît très rarement avant la fin du XIIIe siècle :

K'ele ***fust*** *la* ***venue****, il* ***en ert acuintiez*** (*Becket* 315)
[Qu'elle fût venue là, il en était informé].

98. Mode des subordonnées interrogatives

C'est dans les subordonnées interrogatives que le subjonctif latin exerçait le plus nettement une fonction « subjonctive » ; comparer :

Quis ***est*** ?	Qui est-ce ?
Quaero quis ***sit***.	Je demande qui c'est.

Cette fonction disparut en latin vulgaire. L'ancien français (comme le français moderne) employait en principe l'indicatif dans l'interrogation indirecte :

Demanda li cui il ***estoit*** (*Erec* 3210)
[Il lui demanda qui il était].

même si la principale était négative, interrogative ou hypothétique :

Mais jo ***ne sai*** *quels en* ***est*** *sis curages* (*Rol.* 191)
Sez tu*, Otran, de quel gent* ***sui*** *prevos ?*
(*Charroi de Nîmes* CFMA 1438)

Pourtant le subjonctif pouvait apparaître après les verbes exprimant l'indifférence (ex. d'*Aucassin* ci-avant p. 76, § 51), et après *ne pas savoir* à la 1re ou à la 3e pers. si l'on mettait en doute la réalisation même du procès regardé :

Dist l'un a l'autre « Ne sai pas
Comment isse [comment sortir] *de cest Mal Pas* » (Béroul 3785)

99. Mode des subordonnées relatives

a) Mode en rapport avec l'extension du nom

Une proposition relative peut déterminer un nom (ou pronom) de sens **défini** ou **indéfini**. Dans le premier cas, le mode indicatif s'impose dans la proposition relative, car le procès peut être actualisé :

Dunc li remenbret de sun seinor celeste,
Que plus ***ad*** *cher que tut aveir terrestre.* (*Alexis* 57)
[Il se souvient alors de son seigneur céleste,
Qui lui est plus cher que tout bien terrestre].

Dans le second cas, l'indétermination du nom (sans article, ou avec l'article indéfini, ou même l'article défini au sens générique, cf. § 5) s'accompagne souvent de l'indétermination du procès marquée par le subjonctif, mode du virtuel :

Mes la dame de bon purpens,
Ki en sei ***eit*** *valeur ne sens,*
S'ele treve hume a sa maniere,
Ne se ferat vers lui trop fiere
(Marie de France, éd. Rychner *Guigemar* 519)
[Mais une femme de bon esprit,
qui ait en elle valeur et jugement,
si elle trouve un homme à sa convenance,
ne se fera pas trop dure envers lui].

L'usage du mode en ancien français était donc sur ce point conforme à celui qu'observe encore le français moderne.

Le mode virtuel s'imposait aussi quand l'extension du nom était donnée pour nulle par l'emploi d'un mot négatif dans la proposition principale :

Nuls n'en i at kin (= ki en) ***alget*** *malendus* (*Alexis* 554)
[Il n'y en a pas un qui s'en aille malade].

Il était autorisé (mais non plus obligatoire qu'aujourd'hui) après les expressions restrictives ou superlatives soulignant le caractère exceptionnel du procès énoncé dans la relative :

Poi i avra qui ce ne ***die*** (Béroul 2900)
[Il y en aura peu qui ne disent cela].

Il le fait por le plus preudome
Qui ***soit*** *en l'empire de Rome* (*Perc.* 11)

Il était fréquent, mais libre, dans les « relatives indéfinies » de sens concessif (§ 39) où il est obligatoire de nos jours ; comparer :

Ki quels (= qui les) ***rapelt****, ja n'en returnerunt* (*Rol.* 1912)
[Qui que ce soit qui les rappelle, ils ne reviendront pas].

Ou que il ***seit****, de Deu servir ne cesset* (*Alexis* 85)

mais :

Dunet as povres u qu'il les ***pout*** *trover* (*Alexis* 94)
[Il donnait aux pauvres où qu'il pût les trouver].

Dans cette relative au passé simple (*pout*), l'indétermination rejoint l'extension totale (« partout où il pouvait les trouver »).

L'indicatif était à peu près constant jusqu'au XIIIe siècle après *quant que* (*quanque*), « tout ce que » (§ 49).

b) Mode sans rapport avec l'extension du nom

Dans les propositions relatives n'ayant pas le sens déterminatif, le choix du mode est régi par les mêmes lois qu'en proposition autonome.

L'indicatif convient quand le procès est actualisable (presque toujours réel) : c'est le cas le plus courant.

Si la relative exprime une hypothèse, une nuance irréelle est marquée soit par le subjonctif imparfait (comme après *se*, § 102) :

> *Pechiet fereit ki dunc li* ***fesist*** *plus* (*Rol.* 240)
> [Qui maintenant lui ferait pis commettrait un péché].

soit par le conditionnel :

> *Chi* ***purreit*** *faire que Rollant i fust mort,*
> *Dunc perdreit Carles le destre braz del cors* (*Rol.* 596)
> [Si l'on pouvait faire que Roland y fût tué,
> Alors Charles perdrait le bras droit de son corps].

Quant au subjonctif, il exerce sa fonction optative ou impérative (§ 96) :

> *Or alez a Dieu qui vous* ***conduie*** *!* [Allez à Dieu et qu'il vous conduise !] (*Queste* 56, 16)

> *A la porte ot mis Eneas*
> *Un chevalier qui la* ***gardast*** [pour la garder] (*Eneas* 4907)

100. Mode des subordonnées circonstancielles

Les grammairiens qui tiennent le choix du mode dans les conjonctives pures pour une servitude attachée au sémantisme du verbe principal (§ 97) estiment généralement que, dans les propositions circonstancielles, il est déterminé par le sémantisme de la conjonction : *pendant que* « régirait » l'indicatif et *pour que* le subjonctif. Le problème est le même dans les deux cas et appelle la même réponse : chaque conjonction exprime une ou plusieurs relation(s) logique(s) favorisant ou entravant l'actualisation du procès régi ; le mode devient un élément du signifiant conjonctionnel long, et sert même parfois à distinguer plusieurs sens de la même conjonction. On ne peut parler d'automatisme que dans les cas, s'il en est, où le mode requis par une conjonction n'est pas conforme aux valeurs fondamentales qu'on a pu reconnaître par ailleurs.

La création d'automatismes est inévitable, soit qu'un mode prédominant après telle conjonction finisse par exclure l'emploi légitime des autres, soit qu'une conjonction emprunte la construction propre à une autre de sens voisin. Les automatismes se développeront en français quand écrivains et grammairiens se mettront à légiférer, mais l'ancien français n'est pas exempt de tentations et de tentatives.

a) Temporelles

Dans les subordonnées temporelles, il est normal que les conjonctions signifiant « après que » ou « en même temps que » aient été suivies de l'indicatif (procès réel, actualisable) :

> *L'endemain, **si tost come il ot oï** messe, si vint la ou li rois estoit. Et **quant il fut laienz**, li rois, qui longuement* [depuis longtemps] *avoit perdu la veue* (...), *vit cler **si tost come il aprocha** de lui.* (*Queste* 262, 25)

Après une conjonction signifiant « jusqu'à ce que », les deux modes pouvaient être justifiés :

> *Ne finerai en trestut mun vivant*
> ***josqu**'il **seit** mort u tut vif recreant* (*Rol.* 2662)
> (Le Sarrasin Baligant accepte l'idée de ne pas tuer Charlemagne si celui-ci s'avoue vaincu).

> *Et dist que ja ne finera*
> ***Tresque** son pere **trouvera*** (*Thèbes* 265)
> (Oedipe ne doute pas qu'il trouvera son père).

Après une conjonction signifiant « avant que », il devrait en être de même, et l'indicatif futur ne serait pas absurde à la place du subjonctif dans ce vers du *Roman de Thèbes* :

> ***Ainz qu**'il **soit** jor, les requerrons* (3773).

Le lever du jour est un fait certain, inéluctable ; pourtant *ainz que, ainçois que*, comme plus tard *avant que*, « régissent » le subjonctif. Voilà un cas patent d'automatisme, évidemment hérité du latin où *antequam*, admettant les deux modes à l'époque classique, avait automatisé le subjonctif à l'époque impériale.

Remarques : a) *Com(e)*, au sens de « quand », était normalement — et légitimement — suivi de l'indicatif en ancien français. On sait qu'en latin, après *cum*, le subjonctif se substituait à l'indicatif dans des conditions bien définies ; or G. Moignet (thèse pp. 439, 615) a relevé en français des exemples de *com(e)* + subjonctif, tous dans des textes traduits ou inspirés de textes latins, automatisme d'emprunt qui n'a jamais gagné la langue commune.

b) G. Moignet a relevé plusieurs exemples de l'emploi du subjonctif avec la conjonction *aprés ce que*, très répandu de nos jours avec *après que* (et pourchassé par les puristes), construction analogique de celle d'*avant ce que*.

b) Causales

Dans les propositions causales, le latin usait systématiquement du subjonctif après *cum*, emploi dont le français n'a pas hérité. Après les autres conjonctions, principalement *quod* et *quia*, le choix du mode était possible, et il l'est encore en ancien français (après *que, quant, por ce que*, etc.) et en français moderne. Le procès allégué comme cause est normalement réel, et actualisé :

> *Rumput est li temples, **por ço que** il **cornat*** (*Rol.* 2102)
> [Sa tempe est rompue, parce qu'il a sonné du cor].

mais le mode virtuel convient à la cause niée (en tant que non réelle) :

> *Mes fermer ne le fist il mie*
> ***Por ce qu**'il **dotast** nules genz,*
> *Mais li chastiax an est plus genz* (*Erec* 5360)
> [il ne le fit pas fortifier dans la crainte de qui que ce fût , mais (dans l'idée que) le château en est plus beau].

c) Finales

En latin, l'obligation d'employer le subjonctif après la conjonction *ut* au sens de « pour que » était justifiée par la fonction optative de ce mode. La même raison imposait le subjonctif en ancien français, et donnait valeur finale à la conjonction *por ço que* (à laquelle l'indicatif, dans l'exemple de *Roland* cité plus haut, donnait valeur causale) :

> *Sunent mil grailles* ***por ço que*** *plus bel* ***seit*** (*Rol.* 1004)
> [Mille clairons sonnent, pour que ce soit plus beau]

d) Consécutives

En latin classique, la différence entre but et conséquence était marquée surtout par l'absence ou la présence d'adverbes ou d'adjectifs « corrélatifs » dans la proposition principale : la subordonnée de sens positif était identiquement introduite par *ut*, et le subjonctif, illogiquement étendu des finales aux consécutives, n'y exerçait plus que la fonction « subjonctive ».

L'ancien français, qui remplaçait *ut* par *que*, usait de l'indicatif dans les subordonnées présentant une conséquence comme réelle :

> *Or sui si graime que ne* ***puis*** *estra plus* (*Alexis* 110)
> [Je suis si triste que je ne puis l'être plus]

Le subjonctif reprenait ses droits dans les mêmes conditions qu'aujourd'hui, quand une nuance finale se justifiait :

> *L'empereür tant li dunez aveir*
> *N'****i ait*** *Franceis ki tot ne s'en merveilt* (*Rol.* 570)
> [Donnez à l'empereur tant de biens
> qu'il n'y ait Français qui n'en soit tout émerveillé]

ou quand la conséquence restait virtuelle après une principale négative (ou marquée de doute) :

> *Cligés a chevalier n'asanble*
> *Qu'il nel* ***face*** *a terre cheoir* (*Cligès* 4800)
> [Cligès ne combat aucun chevalier
> sans le faire tomber à terre]

e) Concessives

Le subjonctif paraît avoir regagné en français dans le domaine des concessives ce qu'il a perdu sur d'autres tableaux. En effet, le latin classique employait normalement l'indicatif après les conjonctions de concession *quanquam, etsi, tametsi*, ainsi que dans les « relatives indéfinies » mentionnées au § 99. Si le subjonctif employé après *cum* gagna les autres concessives à partir de l'époque impériale, au point d'être en ancien français le mode de la concession, il s'agit moins d'une extension anarchique ou simplificatrice que de l'exploitation d'une nuance pertinente ; le procès exprimé dans les propositions concessives, si réel soit-il, ne compte pas plus que s'il n'existait pas :

> « *Et je la vos otroi, fet Galaad, mes que je en* ***deusse*** *estre grevez* [Je vous l'accorde, dit Galaad, même si je devais en pâtir] » (*Queste* 40, 25).

f) Comparatives

Les comparatives étaient en latin à l'indicatif même après la conjonction *ut*, à moins que le procès principal, actuel, ne fût comparé à un procès imaginaire exprimé au mode de l'irréel. L'usage est le même en ancien français, où l'indicatif ne cède la place qu'aux temps de l'« irréel » après *comme se* :

*et voit venir une nef autresi fendant come se toz li venz dou monde la **chaçassent*** [et voit venir un vaisseau fendant les flots comme si tous les vents du monde le chassaient] (*Queste* 104, 28).

G. Moignet relève à la fin du XIIe siècle et au XIIIe un emploi nouveau du subjonctif en association avec *ne* dans les comparatives d'inégalité :

*mais je vos aim plus que vos ne **faciés** mi* [mais je vous aime plus que vous ne m'aimez] (*Auc.* XIV, 16)

La virtualisation du procès contribue avec l'emploi du *ne* « explétif » à l'effacer au profit du procès principal.

g) Hypothétiques

L'emploi du mode dans les hypothétiques pose principalement le problème de l'« irréel », traité dans un chapitre spécial (§§ 102-103) où est montrée l'élimination progressive en ancien français du subjonctif hérité.

Remarque : Un emploi nouveau, d'abord rare, apparaît au XIIe siècle, le subjonctif dans une proposition coordonnée à une proposition conditionnelle à l'indicatif présent introduite par *se* :

Mes je vos pri, que qu'il aveigne,
*Se ge muir et ele **reveigne**,*
Que vos l'amoiz et tenez chiere (*Erec* 2721)

L'effet virtualisant du subjonctif prend ici le relais du sémantisme hypothétique de *se*.

101. Emploi des temps du subjonctif

En ancien français comme en latin, le subjonctif présentait deux systèmes de valeurs temporelles, selon qu'il avait les fonctions définies dans les paragraphes précédents (optative, impérative, subjonctive) ou le sens « irréel » (§§ 102-103). Il ne sera question dans le présent paragraphe que du premier système.

Alors que l'indicatif actualise le procès en le donnant pour présent, futur ou passé par rapport au moment de l'énonciation, le subjonctif laisse assez implicite la position du procès virtuel par rapport au repère temporel, lequel est donné par le contexte, le plus souvent par le temps du verbe principal :

1. Repère présent ou futur

Quand Nicolette dit à Aucassin (cf. § 100 f) :

*Je vos aim plus que vos ne **faciés** mi* (XIV, 16)

le procès au subjonctif, d'ordre non conclusif (« aimer » représenté par « faire ») est vu simultané au moment du procès principal (*je vos aim*).

Quand Aucassin dit à Nicolette :

*Moi ne caut u nous **aillons*** (XXVII, 12)

le procès au subjonctif, d'ordre conclusif (*nous aillons*), est vu ultérieur au moment du procès principal (*moi ne caut*, « il ne m'importe pas »).

Le subjonctif passé exprime ordinairement l'aspect accompli à un moment simultané ou ultérieur au repère temporel :

> *Nel reconoissent usque il* ***s'en seit alé*** (*Alexis* 287)
> [Ils ne le reconnaissent pas jusqu'à ce qu'il soit parti]

Moult me tarde que nos ***aions trouvé*** *monseigneur mon cousin* (*Mort Artu* 44, 51).

Avec un repère présent, l'aspect accompli peut prendre la valeur de temps passé :

car de toz çax [ceux] *de la Table Reonde n'i a un sol qui ne* ***se soit meffez*** [qui ne se soit mal conduit] *en virginité, fors vos et Galaad* (*Queste* 80, 15).

2. Repère passé

Conformément à la règle héritée du latin, un repère passé entraîne l'imparfait ou le plus-que-parfait du verbe au subjonctif, et les rapports temporels de ces temps avec le repère sont respectivement les mêmes que ceux du présent ou du passé avec un repère présent :

Simultanéité (procès en général non conclusif) :

Qui qu'en ***eust*** *joie, Aucassins n'en fu mie liés* [Quelque joie que quiconque en éprouvât, Aucassin ne s'en réjouit pas] (*Auc.* VI, 5).

Ultériorité (procès en général conclusif) :

Et lors comanda a tout le pueple qu'il ***s'aseissent*** (*Queste* 75, 22).

Antériorité (aspect accompli ou procès antérieur) :

Biau miracle a Nostre Sires mostré por cest home que je cuidoie qu'il ***fust morz*** *en aucun pechié mortel* [Notre Seigneur a fait un beau miracle pour cet homme dont je croyais qu'il était mort en état de péché mortel] (*Queste* 122, 17)

Car li Sainz Esperiz li avoit fait savoir qu'il ne morroit ja devant qu'il ***eust vu*** *Jhesucrist* (*Queste* 86, 27).

3. Repère irréel

Dans l'exemple précédent, le conditionnel *morroit* a la valeur de futur du passé qui justifie le choix de l'imparfait (ou du plus-que-parfait) dans la proposition au subjonctif régie. Mais souvent le conditionnel a le sens d'un irréel du présent ou de l'avenir, ce qui pourrait logiquement entraîner le présent (ou le passé) du subjonctif. Or dans ce cas l'imparfait et le plus-que-parfait dominent largement :

Et vouriiés [voudriez] *vos que je vous en* ***venjasse*** ? (*Auc.* XXXII, 5)

Je voldroie molt qu'il vos ***eust trové*** (*Queste* 81, 13).

Il ne s'agit pas d'un accord formellement analogique : le subjonctif imparfait, qui était encore à cette époque une marque bien comprise de l'irréel (§ 102), exerçait là sa fonction en redondance avec le conditionnel régent.

G. Moignet a néanmoins relevé (thèse pp. 491-2) quelques emplois du présent supprimant la redondance :

> *Mes d'une chose vos vodroie proier*
> *Que ja gloton n'****aiez*** *a conseillier* (*Charroi de Nîmes* CFMA 731)
> [Mais je voudrais vous prier d'une chose :
> que vous n'ayez jamais une canaille pour conseiller].

Remarque : Dans l'ensemble, le système temporel du subjonctif français, où seul le présent remontait à son homologue du latin classique, recouvrait parfaitement le système latin et en perpétuait les valeurs. Les règles d'emploi ci-dessus définies subissaient pourtant dans la pratique bien des infractions. Quelques-unes étaient justifiées par le sens (et seront autorisées par les grammairiens classiques) :

« *mes vos n'i* ***avez aporté*** *nule chose qui* ***aparteigne*** *a feste* [mais vous n'y avez rien apporté qui convienne à une fête] » (*Queste* 128, 1).

(Le maître de maison reproche à un convive de se trouver à ses noces sans avoir vêtu l'habit de circonstance ; le passé composé *avez aporté* exprime correctement l'état présent résultant d'un procès passé négatif).

Or ne ***quidiés*** *vous qu'il* ***pensast*** *n'a bués n'a vaces n'a civres prendre* [ne croyez pas qu'il pensât à faire butin de bœufs, de vaches ou de chèvres] (*Auc.* X, 7).

(Le narrateur situe *quidiés* dans le présent réel de son énonciation, mais *pensast* à l'époque, passée, de la fiction qu'il raconte : le procès principal n'est pas, ici, le repère temporel du procès regardé).

Plus nombreuses étaient les incohérences tenant à l'instabilité des repères temporels dans la narration (alternance très libre des passés et du présent de narration, cf. § 68) :

Prist *l'olifan, que reproce n'en* ***ait*** (*Rol.* 2263)

L'eglise ***garde,*** *qu'ele ne* ***fust gastee*** (*Cour.* 2014).

Selon G. Moignet, ces abus iront en se raréfiant en ancien et moyen français.

H. IRRÉEL

102. Irréel au subjonctif

On sait qu'en latin, dans les contextes hypothétiques, un procès irréel était exprimé au subjonctif imparfait (*darem*) ou plus-que-parfait (*dedissem*) selon qu'il était situé dans le présent ou dans le passé. Pour un procès à venir, l'irréalité n'étant pas certaine, le latin employait simplement la forme (virtualisante) du subjonctif présent (*dem*), et les grammaires latines parlent alors de « potentiel ».

L'ancien français avait hérité la marque subjonctive de l'irréalité, mais sous la forme unique de l'imparfait, valant pour le passé (a), le présent (b) et l'avenir (c) :

(a) *Granz fut li colps, li dux en estonat* :
Sempres ***caïst,*** *se Deus ne li* ***aidast*** (*Rol.* 3438)
[Le coup fut rude, le duc en fut étourdi :
Il serait tombé aussitôt, si Dieu ne l'avait aidé].

Car il voit bien, s'il i ***moreust,*** *il* ***perdist*** *s'ame* [Car il voit bien (que), s'il était mort (pendant sa vie de pécheur), il aurait perdu son âme] (*Queste* 71, 23).

(b) *S'il m'****entendist,*** *savoir* ***peüst***
Ja mellor gerredon n'eüst (Béroul 4399)
[S'il m'entendait, il pourrait savoir
qu'il ne devrait jamais espérer une meilleure récompense].

(c) *Encore ainme je mix que je muire ci que tos li pules me* ***regardast*** *demain a merveilles* [Je préfère encore mourir ici que si tout le peuple demain se faisait de ma mort un spectacle] (*Auc.* XVI, 13).

Le subjonctif plus-que-parfait apparaît dès le XIe siècle dans une des deux propositions des systèmes hypothétiques, plus tard dans les deux, avec une valeur d'aspect :

Sem creïsez, ***venuz*** *i* ***fust*** *mi sire* (*Rol.* 1728)
[Si vous m'aviez cru, mon seigneur serait là]

*S'uns autres hom l'****eüst*** *el dos* ***vestu,***
Nes (= *ne se*) *remuast por tot l'or qui onc fu* (*Cour.* 638)
[Si un autre homme l'avait mis sur son dos,
Il n'aurait pu se mouvoir pour tout l'or du monde].

Peu à peu, et surtout au XIIIe siècle, le plus-que-parfait prendra en français la fonction de temps antérieur qu'exerçait en latin le plus-que-parfait synthétique auquel remonte notre imparfait :

et se l'espee ne li ***fust tornee*** *en la main,* ***ocis l'eust*** *sanz faille* (*Queste* 56, 10).

Remarques : a) L'imparfait peut remplacer le présent du subjonctif quand l'idée d'une condition irréelle est exprimée ou suggérée par le contexte :

*Et puis que vos ariiés jut en lit a home, s'el mien non, or ne quidiés mie que j'****atendisse*** *tant que je trovasse coutel dont je me peusce ferir el cuer* [Et du jour où vous auriez couché dans le lit d'un homme, autre que le mien, ne croyez pas que j'attendrais de trouver un couteau dont je pusse me frapper au cœur] (*Auc.* XIV, 6).

De ses jornees ne sai que vos ***contasse*** (*Cour.* 271)
[De ses étapes je ne sais ce que je pourrais vous raconter].

Cet emploi, appelé aujourd'hui « conditionnel du subjonctif », se maintiendra en français courant jusqu'au XVIIe siècle (Molière), et jusqu'à nos jours en français littéraire.

b) Le subjonctif plus-que-parfait irréel se combine à la subordination inverse dans l'emploi appelé « d'imminence contrecarrée » (Albert Henry), rencontré jusqu'au XVe siècle (*aller* + infinitif n'exprimait pas encore l'ultérieur imminent, cf. § 62, 2 b) :

Ja li ***trenchast*** *le chief desus le bu*
Quant Dex i fist miracles et vertu (*Cour.* 1239)
[Il allait lui séparer la tête du tronc
Quand Dieu fit un miracle et un bienfait].

103. Irréel à l'indicatif

Au XIIe siècle apparaissent les premiers exemples sûrs du système hypothétique moderne, où le conditionnel dans l'apodose répondait à l'imparfait de l'indicatif dans une protase introduite par *se* ; le procès irréel était présent ou futur :

*Certes, se j'****estoie*** *ausi rices hom que vos estes, tos li mons ne me* ***feroit*** *mie plorer* [si j'étais aussi riche que vous, le monde entier ne me ferait pas pleurer] (*Auc.* XXIV, 32).

Se tu ***voloies*** *Mahomet aorer* <...>
Ge te ***dorroie*** *avoir et richetez* (*Cour.* 811)
[Si tu voulais adorer Mahomet,
je te donnerais du bien et des richesses].

L'origine probable du tour a été montrée au § 78. La phrase précédente du *Couronnement* apparaît comme la transposition à partir d'un repère passé du système indicatif banal (v. § 149) « Si tu *veux* adorer M., je te *donnerai* bien et richesse ». Le conditionnel, récente création du latin vulgaire (§ 58), offrait comme l'imparfait du subjonctif latin la commodité d'exprimer un procès dans une temporalité indéfinie (passé-présent-futur) sans garantie de réalisation.

L'irréel dans le passé était exprimé après *se* par le plus-que-parfait de l'indicatif comme aujourd'hui :

> *il s'en tiennent a plus boneuré que s'il* ***avoient*** *tout le monde* ***gaangnié*** [ils s'en tiennent pour plus heureux que s'ils avaient gagné le monde entier] (*Queste* 77, 1).

Mais là où le français moderne emploie le conditionnel passé, l'ancien français continuait à user du subjonctif imparfait ou plus-que-parfait :

> *et au jor nomé* ***poïssiez*** *veoir en la praerie de Kamaalot tieus vint mille homes* [et au jour dit vous auriez pu voir dans le pré de Kamaalot vingt mille hommes] (*Mort Artu* 66, 3)
>
> *et certes ge qui sui rois <...> en nule maniere n'****eüsse soufert*** [je n'aurais permis] *que vos fussiez morte por le meilleur chastel que j'aie* (*Mort Artu* 71, 30).

Selon R.-L. Wagner, jusqu'au milieu du XIVe siècle, le conditionnel passé n'apparaît qu'avec une valeur d'aspect accompli : c'est le cas de *ariiés jut* dans le passage d'*Aucassin* cité § 102 Ra.

Remarque : L'imparfait de l'indicatif irréel était souvent repris par le subjonctif imparfait dans une seconde protase coordonnée (emploi parallèle à celui du subjonctif présent mentionné au § 100 g) :

> *Mais, s'il* ***voloit*** *de lui saisine*
> *Et* ***pardonast*** *son mautalent,*
> *Vos ferïez por lui itant* (Béroul 2362)
> [Mais s'il voulait qu'elle rentre en sa possession
> et oubliait son ressentiment,
> vous agiriez de même avec lui].

I. INFINITIF ET GÉRONDIF

104. Formes de l'infinitif

Il est montré au § 59 comment les infinitifs latins accentués sur la terminaison ont donné en français des infinitifs

— en *-er* (du lat. *-āre*)

— en *-ir* (du lat. *-īre*)

— en *-oir* (du lat. *-ēre*).

Le premier type présente une variante *-ier* pour les verbes à radical terminé par une palatale comme *jugier* (de *judic-are*) ; la forme majoritaire *-er* a remplacé *-ier* à partir du XIIIe siècle (analogie favorisée par le phonétisme de certains verbes, cf. SPH p. 17) dans les mêmes conditions que *-iez* a cédé devant *-ez* (§ 63).

Quelques infinitifs français en *-ir* viennent d'infinitifs latins en *-ēre* dont le radical se terminait par un [k] (SPH pp. 17, 34) : *gesir* (par dissimilation de [dželdzir] du lat. *jacere*), *loisir* (lat. *lĭcere*), *luisir* (*lūcere*), *moisir* (*mŭcere*), *nuisir* (*nŏcere* avec généralisation du radical fort), *plaisir* (*placere*), *taisir* (*tacere*).

Plusieurs de ces infinitifs ont été remplacés en français dès le XIIe siècle par des formes en *-re* : *gire, luire, nuire, plaire, taire*, remontant à des infinitifs vulgaires en *-ĕre* ou refaites à partir de l'indicatif présent (3e pers. *gist, luist, nuist, plaist, taist*) et imparfait (*gisoie*, etc.) sur les modèles *dit/disoie/dire* et *fait/faisoie/faire* ; deux des formes primitives, *plaisir* et *loisir*, n'ont survécu qu'en fonction de noms.

Le § 59 présente d'autres exemples des nombreux passages d'un type de conjugaison à l'autre entraînés par des ressemblances formelles hors de l'infinitif. Ajoutons-y le cas des infinitifs *confire, despire, sofire*, remplaçant les formes attendues **confeire, *despeire, *sofeire* (lat. *confĭcĕre, despĭcĕre, suffĭcĕre*) sur le modèle *dire/dit* à partir des participes passés *confit, despit, sofit* (de *confĕctu, despĕctu, suffĕctu*).

Les accidents touchant le radical sont également nombreux. Les infinitifs remontant aux infinitifs latins en *-ĕre* ont en principe le radical tonique des formes fortes : *croire* (de *crēdĕre*) comme *croiz* (de *crēdis*). Mais certaines conditions phonétiques font apparaître à l'infinitif et aux temps qui en dérivent (futur, conditionnel) une consonne absente ailleurs, résultant

— soit d'une épenthèse (SPH p. 26) : *cosdre* (lat. **cosĕre*, cl. *consuĕre*), *criembre* (**crĕmĕre*, contamination de *trĕmĕre*, « trembler » et d'un verbe gaulois de sens voisin), *estre* (**essĕre*), *giembre* (*gĕmĕre*), *moudre* (*molĕre*), *pondre* (*ponĕre*), *semondre* (*submonĕre*), *soudre* (*solvĕre*, SPH p. 27), *tistre* (*tĕxĕre*), *toudre* (*tollĕre*), *voudre* (*volvere*) ;

— soit de l'altération en *d* ou *t* d'un *g* ou d'un *k* palatalisés (SPH p. 27) : *aerdre* (lat. **aderĭgĕre*), *ateindre* (**attangĕre*, cl. *attingĕre*), *beneïstre* (**benedīscĕre*), *ceindre* (*cĭngĕre*), *conoistre* (**conoscĕre*, cl. *cognoscĕre*), *croistre* (*crescĕre*), *cueudre* (**colgĕre*, cl. *collĭgĕre*), *espandre* (*spangĕre*), *espardre* (*spargĕre*), *esteindre* (*exstĭnguĕre*), *estreindre* (*strĭngĕre*), *feindre* (*fĭngĕre*), *fraindre* (*frangĕre*), *iraistre* (*irascĕre*), *joindre* (*jungĕre*), *naistre* (*nascĕre*), *oindre* (*ŭngĕre*), *paistre* (*pascĕre*), *parestre* (*parescĕre*), *peindre* (*pingĕre*), *poindre* (*pŭngĕre*), *sordre* (*sŭrgĕre*), *teindre* (*tĭngĕre*), *terdre* (*tergĕre*), *tortre* (**torcĕre*, cl. *torquĕre*), *veintre* (*vĭncĕre*).

A différentes époques du latin ou du français, des réfections ont pu étendre à l'infinitif le radical sans consonne ; ainsi sont nées les formes d'infinitif normalisées *gemir* (XIIe), *semonoir*, *tissir* et *tisser*, *tolir*, *beneïr*, *coillir*.

Un cas très différent est présenté par les infinitifs anciens *boivre* et *escrivre* dont le *v* remonte à *b* (*bĭbere, scrībere*) et se retrouve dans les formes où il est suivi de voyelle (*bevons, escrivons*), mais disparaît dans *boit, escrit*, formes toniques à partir desquelles sont refaits *boire, escrire* sur les modèles *croit/croire* et *dit/dire*. Les verbes en *-çoivre* (*déçoivre, perçoivre*) où le *v* remonte à *p* (*decĭpĕre, percĭpĕre*), ont été refaits en *-cevoir* à partir des formes comme *decevons, decevoie*, sur le modèle de *devons/devoie/devoir*.

Parmi les verbes à alternance vocalique radicale, un certain nombre ont, au cours des siècles, généralisé le radical fort, pour des raisons énumérées à la fin du § 65.

Le **système temporel** de l'infinitif français se réduisait à la forme appelée « **présent** », qui cumulait les valeurs temporelles du présent et de l'imparfait du subjonctif, et à son temps composé appelé « **passé** », qui cumulait les valeurs temporelles du passé et du plus-que-parfait du subjonctif :

> *Certes ne a vos ne a dame qui soit ou monde ne cuit je riens* ***avoir meffet*** [Assurément ni envers vous ni envers aucune dame qui soit au monde je ne pense m'être mal conduit] (*Queste*, 97, 21).

105. Fonctions nominales de l'infinitif

En latin comme en français moderne, l'infinitif assumait dans la phrase plusieurs fonctions de terme régi où il pouvait être remplacé par un nom : on dit en ce sens qu'il est le **mode substantif** du verbe. Ce caractère était partagé en latin par le gérondif et le supin auxquels il abandonnait certaines fonctions nominales ; l'évolution du latin au français moderne sera marquée par une annexion progressive de ces fonctions.

Le statut de mode substantif a eu en ancien français une marque ignorée du latin classique et du français moderne : l'infinitif pouvait recevoir l'*-s* du cas sujet, et être précédé des substantiveurs du nom tels que l'article et l'adjectif possessif ou démonstratif :

> *Dreit a Lalice revint* ***li sons*** (= *suens*) ***edrers*** (*Alexis* 190)
> [Son voyage le ramena droit à Laodicée]
>
> *Ja* ***li corners*** *ne nos avreit mester* (*Rol.* 1742)
> [Sonner du cor ne nous servirait plus à rien]
>
> *En* ***l'esgarder*** [à la vue] *de la pucele*
> *Li saut au cuer une estincele* (*Amadas et Ydoine* 243).

Cet usage, encore très courant chez Chrétien de Troyes, déclina au XIIIe siècle, laissant un grand nombre d'infinitifs nominalisés comme *avoir, baiser, déjeuner, devoir, rire, savoir,* parfois disparus aujourd'hui en tant que verbes (*loisir, manoir, plaisir*).

En latin classique, l'emploi d'une préposition était exclu devant l'infinitif, dont les fonctions (sujet, attribut, apposition, complément d'objet) étaient de celles que pouvait remplir un nom neutre au cas indifférencié nominatif-accusatif. Les autres valeurs casuelles et l'emploi avec préposition étaient réservés au **gérondif** et au **supin**.

Le supin en *-um* exprimait le but avec les verbes de mouvement : *Venio lusum* (« Je viens jouer ») ; il fut supplanté en latin vulgaire par l'infinitif (*Venerat aurum petere*, Plaute) qui conserva cette fonction en français :

> *Alez* ***sedeir*** *desur cel palie blanc* (*Rol.* 272)
> [Allez vous asseoir sur ce tapis blanc].

Quant au gérondif, ses emplois furent concurrencés à partir du jour où l'infinitif put recevoir les constructions prépositionnelles du nom. L'infinitif apparaît en effet dès le bas latin précédé de *de, ad, contra, juxta.* En ancien français, il est banal de le rencontrer comme complément de nom ou complément circonstanciel après les prépositions *a, aprés, de, en, par, por, sanz, sur, avant* (*que*) (*de*), *pres de* :

> *Nostre Franceis n'unt talent* ***de fuïr*** (*Rol.* 1255)
> [Nos Français n'ont pas le désir de fuir]

Ses baruns mandet ***pur*** *sun cunseill* ***finer*** (*Rol.* 166)
[Il appelle ses barons pour tenir son conseil]

Si s'antrevienent ***sanz jengler*** (*Perc.* 2207)
[Ils courent l'un contre l'autre sans bavarder].

La construction prépositionnelle gagna même en français les fonctions « directes » dévolues à l'infinitif en latin classique :

1. En position de sujet ou d'attribut, à côté de la construction directe :

Gesirs *est aniieuse chose* [une chose insupportable]
Quant l'en ne dort ne ne repose (*Rose* 2481)

on rencontre souvent la construction avec *de* :

Que ***d'****ome* ***ocire*** *est trop mortex pechié* (*Cour.* 127)
[Que tuer un homme est un péché très mortel].

Avec beaucoup de vraisemblance, le Suédois Kjellmann a rattaché cette construction à un emploi du génitif du gérondif en fonction d'apposition (*peccatum occidendi hominem* : le péché de tuer un homme) ; il n'y a même pas ellipse du support lorsque l'infinitif peut être rapporté à un pronom neutre du texte comme dans le tour fréquent :

Ceo *est lur dreit* ***de mesparler*** [de médire] (Marie de France, éd. Rychner, *Guigemar* 18)

2. En position de complément d'objet, à côté de la construction directe :

Pour sa fille Bertain qu'el desire ***veoir*** (*Berte aus grans piés* LXV, éd. Paulin Paris)

on trouve souvent la construction avec *a* :

Pur quem vedeies desirrer ***a murir***
Ço'st grant merveille que pietét ne t'en prist (*Alexis* 439)
[Puisque tu me voyais désirer mourir
C'est incroyable que tu n'aies pas eu pitié].

Selon toute probabilité, *ad morire* a remplacé en bas latin *ad moriendum* dont la valeur finale convenait à l'objet d'un verbe de désir.

L'emploi de la préposition est déterminé dans de tels contextes par des facteurs d'économie de la phrase qui n'ont rien à voir avec le sens. Une tendance à employer la préposition devant tout infinitif éloigné de son régent explique, autant que les besoins du mètre, l'usage contradictoire pratiqué dans un même vers de la *Prise d'Orange* :

Mielz voil ***morir*** *et* ***a perdre*** *la vie* (353).

La vacuité sémantique de cette préposition apparaît dans l'extrait suivant de la *Prise de Constantinople* où un messager énumère les engagements pris par le fils de l'empereur Isaac II en échange de l'aide des Croisés :

Tot el premier chief, ***metre*** *tot l'empire de Romanie a l'obedience de Rome* <...> *; après,* ***a doner*** *.CC. mille mars d'argent* <...> *et* ***mener*** *.X. mil homes en ses vaissiaus et a sa despense* ***tenir*** *par un an ; et en la terre d'oltremer* ***a tenir*** *.V.C. chevaliers a sa despense tote sa vie...* (§ 188)

La préposition *de* tendra à remplacer *a* dans ce rôle de cheville syntaxique en moyen français.

Ces prépositions *a* et *de* sémantiquement vides, dont le développement coïncide avec la disparition de l'article devant l'infinitif, ont été parfois appelées « articles de l'infinitif » ; on les compare plus proprement au *to* de l'anglais et au *zu* de l'allemand.

Remarque : En français moderne, certains usages lient l'agent du procès qu'exprime l'infinitif régi à celui du procès qu'exprime le verbe régent (CFC § 196). Les contraintes étaient moins strictes en ancien français :

N'en puez partir ***sanz*** *les membres* ***tranchier*** (*Cour.* 1523)
[Tu ne peux en partir sans qu'on te tranche les membres].

106. Forme et fonctions du gérondif

Le gérondif latin avait un paradigme (*-andum, -andi, -ando,* formes de la 1re conjugaison généralisées en gallo-roman) dont les terminaisons se sont phonétiquement confondues, à la chute des voyelles finales, sous une forme *-ant* invariable en cas comme en genre et en nombre, ajoutée au radical faible (sauf réfection analogique) : *amant* (infinitif *amer*), *pesant* (inf. *peser*).

Il avait en latin le statut de forme fléchie de l'infinitif, et s'employait surtout de deux façons :

1. **à l'ablatif sans préposition** pour exprimer un procès en rapport de moyen, de manière ou, en latin vulgaire, de concomitance avec le procès du verbe régent :

Mens ***discendo*** *alitur.* *Mortuus est* ***dormiendo.***

2. **à l'ablatif ou à l'accusatif** (cas confondus en bas latin) **précédés d'une préposition** comme *ab, ad, de, ex, in, pro* exprimant des circonstances variées ; la plus fréquente était *in* (105 fois chez Cicéron pour une fois *ab* et deux fois *de*) :

Multum ***in cogitando*** *dolorem indipiscor* (Plaute *Trin.* 224)
[J'éprouve beaucoup de peine en remuant ces pensées]

En bas latin, *de* suivi du cas régime remplaça le génitif du gérondif comme celui du nom.

Ces constructions ont été maintenues en ancien français. La première apparaît certainement dans des contextes comme :

Le cheval brochet, si vient ***poignant*** *vers lui* (*Rol.* 2055)
[Il pique son cheval, il vient en éperonnant vers lui].

Elle figure selon toute probabilité dans la périphrase aspectuelle *aler* + *-ant* (§ 62, 2) où l'invariabilité est de règle (en effet, la variabilité en cas et en nombre distinguait en principe le participe présent du gérondif, cf. § 109).

La 2e construction est très représentée en ancien français :

Qu'il m'aideroient ***desc'as*** *membres* ***perdant*** (*Huon de Bordeaux* 35)
[qu'ils m'aideraient jusqu'à la perte de leurs membres].

Mais dit out ***a son moriant*** (*Rou*, SATF III 5052)
[Mais il avait dit à l'heure de sa mort]

Dist a sun uncle belement [tout bas] ***en riant*** (*Rol.* 862)

Servi vos ai ***par*** *mes armes* ***portant*** (*Raoul de Cambrai* SATF 682)

Mais il le fait ***por*** *vie* ***racatant*** (*Ogier le Danois*, 54, 76)
[Mais il le fait pour racheter sa vie]

Passer le feroi mer ***sans*** *nul terme* ***prenant*** (*Gaufrey* 7517).

Comme l'infinitif, le gérondif reçut les substantiveurs du nom : *a l'entrant de mai, en mon dormant, en ce chancelant.* Dans ce vers de *Roland* :

Desfi les en, sire, ***vostre veiant*** (326)
[Je les défie, sire, sous votre regard]

l'adjectif possessif indique l'agent du procès actif exprimé au gérondif sans préposition.

Infinitif et gérondif se concurrençaient après certaines prépositions :

> *Mais vous m'en avés fet confort* [consolé] *et* ***en parler*** *et* ***en chantant*** (*Roman de la Violette* SATF 2413).

Cette concurrence se poursuivra au détriment du gérondif qui n'admettra plus, après 1300, que les prépositions *en, par, pour,* et après 1600, *en* (favorisé sans doute, comme *in* en latin, par la congruence de son sémantisme avec la valeur aspectuelle sécante héréditaire du gérondif).

Le français moderne conserve des vestiges des anciennes constructions du gérondif : *de mon* (*ton*, etc.) *vivant, sur mon* (*ton*, etc.) *séant, à mon* (*ton*, etc.) *escient, à mon* (*ton*, etc.) *corps défendant.*

107. Fonctions verbales de l'infinitif

L'infinitif a la fonction de verbe quand il n'est pas régi par un autre mot dans la proposition. On peut classer sous ce chef :

1. Ses emplois comme base d'une proposition indépendante :

INFINITIF EXCLAMATIF :

> *et por ce cuidoie ge bien qu'il en moreust —* ***Morir*** ! *fet la damoiselle, Dex l'en gart* ! (*Mort Artu* 38, 21)
>
> Emploi spontané dont il n'est pas nécessaire d'invoquer les modèles latins.

INFINITIF EXHORTATIF :

> ***Or du*** *voir* ***dire*** ! (*Le Mariage Rutebeuf* 61)
> [Disons la vérité !]
>
> Dans ce tour, très usuel, *or* marque la volonté (cf. § 90, 2) ; *de* et l'article (ici ambigu) ne peuvent manquer (*Or del cerchier* ! « Cherche ! »)

INFINITIF DE DÉFENSE :

> *Amis,* ***nel dire*** *ja* ! [Ami, ne dis plus cela !] (*Rol.* 1113)
>
> Ce tour existait en bas latin.

INFINITIF DELIBÉRATIF :

> *Dame que* ***dire*** ? *que* **teisir** ? (*Cligès* 4264)
>
> Cet emploi se rencontre dans l'interrogation indirecte.

2. Ses emplois avec un sujet propre :

De la « proposition infinitive » si répandue en latin classique (« accusativus cum infinitivo »), mais largement remplacée en bas latin par la complétive introduite par *quod* (ou *quia*), il ne reste en ancien français que deux emplois :

— **L'infinitive sujet** des verbes *(il) covient* et *(il) estuet* :

Tout venir, tout aler covient (Rutebeuf, *Griesche d'hiver* 50)
[Il faut que tout aille et vienne]

Lors estuet joines [jeunes] *genz entendre* [être poussés]
a estre gais et amoreus (*Rose* 78)

Mais la construction dativale de l'agent est de beaucoup la plus fréquente :

Il lor estuet chanter par force (*Rose* 73)
[il faut qu'ils chantent irrésistiblement]

et dedens trois jors li covient cacier [et dans les trois jours il faut qu'il se mette en chasse]. (*Auc.* XVIII, 33)

— **L'infinitive régime** des verbes *faire, laissier, veoir, oïr* et quelques autres verbes de perception :

Voldrent la faire diavle servir (*Eul.* 4)
[Ils voulurent lui faire servir le diable].

Li vachiers tremble de paor
Quant ot parler l'empereor (*Guillaume de Palerne* 485)

Mais dès l'origine se rencontre, en concurrence avec le tour *Je la voi plorer*, un tour *Je li voi plorer* dont l'existence remonte aussi au latin vulgaire, et qui conduira aux constructions françaises comme *Je lui vois verser des larmes.*

L'**infinitif de narration**, toujours précédé d'un sujet et d'une préposition (§ 130), sera exceptionnel jusqu'au milieu du XVe siècle.

Remarque : L'ancien français usait souvent de la proposition infinitive après une préposition, tour aujourd'hui régional (Nord et Est) :

Lors, por ***revenir sa color*** [pour que revînt sa couleur]
Le comancierent a baignier (*Erec* 5180)

Li terme aprime
De ***soi alegier la roïne*** (Béroul 3564)
[Le moment approche où la reine doit se justifier].

J. PARTICIPES

108. Formes du participe présent

Le participe présent latin se déclinait comme les adjectifs du type *grandis*, sans distinction de genre. Trois terminaisons se rencontraient selon le groupe de conjugaison, soit, à l'accusatif singulier :

-antem (verbes en *-o* / *-are*)

-entem (verbes en *-eo* / *-ēre* et en *-o* / *-ĕre*)

-ientem (verbes en *-io* / *-ĕre* et en *-io* / *-ire*).

Très tôt, le yod a disparu devant la voyelle accentuée comme à l'imparfait (§ 69) :

dormiente > **dormente*
veniente > **venente* (début du IIe s., SPH p. 36)
faciente > **facente* > **faidzente* (Ve s., SPH p. 34)

Plus tard, en gallo-roman, le timbre [a] du premier groupe a été généralisé : **dormante, *venante, *faidzante,* d'où en français *dormant, venant, faisant.*

Il en résulte en ancien français une déclinaison unique pour tous les participes présents conforme au modèle de *granz* (§ 15) :

	MASCULIN		FÉMININ	
	Singulier	Pluriel	Singulier	Pluriel
CS CR	*dormanz* *dormant*	*dormant* *dormanz*	*dormanz* (ou *-t*) *dormant*	*dormanz*

Comme pour *granz*, des formes refaites sur le type *bonus* se rencontrent sporadiquement au féminin : *dormante(s).*

Remarques : a) Le CS sing. *dormanz* remonte évidemment à **dormantis* (pour cl. *dormiens*) comme *piez* à **pedis*, et le CS pluriel *dormant* à **dormanti* (p. cl. *dormientes*) comme *piet* à **pedi* (§ 7).

b) L'évolution des radicaux s'est faite au participe présent comme à l'imparfait, où les mêmes conditions d'accentuation étaient réalisées (§ 69 R b). Toutefois le participe *ayant*, refait sur les radicaux de **ayyo* (§ 66 f), **ayya* (§ 93), a remplacé *avant* (de **habantem*) très rarement attesté. D'autres participes ont été refaits sur le subjonctif présent, de là des doublets comme : *creant/croiant, povant/puissant, savant/sachant, seant/seiant, valant/vaillant, venant/veignant, voulant/vueillant.*

c) Le participe *estant* du verbe *estre* remonte vraisemblablement à *stantem* comme l'impératif *estoie* à *stabam* (§ 70) et le participe passé *esté* à *statum* (§ 110).

d) Le nom *sergent* remonte à *servientem*, où le yod s'est maintenu à la faveur d'un emploi substantivé très ancien ; employé comme participe, *servientem* a donné *servant.*

e) Le dialecte lorrain conservait au Moyen Age l'opposition vocalique du latin : *aidant* (lat. *adjutantem*)/*pendent* (lat. *pendentem*). Ailleurs, *-ent* pour *-ant* n'est qu'une variante graphique, parfois imitée du latin comme l'adjectif *ardent* (XIIe s.) d'après *ardentem*, à côté de *ardant* participe de *ardre.*

109. Emplois du participe présent

En latin classique, le participe présent était associé **comme un adjectif** à un nom, avec lequel il s'accordait en nombre et en cas, ne distinguant pas le féminin du masculin ; il exprimait un procès vu dans son cours (comme l'imparfait), où le nom support jouait le même rôle que le sujet d'un verbe actif (comparer *puer dormiens* et *puer dormit*).

Avec un nom à l'ablatif, il pouvait constituer une **proposition participiale** globalement complément de verbe : *Tarquinio regnante,* « sous le règne de Tarquin ».

Quoique le latin vulgaire ait tendu à confondre le participe présent avec le gérondif dans sa forme comme dans ses emplois, la distinction perpétuée dans l'usage savant s'est retrouvée en ancien français, où l'on reconnaît les deux fonctions du participe présent :

1. Fonction adjectivale

se Lancelos fust rois ***tenanz*** *terre* [si Lancelot était un roi possédant un pays] (*Mort Artu* 104, 28)

Sor une grant coute vermoille
Troverent la dame ***seant*** (*Yvain* 1950)
[Sur un grand couvre-lit vermeil
ils trouvèrent la dame assise]

Clers fut li jurz et li soleilz ***luisanz*** (*Rol.* 3345).

Vestige ou répétition de la confusion ancienne avec le gérondif, l'invariabilité n'est pas rare ; on lit dans des laisses assonant en *-ant* :

Clers est li jurz e li soleilz ***luisant*** (*Rol.* 2646)

Noz espees sunt bones e ***trenchant*** (*Rol.* 949).

Dans certains contextes, la forme en *-ant(s)* avait le sens d'un adjectif qualificatif comme *luisant(s)* et *trenchant* dans les derniers exemples cités ; ailleurs le participe régissait des compléments à la façon d'un verbe comme dans le premier exemple (*Mort Artu*) ou dans ce vers de *Roland* :

Karles l'entent, ki est as porz ***passant*** (1766).
[Charles l'entend, qui est en train de passer les cols].

Cette différence de sens, aujourd'hui signalée par la variabilité de l'adjectif verbal et l'invariabilité du participe, n'avait pas de marque en ancien français, l'accord étant capricieux dans les deux cas. Seul, un accord en genre distinguait (facultativement) l'adjectif du participe ; à huit vers de distance, l'auteur du *Couronnement de Louis* donne sa chanson pour *avenant* (v. 4), puis *avenante* (v. 12) selon la commodité de l'assonance.

2. Fonction verbale

La proposition participiale a vu restreindre son domaine du latin au français bien plus encore que la proposition infinitive (§ 107) ; on la rencontre dans des locutions stéréotypées où le verbe n'est pas loin du statut de préposition :

oiant *mes chevaliers* (*Cour.* 1843)

veant *cent mil humes* (*Rol.* 2997)

Antrant *aost de Rome murent* (Wace, *Brut* 11124)
[Au début d'août ils quittèrent Rome].

L'usage de cette construction n'était plus libre ; elle renaîtra seulement en moyen français à l'imitation des textes latins.

Remarque : Dans l'immense majorité des cas, le participe présent offre le sens actif qui fait du nom support un sujet agent. On observe pourtant çà et là des participes à valeur adjective de sens « passif » comme *(un vin) bevant* pour « bon à boire », *(un lion) dotant* pour « redoutable ».

On a expliqué ces anomalies par la convergence phonétique de *bibentem* et *bidendum*, de *dubitantem* et *dubitandum* ; il est plus juste de penser que la disparition de l'adjectif latin en *-ndus* a favorisé un glissement de quelques participes présents au sens passif.

110. Formes du participe passé

Le participe passé latin se déclinait comme les adjectifs du type *bonus* : ex. *tentus, -a, -um*, participe de *teneo*. La marque unique en était le suffixe **to* ajouté au radical verbal (**ten + to + s> tentus*). Si le radical se terminait par une consonne, celle-ci était exposée à l'influence du *t* du suffixe : une sonore s'assourdissait (**leg + to + s> lectus*), et le groupe *t* (ou *d*) + *t* se spirantisait (**mit + to + s> missus, *sed + to + s>sessus*).

a) Participes faibles

Le latin possédait 4 types de participes faibles où le suffixe **to* était précédé d'une voyelle longue dite « thématique » portant l'accent (*ā, ē, ī, ū*) ajoutée à la racine verbale pure ; ils correspondaient en principe à des parfaits faibles où se retrouvait la voyelle thématique :

amātus parf. *amāvi*
implētus parf. *implēvi*
audītus parf. *audīvi*
statūtus parf. *statui* (de **statūvi*).

La terminaison *-ētus* a disparu tôt en latin en même temps que le parfait en *-ēvi* représenté seulement par *delevi, flevi* et les dérivés en *-*plēvi* (*complevi, implevi, replevi, supplevi*) ; *implēre* est devenu **implīre* (a. fr. *emplir*).

Les trois autres types ont donné les participes français en *-é*, en *-i* et en *-u* :

Participes faibles en *-é*

La terminaison latine *-ātu / -āta* a donné en a. fr. *-é / -ee* (ex. *amé / amee*) écrits *-et / ede* dans les premiers textes (*amet / amede*), ou, après une consonne palatale, *-ie(t) / -ie(d)e* (ex. *couchié*, lat. *collocatu*) remplacés par *-é / -ee* dans les mêmes conditions que *-iez* par *-ez* à l'indicatif (§ 63). Aux cas en *-s* du masculin, le groupe *-ts* final s'est maintenu : *amez* (prononcé [amẹs] à la fin du XIIe s.).

En picard, wallon, lorrain, champenois et bourguignon, la terminaison des féminins en *-iee* s'est réduite à *-ie* : *couchie*.

Le participe en *-é* est celui de tous les verbes du 1er groupe (originels comme *chanter* ou secondaires comme *secouer* remplaçant *secorre*, cf. § 59) ; c'est aussi celui de *naistre, estre* dont les participes *né, esté* remontent à des participes forts latins *natum, statum* (où l'*a* était radical, et non thématique).

Participes faibles en *-i*

La terminaison latine *-ītu / -īta* a donné en a. fr. *-i(t) / i(d)e* (ex. *auditu> oï*) ; cas en *-s* du masculin : *-iz* (ex. *oïz*).

C'est le participe des verbes en *-ir* remontant à *-ire*, et des verbes comme *emplir, florir, vertir* intégrés en bas latin au type en *-ire* (§ 59).

En français même, les participes anciens *ris* (de *rīsu*), *suffit* (de *suffĕctu*), *luit, nuit* (créés sur *cuit* d'après *luire, nuire/cuire*) sont devenus *ri, suffi, lui, nui* par perte de la consonne finale dont aucune forme féminine ne rappelait l'existence ; *coilleit* (v. plus loin) a été refait en *coilli* quand *cueudre* est devenu *coillir* (§ 104) ; le modèle des passés en *-i* a momentanément changé *offert* en *offri, né* en *naqui, vescu* en *vesqui* (cf. § 82) et définitivement *beneït* en *beni* dans l'emploi de participe.

Participes faibles en *-u*

La terminaison latine *-ūtu*/*-ūta* a donné en a. fr. *-u(t)*/*-u(d)e* (ex. *consutu*>*cosu*) ; cas en *-s* du masculin : *-uz* (*cosuz*).

Cette terminaison n'existait en latin que dans les quelques verbes en *-uo* (*consuo, diluo, minuo, statuo, tribuo*) qui avaient le parfait en *-ui*, et dans *locutu, secutu* (a. fr. *seü*), *solutu* (a. fr. *ab-solu, Rol.*). Elle s'est étendue considérablement, à partir des participes forts en *-ĭtu* où l'accent, portant sur le radical, donnait des vocalismes trop variés.

Sur le modèle *consui*/*consūtu*, un verbe comme *habeo*, parf. *habui*, changea (tôt en latin) son participe *habĭtu* en **habūtu*, d'où le français *eü*. Cette transformation, qui donnait un participe mieux caractérisé, frappa tous les verbes ayant le parfait en *-ui* et le participe en *-ĭtu* : les participes *calĭtu, debĭtu, dolĭtu, jacĭtu, licĭtu, molĭtu, nocĭtu, placĭtu, parĭtu, sapĭtu, solĭtu, submonĭtu, tacĭtu, *tollĭtu, valĭtu* cédèrent la place à **calūtu* etc. d'où en a. fr. *chalu, deü, dolu, jeü, leü, molu, neü, pleü, paru, seü* (de *savoir*), *solu* (de *soloir*), *semonu, teü, tolu, valu*. Les deux étapes ont pu laisser leur trace : l'ancien participe français *cremu* suppose **cremūtu* substitué à **cremĭtu* qui a donné *crient* (v. plus loin, b).

A l'époque où s'effacèrent les consonnes finales non appuyées, les participes forts *conclus, exclus* (lat. *conclūsu, exclūsu*) ont été rangés dans le type faible (*conclu, exclu*) à partir de leurs passés en *-u* sur le modèle des verbes comme *parui*/*paru*.

L'analogie a pu jouer à d'autres niveaux :

— L'existence d'un participe en *-ĭtu* a pu entraîner la réfection en *-ui* d'un parfait différent, d'où la réfection en *-ūtu* du participe : *bibĭtu* a provoqué **bibui* pour *bibi*, d'où **bibūtu*, a. fr. *beü*.

Les verbes comme *credere, perdere, reddere, vendere* dont le parfait à redoublement a subi l'évolution exposée au § 62 ont changé en *-dui* leur parfait en *-dedi*, et en *-ūtu* leur participe en *-ĭtu* : **credutu, *perdutu, *rendutu, *vendutu*, a. fr. *creü, perdu, rendu, vendu* ; les nombreux verbes qui ont modelé leur parfait sur le type **vendedi* ont donc reçu un participe en *-utu*, d'où en a. fr. *battu, cheü* (ou *chaü*), *descendu, espandu, fendu, fondu, irascu, nascu* (à côté de *né*), *pendu, repentu, respondu, tendu, vencu, vescu*.

L'analogie a pu changer *-ĭtu* en *-ūtu* sans modification intermédiaire du passé simple : *eissu* (*oissu, issu*) suppose **exūtu* pour *exĭtu* alors que le passé français *eissi* remonte à *exii* ; *vestu* suppose **vestūtu* pour *vestĭtu* (variante de *vestītu*) alors que le passé *vesti* remonte à *vestii* ; on explique même *feru* à partir du parfait *ferii* (a. fr. *feri*) d'après *eissi*/*eissu*.

— Inversement l'existence d'un parfait en *-ui* a pu suffire à provoquer la création d'un participe en *-ūtu* avec ou sans l'étape *-ĭtu* (non attestée) : *potui, volui*, auxquels ne correspondait aucun participe passé en latin classique, suffisent à expliquer **potutu, *volutu*, a. fr. *peü* (de *pooir*), *volu* ; *texui* a pu changer directement *textu* en **texutu*, a fr. *teissu* ; **stetui* (cl. *steti*) supposé par *estui* (§ 84 b) explique le participe *esteü* ; *tenui* a pu changer *tentu* en **tenutu*, a. fr. *tenu*, entraînant dans son sillage *venio* qui lui était morphologiquement associé à tous les temps du présent, d'où l'a. fr. *venu* n'exigeant pas l'étape **venui*.

Les parfaits *cognovi, crevi, movi, pavi,* prononcés [-wwi] (§ 84 b et c), ont fait naître **conovutu* (pour *cognitu*), **crevutu* (p. *cretu*), **movutu* (p. *motu*), **pavutu* (p. *pastu*), a. fr. *coneü, creü* (de *croistre*), *meü, peü* (de *paistre*).

Des analogies plus particulières sont parfois invoquées. Ainsi :

— Le modèle *rapui / raptus* explique *rompu* et *conceü (deceü, perceü, receü).* En effet, il a pu déclencher la substitution de **rupui* à *rupi* à partir de *ruptus,* et **rupui* devenu **rumpui* (d'après *rumpo*) aurait déclenché **rumputu* ; il a pu aussi entraîner la substitution de -**cepui* à -**cepi* dans les parfaits des verbes en *-cipere* à partir de *(con-, de-, per-, re-)ceptus,* déclenchant les participes en -**ceputu.*

— Le participe français *fali* (ou *failli*) de *falir* (*faillir,* § 66 f) a été doublé à date prélittéraire d'un *falu* fait sur *falt* d'après *valu / valt.*

— Les participes forts *mors* et *tors* (cf. b) ont été refaits en *mordu* et *tortu* (*tordu*) sur leurs infinitifs *mordre* et *tortre* (*tordre*) d'après *perdu / perdre.*

Les filières analogiques sont souvent conjecturales, et quelques-unes restent discutées comme celles qui ont conduit de *cursu* à **corutu* (a. fr. *coru*), de *lectu* à **legutu* (a. fr. *leü*), de *visu* à **vidutu* (a. fr. *veü*).

Toutes les formes écrites ci-dessus avec *-eü* ont été prononcées [ü] (comme aujourd'hui) dès la fin du XIIe siècle par analogie avec celles qui n'avaient pas l'*e* : *parut / paru* entraîna *dut* / [dü] ; *perdit / perdu* entraîna *vit* / [vü].

b) Participes forts

En latin, dans les participes forts (non dotés de voyelle « thématique »), l'accent portait sur la racine verbale elle-même, de vocalisme et de consonantisme varié. L'évolution en a suivi normalement les règles de la phonétique, et l'on distingue en français deux classes de participes forts selon que la consonne finale perpétue un *t* ou un *s* de désinence latine :

Participes terminés par *-t,* fém. *-te*

Ataint (lat. **attanctu* pour *attactu*), *beneït* (**benedīctu* refait sur *benedīxi*), *beneoit* (*benedĭctu*), *ceint* (*cĭnctu*), *coilleit* (*collĕctu*), *confit* (*confĕctu*), *covert* (*coopertu*), *crient* (**crĕmĭtu*) refait en *craint* (§ 65), *cuit* (*cŏctu*), *dit* (**dīctu* p. *dĭctu* d'après *dīxi*), *-duit* (-**dūctu* p. *dŭctu* d'après *dūxi*), *escrit* (*scrīptu*), *estreint* (**strĭnctu* p. *strĭctu* d'après *stringo*), *fait* (*factu*), *faut* (**fallĭtu*), *feint* (**fĭnctu* pour *fĭctu* d'après *fingo*), *frait* ou *fraint* (*fractu* ou **franctu* d'après *frango*), *joint* (*junctu*), *lit* (*lĕctu*), *maudit* (**maledīctu*), *mort* (**mortu*), *ofert* (**offertu*), *oint* (*unctu*), *overt* (**opertu*), *peint* (**pĭnctu* p. *pĭctu* d'après *pingo*), *plaint* (*planctu*), *point* (*punctu*), *post* (*posĭtu*), *quest* (*quaestu*), *rot* (*rŭptu*), *sofit* (*suffĕctu*), *sofert* (**suffertu*), *sout* (**solĭtu,* v. *sous* plus loin), *-struit* (-**strūctu* p. *-strŭctu* d'après *-strūxi*), *teint* (*tĭnctu*), *tert* (*tertu,* var. de *tersu*), *tort* (*tortu*), *tout* (**tollĭtu* p. *sublatu*), *trait* (*tractu*), *vout* (**voltu,* var. de *volutu*).

La terminaison de *beneeit* (*-oit*) et *coilleit* (*-oit*) a été substituée à l'*u* de *chaü* et de *tolu* pour former des participes faibles *chaeit* (*-oit*), *toleit* (*-oit*) d'un type insolite qui a peu vécu.

Participes terminés par *-s,* fém. *-se*

Ars (*arsu*), *clos* (*clausu*), *(con-/ex-/in-)clus* (*conclūsu*, etc.), *despens* (*dispensu*), *escos* (*excŭssu*), *espars* (*sparsu*), *faus* (*falsu*), *mes* (*mansu*), *mis* (**mīssu* p. *mĭssu* d'après *mīsi*), *mors* (*morsu*), *ocis* (*occīsu*), *os* (*ausu*), *pris* (*prēnsu*), *quis* (**quēsu* p. **quaesu* d'après *prēsu*), *res* (*rasu*), *respons* (*responsu*), *ris* (rīsu), *secos* (*succŭssu*), *semons* (d'après *respons*), *sis* (**sēssu* p. *sĕssu* d'après *sēdi*), *sous* (**solsu*, v. plus bas), *ters* (*tersu*), *tors* (*torsu* p. *tortu* d'après *torsi*), *vers* (*versu*) dans *convers*, *vis* (*visu*) dans *ce m'est vis*.

Sous, participe de (*ab-/dis*)*soudre*, suppose **solsu* créé sur le parfait **solsi* (§ 85) expliqué lui-même à partir de **soltu*, qui remonte soit à **solĭtu*, variante de cl. *solutu* créée sur *solvi* (= *solui*), soit à **solvĭtu* phonétiquement réduit.

Les participes forts ont souvent subi l'influence des parfaits ou, en français, des passés simples. *Dit, duit, mis, pris, sis* en ont adopté le vocalisme. Les participes *post*, de *posĭtu* (cf. *repost*, *Auc.* 20, 3), et *quest*, du cl. *quaestu*, conservé dans *quête, acquêt, conquête, requête*, ont été doublés de participes en *-s* : *pos* et *quis*, supposant **posu* et **quaesu* faits sur *posi* et *quaesi* (le vocalisme de *quis* est emprunté au participe *pris*).

Le radical du présent a joué aussi un rôle : dans *ataint, estreint, feint, fraint, peint*, il a donné son infixe nasal ; *post* et *pos* ont été refaits en *pons* d'après *pono*, *rot* en *ront* d'après *rumpo* ; *pris* a été refait en *prins* en même temps que le passé simple (§ 83 c).

Un grand nombre de participes forts ont disparu, remplacés par des participes faibles : *crient* par *cremu*, *lit* par *leü*, *post, pos* et *pons* par *pondu*, *resout* par *resolu*, *respons* par *respondu*, *rot* par *rompu*, *secos* par *secoué*, *tort* et *tors* par *tortu* et *tordu* (voir aussi, en **a**, le cas de *ri, suffi, lui, nui, coilli, beni, conclu, exclu*).

Ils ont été quelquefois conservés dans des adjectifs comme *benoit* (*benêt*), *étroit* (a. fr. *estroit* de *strĭctu*), *épars, faux, torse*, ou dans des noms comme *cueillette* (de *cueilleite* avec changement de suffixe), *dépens, dépense, dette* (lat. *debĭta*), *faute, messe, mors, répons, réponse, quête, secousse, semonce, tort, toute* (impôt médiéval), *voute*.

111. Emplois du participe passé

En latin classique, l'adjectif en *-tus* se rapportait toujours à un nom avec lequel il s'accordait en genre, en nombre et en cas. Il exprimait un **état** de la personne ou de la chose désignée par le nom, ce qui donnait en principe :

— pour un procès d'ordre **conclusif** (cf. CFC § 181), l'état résultant du procès accompli, soit pour l'agent si le verbe était intransitif (*intratus*, « entré » ; *natus*, « né »), soit pour le patient s'il était transitif (*occisus*, « tué » ; *vulneratus*, « blessé ») ;

— pour un procès d'ordre **non conclusif,** l'état lié au procès en cours d'accomplissement ou de répétition (*amatus*, « aimé », *honoratus*, « honoré »).

Ainsi le sémantisme du verbe déterminait sa valeur temporelle : procès antérieur (*occisus*) ou concomitant (*amatus*) ; et sa valeur de voix : active (*intratus*, passé de *intrans*) ou passive (*amatus*, passif de *amans*). L'adjectif en *-tus* n'était ni toujours passé, ni toujours passif.

Ces valeurs s'exerçaient dans le cadre de trois statuts fonctionnels : adjectif, élément de forme verbale composée, verbe de proposition participiale.

L'ancien français maintenait ces valeurs du participe qu'on appelle improprement « passé » faute de pouvoir le désigner par une terminaison commune (§ 110). Il en exploitait, dans des proportions très différentes, les trois fonctions :

1. Fonction adjectivale

L'emploi du participe passé comme épithète, plus rare en ancien français qu'en latin et en français moderne, n'était pas inconnu ; le participe était alors accordé comme un adjectif :

Guardet al bref, vit la raisun ***escrite*** (*Rol.* 487)
[Il regarde la lettre, en voit le texte écrit]

(*escrite* : aspect accompli d'un procès antérieur conclusif et transitif).

... Et ja de sa prison
Ne quier issir se ***morz*** *ou* ***amez*** *non*
[Et de sa prison je ne veux plus sortir que mort ou aimé]
(*Chansons du Chastelain de Coucy* II 48)

(*morz* : aspect accompli d'un procès antérieur conclusif et intransitif ; *amez* : aspect continuatif d'un procès concomitant non conclusif et transitif).

L'emploi comme attribut du sujet après le verbe *estre* était courant, mais formellement indiscernable de l'emploi dans les formes verbales passives :

A loi de roi ***est chauciez*** *et* ***vestuz*** (*Cour.* 1188)
[Il est chaussé et vêtu selon l'usage des rois].

2. Elément de forme verbale composée

Les formes verbales composées avec le participe se sont multipliées en latin vulgaire comme il est montré §§ 57 et 60. Leur grammaticalisation se manifestait en ancien français par une certaine tendance à l'invariabilité du participe. On distinguera comme en français moderne plusieurs cas :

Participe associé avec *estre*

En principe, le participe passé associé avec *estre*, qu'il fût attribut ou élément d'un « temps composé » ou d'une forme passive, s'accordait en genre, en nombre et en cas avec le sujet, comme dans le dernier exemple donné (*Cour.* 1188).

Mais la position postverbale de l'attribut, dans le cas du participe comme d'un adjectif ou d'un nom (§ 127 R), tendait à entraîner le CR :

Li reis Marsilie est de guere ***vencud*** (*Rol.* 235).

C'est aussi le cas en l'absence de sujet exprimé ; comparer ces deux vers de Béroul :

Eschapé *sui ! Yseut, l'en t'art* [on te brûle] ! (980)
que ses amis [son ami] *est* ***eschapez*** (1047).

Participe associé avec *avoir*

Le participe passé associé avec *avoir* s'accordait originellement avec le complément d'objet à l'accusatif (*res omnis relictas habeo*, Plaute), mais on sait qu'au VIe siècle l'accord était déjà enfreint par intermittence (§ 57). En ancien français, au XII^e^siècle, il pouvait être respecté quelle que fût la place de l'objet direct par rapport au participe :

a) Objet + *avoir* + participe :

Les hauberz ont ***desmailliez*** *et* ***rompuz*** (*Cour.* 1228)

b) *Avoir* + objet + participe :

Li quens le voit, s'a sa targe [son bouclier] ***levee*** (*Cour.* 1075)

c) Participe + *avoir* + objet :

Cruisiedes *ad* [il a croisé] *ses blanches mains* (*Rol.* 2250)

d) *Avoir* + participe + objet :

Voit le paien qu'ot ***perdue*** *s'espee* (*Cour.* 1068).

Mais l'accord pouvait manquer dans tous les cas (surtout les deux derniers) :

a) *Que fleurs et pierres en a jus* ***trebuchié*** (*Cour.* 1116)
[...qu'il en a fait rouler à terre fleurons et pierres]

b) *Por qu'as ma barbe et mes guernons* ***tiré*** ? (*Ch. de Nîmes* CFMA 1369)
[Pourquoi as-tu tiré ma barbe et ma moustache ?]

c) ***Perdut*** *avum noz seignurs e noz pers* (*Rol.* 2148)

d) *De son cheval ot* ***tranchié*** *l'eschinee* (*Cour.* 1069).

L'emploi de la forme périphrastique en l'absence de tout objet (verbe intransitif) attestait la grammaticalisation dès le latin, où le participe était alors mis au neutre singulier, genre perpétué en ancien français sous la forme du masculin :

Dist a ses homes : « Trop avons ***atendu*** *»* (*Cour.* 1200).

Certains cas particuliers recevaient des solutions plus libres qu'aujourd'hui :

— Les verbes pronominaux, conjugués avec *estre*, accordaient en principe le participe avec le sujet ; les cas où le français moderne l'accorde avec un complément d'objet (*les bijoux qu'elle s'est* ***achetés***) ne se rencontraient pratiquement pas (§ 113, 3).

— Le verbe *faire* auxiliaire factitif (§ 62, 5) était le plus souvent invariable :

Les dis messages ad ***fait*** *enz hosteler* (*Rol.* 160)
[Il a fait loger là les dix messagers]

mais non toujours :

En l'oret punt l'a ***faite*** *manuvrer* (*Rol.* 2506)
[Il l'a fait enchâsser (la pointe) dans le pommeau d'or].

3. Fonction verbale

En ancien français, la proposition participiale n'était pas plus fréquente avec le participe passé qu'avec le participe présent (§ 109) ; on en relève pourtant des emplois (plus variés) :

Tel duel et tel priere faite,
Par grand ire a l'espee traite (*Pirame et Tisbé* CFMA 777)

souvent compléments de manière :

Espees tretes, les escuz avant mis,
Ja mosterront [montreront] *qu'il ne sont pas amis* (*Cour.* 2536).

Remarque : L'adjectif en *-tus* à l'origine du participe latin était indifférent à la voix : *potus*, qui n'est intégré à aucun paradigme verbal, signifiait « qui a bu » et « qui a été bu ». Cette ambivalence maintenue à travers le latin vulgaire explique peut-être qu'en ancien français certains participes passés de verbes transitifs aient pu offrir un sens actif : la *Vierge sauvee* était la « Vierge qui sauve », un *mescreü* était « mécréant », un moine *bien coneü et enseigné* (Roman de *Rou*) était « bien savant et instruit », un garçon *osé* (comme de nos jours) agissait avec audace.

K. VOIX

112. Ambiguïté du passif en français

Il est montré au § 60 que l'ambiguïté d'un présent passif comme *aedificata est* (procès passé ou son résultat présent) entraîna en latin la substitution de *fuit* à *est* dans le premier sens, et par réaction l'emploi de *aedificata est* au sens d'*aedificatur.* Mais une nouvelle ambiguïté en résultait, celle qui persiste en français moderne où *est bâtie* cumule deux sens : procès présent passif ou état présent résultant d'un procès passé (cf. § 111, 1).

L'incertitude qui en découle était souvent accrue en ancien français par l'instabilité du repère temporel dans les textes narratifs (§§ 68, 87). Dans ces vers de *Perceval* :

> *Et vet* [il va] *la ou li hercheor* [les herseurs]
> *Herchoient les terres arees* [labourées]
> *Ou les aveines* [avoines] ***sont semees*** (306-8)

le « présent passif » *sont semees* est à traduire par « étaient semées » ou « avaient été semées » (état accompli dans le passé) ou « sont semées » (présent d'habitude).

L'ambiguïté disparaît pratiquement aux autres temps, et le passé simple passif est l'expression normale du procès subi montré dans le passé, comme dans ce passage de *Perceval* où *overte fu* remplace *overte est* au cours d'une série de présents narratifs :

> *Et cil dit que l'an li aport*
> *Ses armes, et an li aporte*
> *Et* ***overte*** *li* ***fu*** *la porte,*
> *Si l'arment et monter le font*
> *Sor un cheval...* (2134 ss.).

Une grammaire française écrite en latin pour les Anglais au début du XIIIe siècle (cf. *Studia neophilologica* 1955) donne *est amé* pour le présent passif normal, et *fu amé* pour le *preteritum perfectum* :

> *Amatur, est amé et l'em* [l'on] *aime*
> *Amatum est vel amatum fuit, fu amé u l'em ama.*

On notera que le verbe choisi est *amer* dont le sémantisme non conclusif favorise l'interprétation « inaccomplie ». Il en sera de même dans toutes les grammaires jusqu'au XVe siècle. Au XVIe, Meigret, prenant expressément un verbe conclusif, *payer*, traduira *je suis payé de vous* par le « prétérit de l'actif » *vous m'avez payé.*

Remarque : Il a pu sembler que la concurrence entre *est* et *fuit* observable en latin se soit perpétuée entre *est* et *fu* en ancien français. J. Stéfanini, dans sa thèse sur les verbes pronominaux (p. 533 ss.), cite des traductions de textes latins où les parfaits comme *factus est* au sens de « fut fait » sont couramment rendus par *faiz est.* Mais il y voit à juste titre des calques morphologiques, dont les textes proprement français n'offrent pas d'équivalent sûr.

113. Emplois des verbes pronominaux

Il est montré au § 60 comment la forme pronominale a suppléé puis éliminé en latin vulgaire la « voix déponente » marquant originellement une implication du sujet comme agent et comme patient dans le procès.

En ancien français, la formation des temps composés avec l'auxiliaire *estre* est une marque morphologique suffisante pour qu'on puisse considérer la forme pronominale comme une flexion de la conjugaison. Le signifié, ci-dessus défini, relève de la « voix ». On observe en gros les mêmes effets d'emploi qu'en français moderne, mais quelques points retiendront l'attention :

1. Contrairement à l'usage moderne, la forme pronominale pouvait affecter beaucoup de verbes dont la forme simple est **intransitive :**

— verbes d'état (*dormir, gesir, seoir, vivre, ester, estre...*) :

*Carles **se dort*** [Charles dort] (*Rol.* 718).

Je te conuis mialz que tu moi
*Que tu ne sez qui ge **me sui*** (*Perc.* 3582)
[Je te connais mieux que tu ne me connais,
car tu ne sais qui je suis].

— verbe *mourir* :

*Ge **me muir*** (*Mort Artu* 172, 12).

— verbes de sentiment (*rire, sourire, craindre...*) :

*Yseut **s'en rit*** (Béroul 527).

— verbes de mouvement : (*aler, fuir, venir...*), souvent précédés de *en* :

Tu remeindras [resteras], *jeo **m'en irai***
(Marie de France *Fables* XXVI, 35).

Pour la plupart de ces verbes, l'emploi pronominal alternait avec l'emploi simple, sans nuance claire :

Sire, seus [seul] *n'**en iroiz** vos pas* (*Erec* 5236).

En effet, le signifié de la forme pronominale (procès exercé par le sujet sur lui-même) est très voisin du sens des verbes intransitifs (procès ne « sortant pas » du sujet). Cette synonymie est sans doute la cause qui fit, au cours des siècles, choisir entre l'intransitif et le pronominal (*dormir/se dormir, mourir/se mourir, aller/s'en aller, partir/se partir*) au point qu'à partir du XVIIe siècle on peut tenir que l'un exclut l'autre.

2. Aux temps composés des verbes pronominaux, **le participe s'accordait avec le sujet non seulement en genre et en nombre, mais aussi en cas :** *vengiez me sui*. Le CS était de règle en ancien français dès les plus anciens textes. (*Alexis, Roland*) pour ces verbes comme pour les intransitifs (*s'est levez/est levez*).

On relève pourtant des infractions (*vengié me sui*), très rares chez les auteurs attentifs à leur langue comme Chrétien de Troyes, mais fréquentes dans les textes anglo-normands. J. Stéfanini les attribue à la disparition de la déclinaison, précoce en anglo-normand et que le français généralisera après le XIIIe siècle.

Remarque : Un cas particulier à ne pas confondre avec le précédent est celui du participe attribut dans des phrases comme :

Li Sarrasins se sent ***navrez*** *parfont* (*Cour.* 959, réd. AB)
[Le Sarrasin se sent grièvement blessé].

Le CS est ici employé comme si *navrez* était rapporté au sujet par un verbe simple tel que *estre*. Un adjectif occupant cette place était aussi bien mis au CS :

Li empereres se fait e ***balz*** *e* ***liez*** [gai et joyeux] (*Rol.* 96).

Pourtant l'attribut (participe ou adjectif) se rencontrait aussi au CR dans la même construction :

Li Sarrasins se sent ***navré*** *parfont* (*Cour.* réd. C).

Cette infraction, plus fréquente que le défaut d'accord du participe des formes pronominales composées, a les mêmes causes (oubli de la déclinaison, très précoce en anglo-normand), auxquelles s'ajoutent :

— l'influence des cas où l'attribut se rapporte à un pronom objet non réfléchi :

Desur le piz li met sa main ;
Chaut *le senti* (Marie de France *Guigemar*, éd. Rychner 299)
[Elle pose sa main sur la poitrine (du chevalier) ;
Elle le sentit chaud] ;

— l'influence des cas où l'attribut est précédé d'une préposition (imposant le CR, § 128) : *se tenir a fol / pour fol.*

3. Les grammaires du français moderne, distinguant les valeurs « réfléchie » et « réciproque » parmi les emplois des verbes pronominaux, attribuent au pronom réfléchi **une fonction de complément d'attribution** quand il est associé à un complément d'objet direct : *les bijoux qu'elle s'est achetés* (= qu'elle a achetés à elle-même) ; en pareil cas, le participe est accordé avec le complément d'objet, non avec le sujet. Cette analyse n'est pas pertinente pour l'ancien français. Les cas, très rares, où le pronom réfléchi est accompagné d'un régime direct remontent à des tours latins où le complément d'objet à l'accusatif était régi par un verbe déponent dont le participe s'accordait avec le sujet : *loricam indutus est*, « il a revêtu sa cuirasse », *manus lavatus est*, « il a lavé ses mains » ; ce type d'objet s'est conservé quand le verbe réfléchi (*se induere, se lavare*) a remplacé le déponent, d'où en ancien français :

Si se despouilla ***sa chemise*** (P. de Beauvau, *Troïlus*, p. 181)

Ne plus qu'il se tranchast ***la gole*** [la gorge] (*Ch. Ch.* 1306).

Il peut accompagner un simple participe passé :

Treciees de fil d'or ***leur crins*** (*Thèbes* 952)

[Tressées de fil d'or quant à leurs cheveux].

Il ne joue aucun rôle dans l'accord du participe passé des temps composés, qui se fait toujours avec le sujet :

Et Aucibiers s'an est garde ***donés*** (*Raoul de Cambrai* 6951)

Grant cous se sont ***antreferu*** (*Eneas* 5731).

4. La différence entre le sens « réfléchi » et le sens « réciproque » n'est pas marquée par la forme pronominale elle-même : *il(s) se connaissent* peut avoir les deux sens depuis les premiers textes français.

L'ambiguïté peut être résolue par le contexte ; dans ce vers du *Charroi de Nîmes,* le sens est évidemment réciproque :

> *Freres estoient, molt* ***se*** *durent* [devaient] ***amer*** (1081).

On sait que le latin marquait la réciprocité par *inter se* : *inter se amant.* En gallo-roman, *inter* devint un préfixe (*se interamant*) dont l'ancien français hérita sous la forme *entre-* : *il s'entraiment* ;

> *Mais ne sevent que* ***s'entredient*** (Wace, *Rou* 8090)
> [Mais ils ne savent que se dire].

Selon J. Stéfanini, l'apogée de ce procédé est le XIIe siècle, où 38 % des verbes réciproques ont ce préfixe ; le rapport baissera jusqu'à 18 % au XVe siècle, et le procédé mourra en se lexicalisant (fr. mod. *s'entraider, s'entraccorder,* etc.) et en cédant la place au tour *l'un l'autre* (§ 37) commodément articulable (*l'un à l'autre, l'un pour l'autre...*).

5. Dès le latin, la construction pronominale pouvait prendre **le sens passif.** Un emploi relevé chez le cuisinier Apicius, *cum se coxerit,* « quand cela aura été cuit », a son pendant dans la *Cantilène de sainte Eulalie* :

> *por o no* ***s'coist*** (20)
> [pour cette raison, elle ne se consuma pas].

Ce tour esquivait l'ambiguïté d'un passif (*ele no* ***fu cuite***) en excluant toute valeur d'« accompli » : la sainte ne fut brûlée ni complètement ni à moitié, sa « cuisson » ne commença pas. La condition restrictive « sujet inanimé » ne s'imposait pas comme en français moderne.

Cette clarté des valeurs temporelles fera du pronominal un sérieux concurrent du passif jusqu'à l'époque classique.

Remarques : a) Le pronom réfléchi pouvait prendre la forme forte (*sei, soi*) quand il y avait insistance sur la personne ou position postverbale :

> ***Soi*** *meïsme gabe* [ridiculise] *et dechoit* [trompe]
> *Qui fait pramesse et ne la salt* [acquitte]. (*Graal,* éd. Roach 1030)
>
> *Requierent* ***soi*** [ils s'attaquent] *ireement* (*Continuation de Perceval,* R I 79, 2902)

Dans ces cas, le réfléchi subit la concurrence croissante des pronoms personnels non réfléchis :

> *Et dist que en l'un des batiax* [bateaux]
> *Metra* ***lui*** *et ses deux jumiax.* (*Guillaume d'Angleterre* 763)

b) On sait (§ 25, 3) que les formes fortes du pronom personnel étaient obligatoires en ancien français devant un verbe à l'infinitif, au gérondif ou au participe (ce dernier cas survit dans la locution *soi-disant*) :

> *Gauvains dit que l'en li amaint* [amène] *son cheval, car il voudra aler savoir qui cil chevaliers est por* ***soi acointier*** *de lui* [pour faire sa connaissance] (*Mort Artu* 21, 3).

Mais quand un infinitif était directement régi par un verbe principal à un mode personnel, le pronom réfléchi était presque toujours mis à la forme faible devant le verbe recteur :

> *Les armes poisent* [l'armure est lourde], *ne* ***se*** *puet* ***redrecier*** (*Cour.* 1121).

Aux XIIe et XIIIe siècles, *il se veut defendre* est 100 fois plus employé que *il veut soi defendre* ; la construction *il veut se defendre* n'apparaîtra qu'au XIVe siècle.

c) On relève en ancien français des emplois de l'auxiliaire *avoir* au lieu d'*estre* après un pronom réfléchi :

> *Parfitement s'**ad** a Deu **cumandet*** (*Alexis* 288)
> [Il s'est recommandé à Dieu parfaitement].

Cet emploi, primitivement rare, doit être considéré comme une variation dialectale, d'abord anglo-normande (influence de l'anglais ?), puis du Nord et de l'Est (normalisation d'une marque temporelle). Il se répandra en français populaire.

114. Verbes impersonnels

On peut rattacher à la notion de « voix » le statut des verbes appelés traditionnellement « impersonnels » (et plus justement « unipersonnels » par quelques-uns).

Cette catégorie existait en latin, caractérisée par l'invariabilité en personne et l'incapacité à recevoir un sujet au nominatif parce que les procès exprimés n'avaient pas d'agent à proprement parler (ex. *pluit,* « il pleut », *licet* « il est permis ») ; la personne affectée pouvait être désignée par un complément : *me/te poenitet,* « je me/tu te repens », etc.

Le français a hérité une partie de ces verbes, et en a créé sur le même modèle ; ils ne sont employés normalement qu'à la 3e personne du singulier, sans sujet :

> ***Tonë** et **pluet, vente** et **esclaire*** (*Eneas* 191)

ou précédés d'un pronom sujet invariable (neutre) dont la forme courante est *il* des premiers textes jusqu'à nos jours (§ 24) :

> *Quant li jurz passet ed **il fu anuitet*** (*Alexis* 51).

En principe, la présence ou l'absence de *il* était conditionnée par les mêmes facteurs que celle des autres pronoms sujets (§ 25, 1) ; hors les cas (stylistiques) de placement du verbe en tête, *il* occupe la place 1 de la phrase quand aucun complément tonique n'est antéposé au verbe ; c'est le cas au v. 51 d'*Alexis* (ci-dessus), ou au v. 69 d'*Erec* :

> *L'andemain, lués* [dès] *que **il ajorne*** [le jour se lève].

Il manque dans le cas contraire :

> *La lune lieve, **si fist cler*** (*Thèbes* 1525)
>
> ***Amont ot*** [il y avait] *une pierre bise* (ibid. 1635).

Eventuellement le pronom régime mis à la forme tonique dispensait d'employer *il* :

> ***Moi** ne **caut** u nous aillons* (*Auc.* XXVII, 12).
> [Il ne m'importe pas où nous puissions aller]

C'est le cas dans la locution fréquente *si com moi semble.*

On classe les verbes impersonnels sous plusieurs chefs sémantiques :

— **verbes météorologiques :** (*il*) *pluet,* (*il*) *esclaire,* (*il*) *tone,* (*il*) *vente,* (*il*) *tempeste.* Le français moderne conserve ces cinq verbes, mais a perdu (*il*) *ajorne,* (*il*) *anuite,* (*il*) *avespre.*

Le bas latin construisait *facit* impersonnel avec un nom : *facit frigus* (St Augustin) ; de là le français *il fait froid* (*chaud, cler, bel jor,* etc.).

— **verbes « éthiques » :** Le latin *licet* survit en a. fr. dans *loist,* « il est permis » (infinitif *loisir* § 104) ; le latin *convenire,* passé du sens de « s'assembler » à celui de « décider, imposer », survit dans *covient* qui exprime la nécessité absolue : *« Or m'i convenra morir »* disait Aucassin sur le point d'être emprisonné.

Une autre expression française de la nécessité remonte à la locution latine *ŏpus est,* « il est besoin », qui, inversée en *est ŏpus,* est devenue phonétiquement *est ues* qu'on rencontre dans les premiers textes ; la locution *avoir ues,* « avoir besoin », s'est longtemps maintenue alors qu'*estues,* pris pour une forme verbale impersonnelle et changé en *estuet,* acquérait un infinitif *estovoir* et une conjugaison en temps sur le modèle de *muet/movoir,* etc. ; *estuet* ne sera remplacé par *il faut* qu'au XVIe siècle.

— **verbes d'événement :** lat *advenit*>a. fr. (*il*) *avient* (inf. *avenir*).

— **verbes d'existence :** L'emploi du verbe *esse* suivi de son sujet pour exprimer un « prédicat d'existence » (*Sunt dei,* « il existe des dieux ») s'est perpétué en français sous la forme impersonnelle *il est,* suivie d'un CS ou d'un CR :

> *Il **se fu** ja uns riches hom* (*Rom. Sept Sages* 985)
> [Il était une fois un homme riche]
>
> *Il **se fu** ja un vavassour* (ibid. 2479).

On sait qu'en latin classique la possession pouvait s'exprimer indifféremment par *esse* + sujet (*Est mihi domus*) ou par *habere* + objet (*Habeo domum*) ; le bas latin a étendu cette équivalence au prédicat d'existence, en donnant à *habere* la forme impersonnelle : *Habet in bibliotheca Ulpia librum elephantinum* [On a/Il y a dans la bibliothèque Ulpienne un livre en ivoire] (Flavius Vopiscus, IVe s.) ; ce verbe servait entre autres à indiquer un intervalle d'espace ou de temps : *habet annos XIV,* « il y a 14 ans » (*Historia Apollonii,* VIe s.). L'ancien français conserve ces emplois sous la forme *avoir* + CR (très rarement CS) :

> *Ci a riche homme* ! (Rutebeuf, *Grièche d'hiver* 27)
> [Voilà un homme riche !]

Le sens « indication d'intervalle », très courant (*dis ans a,* « il y a dix ans »), a donné l'adverbe *naguère* (1160 *n'a guaire*) et la locution (*grant*) *piece a,* « il y a un (grand) morceau (de temps) » à l'origine de l'adverbe *pieça,* « il y a longtemps ».

Dès les premiers textes, l'adverbe *i* pouvait précéder l'impersonnel *avoir* en l'absence d'un autre complément de lieu (§ 26 R. b), et le CR était là aussi de beaucoup le plus fréquent, même s'il voisine avec le CS dans les vers 554-5 d'*Alexis* :

> ***Nuls** n'en **i at** kin alget malendus* [qui s'en aille malade],
> ***Cel** n'en **i at** kin report sa dolur* [qui en remporte son mal].

— **verbes affectifs :** Dans beaucoup de langues, les sentiments sont exprimés par un verbe impersonnel accompagné d'un complément désignant la personne affectée : lat. *me miseret/poenitet/pudet/taedet, mihi dolet.* En latin s'observait déjà une tendance à transformer le patient en agent : bas lat. *misereo, poeniteo, pudeo, taedeo.*

En ancien français, nombreux sont les verbes affectifs impersonnels accompagnés d'un pronom au CR : *il me chaut* (de *calet*, « fait chaud »), *il me poise* (*pensat*, « pèse, est lourd, pénible »), *il me grieve* (**grevat*, même sens), *il me plaist, me delite, m'abelit, m'atalente, m'ennuie* ;

> *Tel as ocis dunt al coer* ***me regretet*** (*Rol.* 1566)
> [Tu as tué un homme tel que j'en ai le regret au cœur].

Les verbes de mémoire avaient la même construction : *il me sovient* (*subvenit*), *il me membre* (*memorat*).

La langue parlée tendra à rendre à la personne affectée la responsabilité de son sentiment ; on dit aujourd'hui *je regrette, je m'ennuie* ; on disait sporadiquement dès le XIIIe s. *je me souviens.*

115. Construction impersonnelle

En latin, quelques verbes impersonnels transitifs avaient un complément à l'accusatif (*facit, habet*), d'autres à l'ablatif (*opus est libris*) ou au génitif (*me poenitet culpae*). Cicéron, Tite-Live, en vertu d'un usage archaïque, pouvaient construire les verbes comme *pluit* avec un ablatif instrumental : *Pluit sanguine,* « il pleut du sang » ; Tite-Live usait aussi d'un accusatif d'objet interne : *Lapides pluit.* Les verbes éthiques recevaient normalement pour régime un infinitif (*Licet ridere*). Tous ces tours ont servi de modèles à la construction impersonnelle de certains verbes normalement conjugués en personne (v. CFC § 224), usuelle en ancien français :

> ***Il*** *ne me* ***remaint rien*** *souz ciel* (Rutebeuf, *Grièche d'hiver* 41)
> [Il ne me reste rien sous le ciel].

Le « sujet réel » postposé peut être mis au CS ou plus souvent au CR ; comparer :

> *Qu'eles atendent qu'****il i viegne***
> ***Uns chevaliers*** *qui les maintiegne* (*Perc.* 7585)

> *Et quant* ***il venoit aucun trespassant*** (*Tristan* en prose 97, 7).

Remarque : En l'absence de *il*, la construction impersonnelle d'un verbe avec sujet réel postposé était souvent indiscernable de la simple inversion. Dans la phrase suivante, le nom *aventure* peut être le sujet du verbe *avint*, inversé par suite de l'anticipation du complément de temps (la proposition *tandis...penser*) :

> *Tandis qu'il estoit en cel penser li avint une aventure merveilleuse* (*Queste* 146, 4).

L'invariabilité du verbe n'est même pas, en ancien français, une marque constante de l'emploi impersonnel ; la présence du pronom *il* n'empêchait pas l'accord (fréquent) du verbe avec un sujet réel au pluriel :

> ***Il se sont*** *femmes assés* [Il est beaucoup de femmes]
> *Ki s'antresamblent de biautés* (*Rom. Sept Sages* 4537).

La postposition du « sujet réel » n'est pas obligatoire ; dans ce vers de Rutebeuf :

> ***Nul bel eschet*** *ne lor* ***eschiet*** (*Grièche d'été* 61)
> [Il ne leur échoit aucune bonne aubaine]

le CR de *nul bel eschet* est le seul indice (probable) de la construction impersonnelle.

II. LA PHRASE

A. NORMES DE GROUPE

116. Canon de la proposition ; facteurs syntaxique et « rythmique »

Il existe en français comme en latin un agencement syntaxique dotant le verbe **(V)** d'un sujet **(S)** et facultativement de compléments **(C)**, fonctions définies dans la chaîne propositionnelle (sorte de scénario standard du signifié de la phrase) ; la relation entre ces termes est grammaticale.

En latin classique l'ordre des mots était largement conditionné par cet agencement, qu'il contribuait donc à marquer avec la variation casuelle : les deux tiers des phrases avaient le canon **(S)-(C)-V.** Mais en latin vulgaire le verbe tendit à prendre la seconde position et un ordre **C-V(-S)** alterna avec un ordre **S-V(-C).**

Tel resta l'usage en ancien français, où l'ordre des mots dépendait donc de deux facteurs :

1. Un facteur appelé « rythmique » par R. Thurneysen (qui l'a mis en évidence en 1892) **interdisant au verbe d'occuper la 1re place tonique** dans la phrase. Cette règle connaît quelques exceptions énumérées au § 121.

2. Un facteur syntaxique en vertu duquel les termes S et C tendaient à se répartir de part et d'autre du verbe, **l'ordre SV(C) prédominant sur CV(S)**.

Sur quelque 300 propositions non impératives contenues dans les §§ 35-61 de la chronique de Villehardouin, 47 % ont l'ordre SV(C), 32 % l'ordre CV(S), le reste consistant surtout en propositions coordonnées où l'absence de sujet est ambiguë. Comme il est dit à propos du pronom personnel (§ 25, 1), l'ordre SV(C) domine dans les propositions subordonnées (37 % contre 5 % de CVS) et l'ordre CV(S) dans les propositions autonomes, c'est-à-dire indépendantes ou principales (27 % contre 10 % de SVC), où des éléments non sujets sont appelés en tête soit par une valeur de Thème de la phrase, soit par une valeur de Propos interrogatif ou exclamatif.

Si l'on pose que le verbe occupait la position 2 dans le canon rythmo-syntaxique de la phrase médiévale, on numérotera 1 la position tonique préverbale et 3 la position tonique postverbale. Mais l'élément 1 pouvait être précédé lui-même d'un mot ou d'une locution de sens relationnel (conjonction ou pronom relatif) que l'on numérotera « zéro ». Ainsi peut-on analyser les six propositions des vers 1576-9 de *Perceval* (cités et traduits au § 25) :

zéro	1	2	3
	ne	*sai*	*se ... maint*
se	*je*	*sui*	*pres del manoir*
ou	*ma mere*	*maint*	
mes	*je*	*pri*	*Deu*
qu'	*a li*	*me maint*	
et qu'	*ancor*	*la puise*	*veoir*

Remarque : Le « rythme » en jeu dans la règle de Thurneysen est de nature syntaxique plutôt que phonétique ; certains mots potentiellement toniques occupant la place 1 peuvent y être élidés :

S'ot meigre crope et longue eschine (*Perc.* 6925).

117. Composition de l'élément zéro

L'élément zéro est en principe **atone** et **de sens interpropositionnel**, comme les conjonctions de subordination *se* et *que* dans l'exemple du paragraphe précédent.

Les conjonctions de coordination, qui ont les mêmes caractères, figurent ordinairement en position zéro, comme *mes* (= mais) et *et* dans l'exemple. Pourtant certaines comme *car* peuvent se trouver chez un même auteur soit en position zéro :

*quar **il** ert bauz* [car il était plein d'entrain] (Béroul 1443)

soit en position 1 :

***Quar** vos repentez* ! [Repentez-vous donc !] (Béroul 2299).

C'est aussi le cas de *et* à partir de la fin du XIIe s. ; comparer :

*et **mult** en furent blasmé* (Villeh. 36)

***Et** furent les lettres escrites et li message eslit* [Et la lettre fut écrite et les messagers élus] (Villeh. 42).

Ces mots hésitent entre le statut grammatical de conjonction qui les place en zéro et celui d'adverbe qui les place en 1 et entraîne l'inversion du sujet comme pour *or* (maintenant) ou *si* (qui commence le vers 1582 de *Perceval* cité au § 25).

Les pronoms et adverbes relatifs sont éléments zéro par leur fonction interpropositionnelle, et éléments 1 par leur fonction propositionnelle (sujet, objet, etc.). Dans les 306 vers du fabliau *Les trois dames de Paris*, le pronom *qui* figure 10 fois en zéro, ex. :

*de celle qui **si bien** parla* (43)

et 12 fois en 1, ex. :

*uns varlés **qui** vint avec eles* (49).

Le CR *que* est traité comme la conjonction *que* homonyme (position zéro) :

*Dame, foi que **je** doi saint Jorge* [à St Georges] (ibid. 76).

118. Composition de l'élément 1

La place « tonique » avant le verbe peut être occupée

1. par **un mot** (nom ou pronom sujet ou complément, adjectif, adverbe, verbe) :

***Ogrins** li dit mot bonement* (Béroul 1377)

***Cilz** i court, et **elle** a chanté* (*3 D.* 92)

***Liez** ert* [il sera joyeux], *quant en savra le voir* (Béroul 1734)

***Longuement** fu en tel dechaz* [à cette chasse] (Béroul 1771)

*Se **vendre** devoie ma vache* (*3 D.* 80)

La place 1 pouvait être tenue par le participe passé anticipé d'une forme composée :

Assise *s'est devant le lit* (Marie de France, éd. Rychner *Guigemar* 439)

Gardee *l'ad a grant honur* (ibid. 833).

L'adverbe négatif *ne* pouvait occuper la position 1 (comme au début du texte de *Perceval* pris en exemple § 116), mais il lui arrivait aussi de partager l'accent du verbe en position 2 à l'égal des pronoms régimes conjoints (§ 119) :

Autre vin goust ***ne nous ara***
Ne ja hons ***ne nous i sara*** (*3 D.* 37)
[Aucun autre vin n'aura de goût pour nous,
et personne ne saura que nous sommes là].

2. par **un groupe à base de mot** (groupe nominal sujet ou complément, etc.) :

Touz li cuers du ventre *m'en tremble* ! (*3 D.* 285)

Leur .III. fames *ont reconutes* (*3 D.* 215)
[Ils ont reconnu leurs trois femmes].

En la haute loge *les maine* (*3 Av.* 91)

(Ces deux premières possibilités sont de beaucoup les plus représentées ; les trois suivantes, quoique licites, se rencontrent moins souvent, la tendance étant naturelle de rejeter en fin de phrase, c'est-à-dire en position 3, les membres de phrase les plus volumineux).

3. par **une proposition subordonnée circonstancielle** :

Ainssi [tandis] ***qu'elles cuidoient estre***
En la taverne toutes trois,
Les aqueult [leur tombe dessus] *uns vens si destroiz* [rude]...
(*3 D.* 250).

(L'inversion du sujet permet ici de placer en fin de phrase une proposition consécutive qui occupera trois vers).

4. par **plusieurs mots ou groupes de mots de même fonction coordonnés** :

Quant li cuens fu enterrés, ***Mahius de Monmorenci***, ***Symons de Monfort***, ***Joffrois de Joenville***, *qui ere seneschaus,* ***et Joffrois li mareschaus*** *alerent al duc Oedon de Borgoigne...* (Villeh. 38).

5. par **plusieurs mots ou groupes de mots de fonction différente** :

Tout en tel point Druins *les lait* (*3 D.* 181)
[Drouin les laisse dans cet état même]

Mais ***onques si faite aventure*** [une pareille aventure]
En pays du monde *n'avint* [n'arriva] (*3 D.* 14)

La présence du sujet à côté d'un complément dans ces deux exemples paraît contraire à la règle de répartition donnée au § 116 (second facteur de l'ordre des mots). En fait la langue évite surtout le rapprochement de deux termes formellement semblables dont la fonction deviendrait ambiguë. Un sondage dans la prose de Villehardouin (§§ 35-61) ne fournit, sur 308 propositions, aucun exemple de deux noms de construction directe (sujet, objet) en position 1. Ce rapprochement est moins exceptionnel dans les vers, où le mètre et la rime sollicitent l'ordre des mots, l'art légitimant un « beau désordre » :

Tiex vilains l'escot *paiera* (*3 D.* 95)
[Tel pauvre garçon paiera l'écot]

et ***Druins le fort vin*** *aporte* (*3 D.* 98)

(Dans ces deux vers, l'*s* de flexion et la forme de l'article empêchent toute confusion).

L'élément 1 peut **manquer par ellipse** en cas de coordination quand le sujet reste le même :

si fu si liez qu'il dist qu'il chevaucheroit, ce qu'il n'avoit pieça fait, ***et leva sus, et chevalcha*** [il fut si joyeux qu'il dit qu'il monterait à cheval, ce qu'il n'avait fait depuis longtemps, et il se leva, et monta à cheval] (Villeh. 35)

Et nos te ferons tot son avoir baillier, ***et te jurerons*** *sor sainz,* ***et le te ferons*** *aus autres jurer, que nos te servirons a bone foi* [Et nous te ferons remettre tout son argent, et nous te jurerons sur les évangiles, et te-le ferons jurer par les autres, que nous te servirons de bonne foi] (Villeh. 38).

Dans l'exemple suivant l'ellipse du pronom sujet répété (*il*) s'étend par analogie à un pronom d'une personne différente (*vos*) facilement suppléé :

« *Se vos le mandiez que il venist ça* ***et prist*** *le signe de la croiz* ***et se meïst*** *el leu le conte* [à la place du comte] *de Campaigne* ***et li donisiez*** *la seingneurie de l'ost* [le commandement de l'armée], *assez tost la prendroit* » (Villeh. 41).

Remarque : Une interjection ou un mot en apostrophe placés en tête de phrase, bien que toniques, n'ont pas la propriété d'élément 1, étant étrangers à la chaîne propositionnelle :

Certes*, tu es de bon confort* (*Auc.* XXIV, 63)
Sire*, je le vous dirai* (ibid. 49).

119. Composition de l'élément 2

L'élément 2 contient le verbe ou simplement son auxiliaire :

Ensi ***morut*** *li quens* (Villeh. 37)

Dormi ***avoit*** *aprés mangier* (Marie de France, éd. Rychner *Guigemar* 263)

Quant il ***ont*** *leur fames trouvees* (*3 D.* 207).

Au verbe s'appuient les pronoms régimes et adverbes (*en, i*) conjoints, antéposés :

Et tantost c' [aussitôt qu'] *on* ***le m'ara dit****,*
*J'****en finerai*** *atant mon dit* (*3 D.* 305)

Assez ***i ot*** *paroles dites* (Villeh. 42).

L'adverbe *ne* pouvait faire partie du groupe (cf. § 118, 1) :

Conter ***ne vous i veul*** *mençoigne* (*3 D.* 12)
[Je ne veux pas vous raconter de mensonge à ce sujet].

120. Composition de l'élément 3

L'élément 3 peut manquer si le verbe est intransitif ou si un complément ou un attribut occupe la place 1, dispensant d'employer un pronom sujet :

Et cis i court [Et il y court] (*3 D.* 117)

En la maison Perrin du Terne,
Qui nouviaus taverniers estoit (*3 D.* 24)

Sire, mout bien vous paierons (*3 Av.* 165)

Il a les mêmes possibilités de composition que l'élément 1 (§ 118), mais, pour la raison stylistique dite plus haut (§ 118, 2), il est souvent plus long et plus complexe. Le voisinage de deux noms directs sujet et objet y est moins rare qu'en position 1 :

Ensi fist ***li marchis lor proiere*** (Villeh. 44)

Mult orent bien attendues ***totes lor convenances li Venicien***
[Les Vénitiens avaient très bien rempli tous leurs engagements] (Villeh. 57).

121. Verbe en position 1

Le verbe se trouve en tête de la proposition dans les cas suivants :

1. Ellipse du pronom sujet par coordination comme il est montré au § 118.

2. Phrase impérative sans sujet (§ 90) :

Va *t'en de ci,* ***lais*** *m'aveir pés* [paix] (Marie de France, éd. Rychner *Guigemar* 122)

3. Indépendante optative au subjonctif (§§ 96, 132), cas à rapprocher du précédent (sous le chef d'un emploi emphatique du verbe) :

Rende *la mei, sue merci* ! (ibid. 842)
[Qu'il me la rende, par pitié !]

Aït *vos Deus* [Que Dieu vous aide], *ki unkes ne mentit* (*Rol.* 1865)

4. Emploi emphatique (descriptif ou pathétique) du verbe en phrase déclarative :

Sunent *cil graisle e derere e devant* (*Rol.* 1832)
[Les clairons sonnent, à l'arrière, à l'avant]

Plurent *Franceis pur pitet de Rollant* (*Rol.* 3120).

5. Placement du sujet en position finale de Propos :

Vint *i Gerins, e li proz quens Gerers*
E ***vint*** *i Otes, si i vint Berengers...* (*Rol.* 794)

Iert *i sis niés, li quens Rollant, ço crei* (*Rol.* 575)
[Il y aura son neveu, le comte Roland, je crois].

6. Indépendante d'interrogation totale (§ 131, 2) :

Sire cumpain, ***faites*** *le vos de gred ?* (*Rol.* 2000)

7. Indépendante ou incise indiquant à qui sont attribués les propos au discours direct :

Dist *li paiens* : « *Mult me puis merveiller* » (*Rol.* 537)
[Le païen dit : « J'ai bien de quoi m'étonner »]

« *Seignurs* », ***dist*** *Guenes*, « *vos en orrez noveles* ! » (*Rol.* 336).

Dans cet emploi, comme dans ceux qui suivent, l'anticipation du verbe est sans doute à interpréter comme une marque de corrélation (§ 134, 2) : la proposition qu'elle affecte fait obligatoirement couple avec un autre élément de discours qui est ici le propos rapporté.

8. Proposition non conjonctive au subjonctif, de valeur conditionnelle (§ 149) ou concessive (§ 147) :

> ***Fust*** *i li reis, n'i oüssum damage* (*Rol.* 1102)
> [Si le roi était là, nous ne subirions aucun dommage]
>
> ***Voillet*** *o nun, tut i laisset sun tens* (*Rol.* 1419)
> [Qu'il le veuille ou non, il y laisse la vie].

Dans l'exemple suivant, l'anticipation du verbe marque la corrélation de l'apodose avec la protase conditionnelle postposée :

> ***Pesera*** *moi, se je l'oci* (Béroul 1599)
> [J'aurai de la peine, si je le tue].

9. Indépendante étroitement associée à la proposition suivante (où l'adverbe *si* souligne la corrélation) :

> ***Passet*** *la noit, si apert le cler jor* (*Rol.* 3675)
> [La nuit passe, le jour clair se lève]
>
> ***Falt*** *li le coer, si est chaeit avant* (*Rol.* 2231)
> [Le coeur lui manque, il tombe la tête en avant].

122. Evolution du canon propositionnel

L'ordre des mots a tendu à se fixer au cours de la période médiévale, et cette évolution est sensible si l'on compare la langue poétique (toujours archaïsante) et la prose (plus évoluée). Les romanistes hongrois Ivan et Judith Fonágy ont mis en évidence le progrès du canon (moderne) SV(C) au XIIIe siècle en opposant (*Bulletin de la Société de Linguistique de Paris* 1969) les parties versifiées et les parties en prose d'*Aucassin et Nicolette* ; comparer :

> Vers : *Or s'asanlent pastouret* (XXI, 1)
> Prose : *li pastorel iscirent de la vile* (XVIII, 6)
>
> Vers : *A dementer si se prist* (XI, 10)
> Prose : *si commença a plorer* (VI, 9)
>
> Vers : *Garis fu li pelerins* (XI, 27)
> Prose : *vos serés garis* (XXII, 37)

On sait que le canon rigide du français parlé moderne a pour corollaire un usage très libre du détachement et de la « dislocation » (cf. CFC §§ 242, 243). Cette liberté s'observait déjà dans la prose de 1200 :

> *La comtesse remest* [resta], ***sa feme****, qui Blanche avoit nom,* ***mult bele****,* ***mult bone****, qui ere file le* [était fille du] *roi de Navarre* (Villeh. 37)
>
> *et* ***les moies des blez*** *qui estoient messoné par mi les camps, tant que chascuns* ***en*** *volt prendre si* ***en*** *prist, cum cil qui grant mestier en avoient* [et les meules des blés qui étaient moissonnés parmi les champs, autant que chacun voulut en prendre il en prit, comme des gens qui en avaient grand besoin] (Villeh. 135).

123. Canon du groupe nominal

Un nom propre comme *Carles, Turpin, Rome* était employé dans le discours en ancien français comme *Caesar* ou *Roma* en latin, sans autre marque d'intégration qu'une éventuelle variation en cas (*Carles/Carlon*) déterminée par sa fonction propositionnelle.

Il en était autrement du nom commun, comme il est montré au § 5. Dès les plus anciens textes l'intégration d'un nom commun dans le discours pour désigner un référent particulier exigeait qu'il fût associé à un petit mot généralement antéposé indiquant qu'il dénotait une substance. Un canon du groupe nominal se dessinait, où le substantif occupait en principe la place 2, et le substantiveur la place 1. A sa fonction morphologique de **marque de substantivité**, l'élément 1 joignait diverses fonctions de détermination, de quantification, d'interrogation, d'exclamation, de qualification (§ 124).

Le substantiveur manquait seulement devant 20 à 30 % des noms communs, dans des cas étudiés au § 125.

Le nom pouvait être suivi d'un élément 3 composé d'un adjectif, d'un nom ou pronom complément, d'une proposition relative ou d'une conjonctive en apposition, ou de plusieurs de ces composants.

124. Formes du substantiveur

1. Devant 60 à 75 % des noms communs, le substantiveur était **un article ou un adjectif non qualificatif** (comme en français moderne) :

— article défini ou indéfini (§§ 3-5) : ***li*** *reis Marsilie, en* ***une*** *muntaigne,* ***unes*** *letres...*

— articles indéfinis pluriel ou continu *des, du, de la,* très rares jusqu'au XVe siècle (§ 6) : ***des*** *nois* (*3 D.* 90), ***du*** *charbon* (*3 Av.* 104)...

— adjectif démonstratif : ***ceste*** *requeste, en* ***cele*** *forest...*

— adjectif possessif : ***ses*** *chevaus,* ***noz*** *ostages...*

— adjectif indéfini : ***chascune*** *feste,* ***tel*** *gent,* ***aucune*** *aventure,* ***toutes*** *biautez,* ***autre*** *congié,* ***multes*** *terres...*

— adjectif interrogatif : ***quel*** *besoin...*

— adjectif exclamatif : ***tanz*** *jurz,* ***tantes*** *dolurs...*

— adjectif numéral : ***trois*** *nonains,* ***vint milie*** *homes...*

Comme en français moderne, plusieurs de ces mots (jusqu'à trois) pouvaient voisiner en place 1 : ***toute la*** *nuit, par* ***ceste meie*** *destre,* ***la lor*** *terre,* ***cil dui*** *chevalier,* ***tuit cil altre*** *seinors* (*Alexis* 328) ; leurs positions respectives ont été vues à propos de chacun de ces mots.

2. Un adjectif qualificatif pouvait occuper la place 1 même dans des cas où ne jouait aucun des facteurs permettant de la laisser vide (§ 125) :

> *De* ***sain*** *batesma l'unt fait regenerer* ;
> ***Bel*** *num li metent sur la cristientet* (*Alexis* 29)
> [Ils l'ont fait renaître par le saint baptême ;
> Ils lui donnent un beau nom selon la loi chrétienne]

Malvaise *guarde t'ai fait suz mun degret* (*Alexis* 393)
[Je t'ai mal protégé sous mon escalier]

Si grant *dolur or m'est apareüde* ! (*Alexis* 409)
[Une si grande douleur s'est maintenant révélée à moi !]

E ***grant*** *maisnede doüses guverner* (*Alexis* 413)
[Et tu aurais dû gouverner une grande maisonnée]

Par lui avrum, se Deu plaist, ***bone*** *aiude* (*Alexis* 535)
[Par lui nous aurons, s'il plaît à Dieu, un bon secours]

Endroit aus avoit l'empereres Alexis atorné ***granz*** *gens*
[En face d'eux l'empereur Alexis avait préparé force gens] (Villeh. 177)

L'épithète préposée n'excluait pas l'emploi d'un des autres substantiveurs si le sens l'appelait : ***mes granz*** *ereditez* (*Alexis* 401), *sur* ***un malvais*** *sumer* [bête de somme] (*Rol.* 481), ***une molt bele*** *damoisele* (*Queste* 1, 5).

3. Comme en français moderne, **un mot de quantité (adverbe ou nom) régissant le nom commun** pouvait marquer sa substantivité :

un poi/alques *de legerie* [un peu de légèreté] (*Rol.* 300/513)

que ***plus*** *n'i ad d'onur et de bontet* (*Rol.* 533)

se ***tant*** *ai de leisir* [si j'ai tant de liberté] (*Rol.* 459)

et avec aus ***tant*** *de hauz homes* (*Queste* 7, 4).

Cette construction remontait au latin vulgaire (*multum, tantum de* + CR substitué à *multum, tantum* + génitif). Il est montré au § 43 comment l'emploi adverbial (invariable) de certains de ces mots était concurrencé par leur emploi adjectival (accordé) : *mout, tant de vassaus/mouz, tanz vassaus.* La même hésitation touchait les noms de nombre, remontant au latin pour le nombre *mille* ; comparer :

.XX. milie ***de Francs*** (*Rol.* 561)/*.XX. milie* ***Francs*** (*Rol.* 587).

Ces modèles ont entraîné la construction de purs adverbes comme *assez, trop* avec ou sans *de* ; comparer :

De cers, de biches, de chevreus
Ocist ***asez*** *par le boscage* (Béroul 1426)

La gaaignerent ***assez cevaus et roncins*** (Villeh. 140)

Je vos durrai [donnerai] ***or e argent asez*** (*Rol.* 75)

Deux de ces exemples présentent une inversion des éléments (ordre 2-1) fréquente en poésie pour ces composants du troisième type. Cette faculté de permutation dénote une certaine autonomie du nom, surtout en l'absence de *de* (dernier exemple).

L'autonomie était renforcée par l'emploi, devant le nom, d'un substantiveur du premier type :

De son aveir *vos voelt* ***asez*** *duner* (*Rol.* 127)

En pareil cas, on peut analyser la séquence telle que *de son aveir* comme un groupe nominal partitif complément du verbe *duner*, l'adverbe *asez* modifiant le nom a posteriori ou le verbe. On analysera de même les énoncés suivants, où le groupe nominal n'est pas inversé :

Asez *i ad* ***de la gent paienur*** [des païens] (*Rol.* 2427)
Trop *ad perdut* ***del sanc*** (*Rol.* 2229)

Un groupe partitif pouvait apparaître (dès le latin vulgaire) sans la présence d'un adverbe de quantité :

Dunc prent li pedre ***de ses meilurs serganz*** (*Alexis* 111)

L. Foulet a montré (*Petite syntaxe de l'ancien français* § 101 ss.) que la construction partitive de l'objet ne se rencontre qu'avec certains verbes dont le sémantisme favorise la saisie partitive, comme *prendre, doner, baillier, mangier, boire, gouster*.

La suite *de* + article défini est à l'origine des articles indéfinis pluriel et partitifs qui ne se répandront qu'au XVe siècle (§ 6).

Remarques : a) On sait qu'en français moderne l'article indéfini *des* se réduit à *de* si le nom est précédé d'un adjectif qualificatif : *de grands enfants*. Cette construction apparaît exceptionnellement en ancien français (par ex. *de* pour *du* dans le 3e vers du passage de *Richeut* cité au § 6 : *de bon vin*) et ne se répandra qu'au XVe siècle. Elle remonte vraisemblablement à une construction partitive où le substantiveur, au lieu d'être du premier type, était du second : son existence est la meilleure preuve que l'adjectif qualificatif, jusqu'au XVe siècle, avait devant le nom la valeur d'un substantiveur.

b) La construction partitive par *de* pouvait se rencontrer avec un nom sans substantiveur dans les cas mentionnés au § 125, c et d ; *de* assumait alors seul le rôle de substantiveur, en contexte positif aussi bien que négatif :

> ***De vïande** li prist a tendre* (*Ysopet de Lyon* 2995)
>
> *Plus hideus home* ***ne*** *puet* ***de pain*** *mengier* (*Cour.* 513)

Le français moderne ne conservera cette construction qu'en contexte négatif.

125. Absence de substantiveur

Le nom commun se présentait sans substantiveur dans différents cas :

a) Référent constant

Les noms de peuples ou de groupes humains comme *Francs, Franceis, paiens* étaient souvent employés dans les anciens textes sans article ; ainsi, dans la *Chanson de Roland* : *Francs s'en irunt en France* (50), *a Carles et a Franceis* (566), *Dient paien* (61) ; ils étaient tenus pour des noms propres, auxquels une représentation constante est associée.

Les noms abstraits comme *beauté, paix, honte, vasselage* ont ordinairement pour référents des notions aussi constantes que les référents des noms propres ; ainsi s'explique qu'ils se passaient régulièrement de substantiveur en ancien français :

> ***Pes*** *soit o vos* [La paix soit avec vous] (*Queste* 7, 24).

Le nom en apostrophe est souvent un nom propre. Quand un nom commun prend cette fonction, il désigne toujours un référent substantiellement présent et se passe généralement de substantiveur : *Seignurs* (*Rol.* 15, 79, etc.), *Rois Artus* (*Queste* 7, 25).

b) Référent « générique »

Le substantiveur pouvait manquer devant un nom de sens « générique », désignant tout élément de l'ensemble qu'il définit lexicalement (tout *x* ayant la propriété *p*) :

> *Blanche ad la barbe cume* ***flur*** *en avrill* (*Rol.* 3503)
> (comme la fleur/une fleur)

Hom nu n'a nul leu de parler (Béroul 248)
(l'homme/un homme nu [sans armes])

Si fait ma medra plus que ***femme*** *qui vivet* (*Alexis* 207)
(plus que toute femme...).

c) Signifié substantiel difficilement cernable

C'est le cas des noms de sens nombrable au pluriel et des noms de sens continu quand la quantité n'est pas déterminée par ailleurs

Branches *d'olives en voz mains porterez* (*Rol.* 72)

Si mangerent ***pain*** *et burent* ***cervoise*** (*Queste* 129, 2)

d) Signifié substantiel inexistant

Le substantiveur manque généralement en ancien français quand un contexte négatif spécifie que le référent substantiel du nom est nul :

N'ourent ***amfant*** [Ils n'avaient pas d'enfant] (*Alexis* 22)

sans ***espee*** *et sans* ***escu*** (*Queste* 7, 23)

sanz encontrer ***home*** *ne* ***fame*** (*Queste* 155, 19)

Un doute exprimé sur la réalité du référent (interrogation, hypothèse) a le même effet

Quant je serai en autre terre
S'oi ***chevalier*** *parler de gerre,*
Ge n'en oserai mot soner (Béroul 245)
[Quand je serai dans un autre pays,
si j'entends un chevalier parler de guerre,
je n'oserai en dire un mot].

e) Référent emprunté à un autre nom (ou pronom)

Dans une phrase attributive comme

Il ere ***prestres*** (Villeh. 1)

l'attribut *prestres* ne fait qu'énoncer une propriété de la personne que le sujet *il* désigne substantiellement : d'où l'absence de substantiveur. Il en est de même si le sujet est neutre : *Ce est* ***aventure*** *merveilleuse* (*Queste* 5, 16), et si l'attribut se rapporte à l'objet : *Volentiers le fera* ***chevalier*** (*Queste* 3, 3).

Semblable peut être le cas du nom en apposition, épousant la substance du nom ou pronom support : *Johans de Neele,* ***chastelains*** *de Bruges* (Villeh. 8).

f) Elément de locution

Comme dans le cas précédent, le contenu lexical est seul en jeu quand il s'associe à celui d'un verbe ou d'une préposition pour constituer une « locution » :

— *avoir merci, avoir honte, faire pechié, mettre main, prendre congié, prendre moillier ...*

— *a pied, a gré, a tort, par mer, par fait, par matin, en paradis, en pied, pur amur Alexis, a hunte e a viltet* (*Rol.* 437), *les seles d'argent, en nom* (*Deu,* etc.), *a hore* (*de none,* etc.), (*venu*) *a cort...*

g) Economie de substantiveurs

Quand plusieurs noms communs sont coordonnés, l'ancien français allégeait le discours en économisant les substantiveurs, qu'ils fussent différents ou semblables (usage maintenu en français moderne) :

> « *Tut te durai, boens hom, quanque m'as quis,*
> ***Lit** ed **ostel** e **pain** e **carn** e **vin*** » (*Alexis* 224)
>
> [Je te donnerai, brave homme, tout ce que tu m'as demandé,
> (un) lit, (un) logis, (du) pain, (de la) viande et (du) vin].

Dans cet exemple, aucun substantiveur commun ne conviendrait à tous les noms.

126. Elément 3 du groupe nominal

La postposition est possible pour les épithètes et normale pour les noms compléments de nom :

a) Adjectif qualificatif ou participe épithète

Les 29 vers de la *Cantilène de sainte Eulalie* contiennent six épithètes dont 3 sont antéposées (***buona** pulcella, les **mals** conselliers, a **grant** honestet*) et 3 postposées : *por manatce **regiel*** [pour menace du roi], *le nom **christiien*** [le nom chrétien], *li rex **pagiens*** [le roi païen].

Cette double possibilité continue l'état latin où l'épithète pouvait précéder ou suivre le nom (avec une nuance respectivement appréciative ou distinctive).

On observe pourtant dans les textes longs des siècles suivants une forte prédominance de l'antéposition, atteignant et dépassant 90 %. Quelques romanistes (dont Albert Dauzat) y ont vu l'effet d'une influence germanique (comparer all. *ein guter Vater*, angl. *a good father*), thèse réfutée par le Suédois Karl Michaëlsson en deux points (Mélanges Albert Dauzat, 1951) :

— L'antéposition de l'épithète n'était pas une règle en germanique comme elle l'est en allemand et en anglais modernes ; elle ne dominait que faiblement en gotique (10 contre 7 dans la Bible de Wurfila) ; elle était d'ailleurs libre en indo-européen.

— La fréquence de l'antéposition aux XIIe-XIIIe siècles est due à l'emploi intensif (plus de 50 %) des petits adjectifs comme *grant, bon, bel* que le français moderne place encore devant le nom. (Nous avons montré au § 124,2 qu'ils y assumaient une fonction de substantiveur dans un certain canon rythmique du groupe nominal. Leur fréquence diminuera en moyen français à mesure que s'imposera l'usage de l'article).

L'épithète postposée pouvait être précédée de l'article défini (tour hérité du latin vulgaire) :

> *Cruisiedes ad* [il a croisé] *ses blanches mains **les beles*** (*Rol.* 2250)

Quelques adjectifs de sens quantitatif ou ordinal pouvaient être postposés comme l'adjectif qualificatif :

> *Fors de la teste li met les oilz **ansdous*** (*Rol.* 1355)
> *en sa chartre **premiere*** [dans sa 1re prison] (*La Mort Rutebeuf* 33)

b) Nom ou groupe nominal

Le complément de nom introduit par une préposition (*a* ou *de*, cf. § 128 g, 2 et 3) est normalement postposé comme l'était en latin vulgaire le complément de nom prépositionnel, à la différence du génitif en latin classique.

Les infractions sont des licences poétiques (favorisant éventuellement la rime) :

Et je criem mot ***du chien*** *le cri* (Béroul 1600)
[Et je crains beaucoup le cri du chien].

Un complément nominal sans préposition (§ 128 g, 1) était aussi postposé en règle générale ; l'antéposition (*a la* ***roi*** *cort, la* ***Dieu*** *merci*) était restreinte à un petit nombre de mots, d'ailleurs postposables (*la cort* ***le roi****, la merci* ***Dieu***).

Un nom propre en apposition liée était postposé comme en français moderne : *li quens* ***Rollant*** (*Rol.* 355), *le conte* ***Thibaut de Campaigne*** (Villeh. 43), *nostre Sengnor* ***Jesu Crist*** (ibid. 1).

B. FONCTIONS DU NOM

127. Fonctions du CAS SUJET

Les fonctions du CS en ancien français étaient héritées du latin ; il marquait :

— Le **sujet** de la proposition :

Puis vait ***li emfes*** *l'emperethur servir* (*Alexis* 35)
[Puis le jeune homme va servir l'empereur].

— L'**attribut du sujet** :

Rices hom *fud* [C'était un homme riche] (*Alexis* 14)

— L'**apposition au sujet** :

En France se croisa Nevelons ***li evesques de Soisons*** (*Villeh.* 7).

— Le nom **en apostrophe** (continuant le vocatif confondu en latin vulgaire avec le nominatif) :

«E ***Deus*** *! » dist il, «* ***bels reis*** *qui tut guvernes,... »* (*Alexis* 201)

Remarque : L'abandon du CS au profit du CR mentionné au § 10 a commencé par les noms **en apostrophe,** qui n'ont pas de fonction dans la chaîne propositionnelle, frappant d'abord les noms propres, puis les noms communs, du bas vers le haut de la hiérarchie sociale, de *Robin* à *Artu*, du *portier* au *roi* (selon Marlena Ilieva, mémoire présenté à Sofia, 1977).

Le nom ou pronom **en apposition** vient ensuite, tendant à s'abstraire de la fonction propositionnelle de son support ; le CR voisine avec le CS dans ce vers de *Roland* :

E l'algalifes, ***sun uncle*** *e* ***sis fedeilz*** (504).

Le pronom personnel en apposition au sujet peut prendre la forme forte de CR :

*Alons ent **moi et vos** ensamble* (*Perc.* 3631)

La **position postverbale,** occupée très majoritairement par des noms compléments (§ 116), a souvent entraîné le CR pour l'attribut du sujet et le sujet inversé :

*Ço est Climborins, ki pas ne fut **produme*** (*Rol.* 1528)

« *Bien fiert **nostre guarent** !* » [Notre protecteur frappe bien !] (*Rol.* 1652)

Un autre facteur d'abandon du CS est l'absence du substantiveur qui marque ordinairement le cas, comme il se produit si le nom a le sens générique (§ 125 b) et si le signifié lexical prédomine (§ 125 f) :

*Tient Durendal, cume **vassal** i fiert* (*Rol.* 1870)
[Il tient Durendal, il frappe comme un vaillant homme].

L'oubli de la valeur des cas se manifeste inversement par l'emploi du CS au lieu du CR :

*Que **li Franceis** asmastes a ferir* (*Rol.* 454)
[Quand vous avez été prêt à frapper le Français].

Ces fautes, fréquentes en anglo-normand (*Roland,* Marie de France), abondaient aussi bien chez Béroul (*Tristan*, XIIe s.) : ***Li rois** lessent el champ, irié* [Ils laissent dans le champ le roi à sa colère] (3090).

D'autres écrivains, comme Chrétien de Troyes, s'appliquèrent à prolonger l'usage bien compromis du CS. Les ateliers picards réagirent aussi au XIVe et même au XVe siècle (manuscrit du *Pastoralet*).

128. Fonctions du CAS RÉGIME

En ancien français, le CR du nom (ou du pronom), ayant hérité les fonctions des cas latins autres que le nominatif-vocatif, était devenu un **cas non marqué**, avant d'être le cas unique.

Comme tel, il était usité dans les **phrases non propositionnelles,** le plus souvent exclamatives :

***Quel mal, quel duel,** quel felonie*
Qu'en tel guisë estes perie ! (*Pirame et Tisbé* 722).

On l'employait au même titre pour tous les **compléments introduits par une préposition,** laquelle marquait la fonction.

Mais il assumait aussi en construction directe quelques-unes des **fonctions les plus fréquentes** du nom dans la proposition et dans le groupe nominal, impliquées par la transitivité ou le sémantisme du contexte ou la place qu'il y occupait, fonctions héritées des cas latins (accusatif, datif, génitif, ablatif, et même nominatif) :

a) Régime d'un verbe transitif (= objet)

*Il n'avoit **nul oir,** ne fil ne fille* [Il n'avait aucun héritier, fils ou fille] (*Auc.* II, 8).

b) Apposition à tout mot complément

Le cas est réalisé dans l'exemple précédent (*fil* et *fille* sans article, en apposition à *nul oir*).

c) Attribut du complément d'objet

Volentiers le fera ***chevalier*** (*Queste* 3,3)

Mais le CS prédomine après la locution verbale *avoir (a) nom* (transformable en *estre apelé*) :

Et j'ai non ***Guivrez li Petiz*** (*Erec* 3848)

Aucassins *avoit a non li damoisiax* (*Auc.* II, 10).

d) Régime de verbe impersonnel

La position postverbale, largement majoritaire pour le régime des verbes impersonnels, favorisait le CR (§ 114) ; il est montré au § 115 que le CS se rencontrait aussi quand le régime était « sujet apparent » dans la construction impersonnelle d'un verbe normalement personnel (il était alors possible de faire du régime un sujet par une transformation de la proposition).

e) Régime d'un présentatif

Le présentatif *voi(z)/v(e)ez + (i)ci/la,* dont le premier élément était encore reconnaissable comme impératif ou indicatif de *veoir* variable en nombre, était étymologiquement suivi du CR.

Ez (es), « voici », dont l'étymon latin *ecce* gouvernait le nominatif (Cicéron) ou l'accusatif, était en ancien français construit avec le CR comme une préposition, mais le CS se rencontrait (dû peut-être à la confusion avec *es* du verbe *estre,* § 31 ?)

f) Complément d'attribution

En latin vulgaire, le datif était concurrencé (dès Plaute) par la construction indirecte *ad* + accusatif avec une idée de mouvement qui s'effaça en latin tardif : *ad episcopum aiebat* [il disait à l'évêque] (Grégoire de Tours).

L'ancien français use des deux constructions :

Mandez ***Carlun, a l'orguillus e al fier,***
Fedeilz servises e mult granz amistez (*Rol.* 28).

Cler en riant l'ad dit ***a Guenelun*** (*Rol.* 619).

Par héritage du latin, ce CR à valeur de datif précédait souvent le verbe, comme dans les locutions *si Dieu plaist* (conservée jusqu'au XVIe siècle) et *Dieu merci* (encore usitée).

En moyen français, le nom de construction directe à valeur dativale, souvent ambigu (au voisinage d'un autre nom direct), sera éliminé par la construction avec *a.*

Remarque : Les résidus pronominaux des formes datives du latin ont été étudiés aux §§ 23-25 (*li, lui, leur* atones), 32-34 (*celi, celui, cesti, cestui*), 37 (*autrui*), 42 (*nuli, nului*), 46-48 (*cui*).

g) Complément de nom

En latin classique, le cas génitif marquait le complément de nom : *matris meae anulus*, « l'anneau de ma mère » ; mais le datif pouvait marquer un prédicat de « possession » : *hic anulus est matri meae*. En latin vulgaire, le datif remplaça le génitif dans le groupe nominal : *matri meae anulus* ; il fut concurrencé lui-même par la construction indirecte substituée au datif : *anulus ad matrem meam*, et par un complément de provenance en *de* + ablatif : *anulus de matre mea*.

L'ancien français maintient ces trois marques du complément de nom, en distribution plus ou moins complémentaire :

1. CR absolu :

La construction « absolue », c'est-à-dire directe, était normale avec un nom propre au singulier :

pro ***Deo*** *amur* [pour l'amour de Dieu] (*Serments de Strasbourg*)

li enge ***Deu*** [les anges de Dieu] (*Perc.* 382)

la prison ***le roi Artu*** [du roi Arthur] (*Perc.* 2310)

Avec un nom commun de personne au singulier de sens déterminé, la construction absolue était normale dans deux cas :

— si le substantiveur était un adjectif possessif :

la maison ***ma mère*** (*Perc.* 725) *la teste* ***son neveu*** (*Cligès* 3492)

— si le nom appartenait à une courte liste de titres de personnages puissants (chez Chrétien de Troyes, seulement *roi, reïne, empereor, conte, duc*):

a la ***roi*** *cort* (Béroul 2498) *a la cort* ***le roi*** (*Perc.* 510)

par le comandement ***le comte*** (*Perc.* 64)

2. Préposition *a* + CR :

Cette construction prédominait devant les noms de personne ne remplissant pas les conditions énumérées ci-dessus, par exemple :

— nom au pluriel :

li ostel ***as chevaliers*** [les logements des chevaliers] (*Perc.* 2737)

je te donrai le file ***a un roi*** *u* ***a un conte*** [je te donnerai la fille d'un roi ou d'un comte] (*Auc.* II, 34)

— nom commun au singulier n'appartenant pas à la liste mentionnée plus haut :

la terre ***a la pucelle*** (*Perc.* 2909)
[la terre appartenant à la jeune fille]

les noveles ***au charbonier*** (*Perc.* 857)
[les nouvelles données par le charbonnier]

3. Préposition *de* + CR :

Ce tour convenait à un nom de chose ou d'animal :

le giet [jet] ***d'une pierre*** (*Perc.* 619)

li rois ***des Illes*** (*Perc.* 850)

le chief ***de son chaceor*** [la tête de son cheval de chasse] (*Perc.* 930)

au chant ***des oiselez*** (*Perc.* 633)

Il s'appliquait (moins souvent) à un nom de personne, dans le cas où le nom complété dénotait un procès dont le nom complément n'était pas l'agent :

se ceste dolereuse perte nos fust avenue par la vengance de ***Nostre Seignor*** [C'est-à-dire : pour venger notre Seigneur] (*Queste* 18, 18)

ou (pour la clarté) quand le complément était antéposé :

Orroiz [vous entendrez] ***de son père*** *la vie* (*Cligès* 11).

Cette diversité de marques complémentaires, en redondance avec les sémantismes contextuels, était plus coûteuse qu'utile. Aux XIIe et XIIIe siècles se relèvent des infractions à cette norme, au profit surtout des tours prépositionnels :

Ço est li granz dulors por la mort ***de Rollant*** (*Rol.* 1436)

Contre le jor, par la cortine [à travers la tenture]
Vit la teste ***de Godoïne*** (*Béroul* 4461).

Cette tendance s'accentuera en moyen français, aboutissant à l'élimination du tour absolu, qui ne survit en français moderne que dans des mots composés comme *la Fête-Dieu, l'hôtel-Dieu, Pont-l'Evêque, Bourg-la-Reine.*

Remarque : Les formes datives pronominales apparaissent sporadiquement en fonction de complément de nom (*celui, cestui* § 34 ; *autrui* § 37 ; *cui* §§ 47, 48) ; *lor, leur,* qui remonte à *illorum*, génitif-datif en latin vulgaire, est même devenu adjectif possessif (§ 28).

h) Compléments circonstanciels

La construction absolue (héritée de l'accusatif et de l'ablatif latins) se maintenait en ancien français pour divers compléments circonstanciels d'usage très fréquent :

— complément de date : *le jor, chascun jor, l'endemain...*

La veille *de la Sain Martin vindrent* [ils arrivèrent] *devant Jadres en Slavonie* (Villeh. 77)

— complément de durée : *un an, tote jor, toz jorz...*

Set anz tuz pleins *ad estet en Espaigne* (*Rol.* 2)

— complément de situation ou de direction spatiale : *cele part...*

Si s'en vet ***un autre sentier*** *que celui* ***qu'****il avoit autre foiz alé* (*Queste* 141, 10)

— complément d'étendue spatiale :

Fuiant s'en va ***tot un essart*** (*Renart*, éd. Roques, 2374)
[fuyant, il s'éloigne de toute la longueur d'une friche].

— complément de prix :

Ne valent mes ti cop ***un haneton*** (*Cour.* 1059)
[Désormais, tes coups ne valent pas un hanneton].

— complément d'allure :

Tantost li chevaliers s'an part
les granz galoz [au grand galop] (*Perc.* 359)

Le « groupe solidaire non verbal » sans préposition existait comme en français moderne (CFC § 236) :

Grant trot, non pas ***le col bessié***
Entre en la vile par la porte (*Dole* 940)

C. ACCORD

129. Facteurs concurrents

En français moderne, la cohésion des membres de la proposition est formellement soulignée par l'accord du verbe avec son ou ses sujet(s) et celui de l'épithète et de l'attribut avec le ou les nom(s) ou pronom(s) support(s), accord dont les règles, soumises à une stricte logique grammaticale, se sont imposées par l'élimination de plusieurs facteurs contraires dont le jeu s'observe en ancien français :

1. Sens

Un sujet au singulier de sens collectif entraînait souvent un verbe au pluriel :

> *et uns estores* [une flotte] *de Sarrasins* ***vinrent*** *par mer* (*Auc.* XXXIV, 4)
>
> *L'endemain se parti de cort li lingnajes le roi Ban ; si* ***chevauchent*** *le droit chemin tant qu'il* ***vindrent*** *a Escalot* (*Mort Artu* 37, 1)
>
> (Le lignage du roi Ban se compose ici d'Hestor, frère de Lancelot, et de Boort et Lionel, ses cousins).
>
> *Che* ***sont*** *une gent sauvage* (Robert de Clari LXV, 12)
> (Le sujet est *gent, che* est attribut, cf. § 35 Rem.)

2. Proximité et ordre des mots

Comme aujourd'hui, plusieurs sujets coordonnés au singulier entraînaient le pluriel du verbe s'ils le précédaient :

> *La reïne (...) ot oï quanque li rois et messire Gauvains* ***distrent*** (*Mort Artu* 36, 2).

La règle s'appliquait aussi bien quand les sujets étaient coordonnés par la locution *entre... et* :

> *quant entre monseigneur Gauvain et Gaheriet* ***furent monté*** *pour aler aprés le chevalier...* [quand monseigneur Gauvain et Gaheriet furent montés à cheval pour suivre le chevalier] (*Mort Artu* 23, 1).

L'accord était possible quand les sujets suivaient le verbe, même si la coordination était marquée par *entre... et* :

> *Un jor* ***estoient*** *entre le roi et monseigneur Gauvain as fenestres del palés* [Un jour le roi et monseigneur Gauvain étaient aux fenêtres du palais] (*Mort Artu* 35, 1).

Mais l'inversion du sujet favorisait un accord avec le plus proche :

> *A cele chose* ***s'acorde*** *Hestors et Lionax, et puis viennent au roi* [Hestor et Lionel se rangent à cet avis, puis ils vont voir le roi] (*Mort Artu* 36, 86).

même si le coordonnant était *entre... et* :

> *Et a l'endemain que il leur ot ce mandé, se parti li rois de Taneborc et* ***chevaucha*** *vers Kamaalot entre lui et ceus de son ostel ; et celui jor meïsmes* ***se parti*** *Boorz del roi de Norgales entre lui et ses compaignons* (*Mort Artu* 44, 36).

L'attribut se rapportant à plusieurs sujets du singulier même inversés était mis au pluriel selon le sens :

> *Mout sont* ***dolent*** *il et li rois* (*Thèbes* 6567)

Mais l'adjectif ou le participe épithète se rapportant à plusieurs noms était accordé avec le plus proche :

> *Il n'avoit onques veü plus richement* ***encortinee*** [ornée de tentures] *eglise ne mostier* (*Mort Artu* 48, 82)

> *Li palais et la sale de pailes* ***portendude***
> [le palais et la salle tendus de drap]
> (*Pèlerinage de Charlemagne* 332)

Pour éviter toute ambiguïté, l'ancien français répétait souvent l'adjectif :

> *si* ***bel*** *pié* [ses beaux pieds] *et ses* ***beles*** *mains* (*Auc.* XVI, 16)

ou usait d'un adjectif vicaire :

> *il porta un escu* ***vermeill*** *et couvertures* ***autreteles*** (*Mort Artu* 28, 6)

D. MODALITÉS

130. Phrases déclaratives ; l'infinitif de narration

Le mode des phrases déclaratives était comme aujourd'hui l'indicatif, auquel pouvaient se substituer, pour un réel imaginaire, les modes de l'irréel (§§ 102-103).

De très rares exemples d'infinitif de narration (avec sujet) ont été relevés, toujours précédés d'une préposition (*a*, puis *de*) :

> *Vait s'en et celes* ***a ourer***
> *Que maufés le puist devorer* (*Eracle* 2568)
> [Il s'en va, et celles-ci de prier
> que le diable puisse le dévorer]

> *Cil passent outre, et* ***il dou ceminer*** (*Bueve de Hantone* I, 3781)
> [Ceux-ci passent outre, et lui de poursuivre son chemin].

131. Phrases interrogatives

A toute époque du latin au français moderne, la phrase interrogative a pu se passer de marque grammaticale de modalité (l'intonation suppléant) :

— *C'est chiés Dinas* ? (Béroul 4301).

Le point d'interrogation qu'écrivent les éditeurs modernes date du XVe siècle.

Mais, en latin comme en français moderne, la modalité interrogative avait aussi des marques grammaticales. Qu'en était-il en ancien français ?

1. INTERROGATION PARTIELLE

En latin parlé, dès l'époque de Cicéron, une tendance à placer en tête le mot interrogatif (pronom, adjectif, adverbe) entraînait l'inversion du sujet :

Qua *facie* ***est homo*** ? (Plaute, *Trinummus*)
[Quelle allure a cet homme ?]

L'expression du pronom sujet pouvait souligner l'inversion en latin vulgaire :

Quor (= *Cur*) *non* ***fugis tu*** ? (Plaute, *Mostellaria*).

L'ancien français a hérité tout cet usage, avec omission ou expression du pronom sujet :

Ou ***est li rois*** ? (Béroul 3377)

Dex ! porquoi ***est li rois*** *si fol* ? (Béroul 127)

Conment le ***sez*** [Comment le sais-tu] ? (Béroul 4295)

Va, dont [d'où] ***viens tu*** ? (Béroul 3390)

En quel endroit ***sont il*** ? (Béroul 1899).

Les mots interrogatifs étaient les pronoms *qui / que / quoi* (§ 47), *lequel* (§ 49), les adjectifs *quieus / quel* (lat. *qualis* ; décliné comme *tel* § 40) et *quanz / quant* (*quantus*), les adverbes *quant* (*quando*), *ou* (*ubi* § 51), *dont* (*de unde* § 50), *com, com bien, coment, porquoi.*

Au XIIIe siècle se dessinait, par grammaticalisation de la locution « emphatique » *c'est ... qui / que* inversée, la locution *est ce qui / que* qui se substituera comme marque modale à l'inversion du sujet (cf. § 49).

2. INTERROGATION TOTALE

Le latin classique marquait l'interrogation totale par des particules interrogatives (*-ne, nonne, num, an*) dont une seule (*-ne*), s'ajoutant au verbe placé en tête, entraînait forcément l'inversion d'un nom sujet :

Aegrotatne Paulus ? [Paul est-il malade ?]

Un pronom sujet exprimé en latin parlé pouvait précéder ou suivre le verbe selon la particule employée :

An, quaeso, tu adpellaveras ? (Plaute, *Mostellaria*)

Esne tu Syracusanus ? (Plaute, *Menaechmi*).

Mais il semble qu'à l'époque romane le latin ait étendu à l'interrogation totale l'inversion du sujet répandue dans l'interrogation partielle, et en ait fait la marque unique de l'interrogation directe, dispensant d'employer les particules comme *-ne, an* devenues redondantes. Cette hypothèse, confirmée par les faits italiens, espagnols et portugais, permet d'écarter la thèse d'une influence germanique en français où l'interrogation totale était normalement marquée par l'inversion de la chaîne (inversion caténale, CFC § 241, 1), que le sujet fût un nom ou un pronom :

> « *Vos **avoie** je riens **meffet** por quoi vos la deussiez mener a mort ? **Estoit li lyons** vostres ne en vostre subjection, que vos vos deussiez combattre por lui ? **Sont les bestes de l'air** si abandonees que vos les doiez ocirre sanz reson ?* »
> [Vous avais-je fait quelque tort en vertu de quoi vous dussiez la mettre à mort ? Le lion était-il à vous ou sous votre autorité, de sorte que vous dussiez vous battre pour lui ? Les bêtes de l'air sont-elles si rejetées que vous deviez les abattre sans raison ?] (*Queste* 97, 32)

Remarques : a) C'est seulement au XVIe siècle que la locution *est ce que* sera étendue de l'interrogation partielle à l'interrogation totale. Sur un emploi (rare) de *se* avec la même valeur, v. § 142.

b) L'ancien français usait quelquefois, dans l'interrogation totale, des particules *en(n)e, donne* (formées en français à partir de *et ne, donc ne*) :

> *Conment ? fait Aucassins, **en'** volés vos que je vos venge ?* (*Auc.* XXXII, 12)
> ***Dumne*** (texte lat. *nonne*) *iert sugete a Deu la meie aneme ?* (*Ps. d'Oxford* 61, 1)

c) Les partenaires de *ne* dans les locutions négatives *ne ... pas, ne ... point, ne ... rien,* etc. apparaissent sans *ne* dans l'interrogation (cf § 22 R d) :

> *Sui ge **pas** bele dame et gente ?* (*Rose* 5768)

d) Quelques textes offrent en apparence des exemples de l'inversion morphologique du français moderne (CFC § 241, 2) :

> *L'aveir Carlun est il apareilliez* (*Rol.* 643)
> [Le trésor de Charles est-il préparé ?]
>
> *Li diex qui te fet foloier,*
> *set il ses genz si bien poier ?* (*Rose* 5799)
> [Le dieu qui te fait déraisonner
> sait-il si bien payer ses gens ?]

Il s'agit plutôt de cas de dislocation par anticipation du nom sujet, comme dans cette phrase de modalité déclarative :

> *Li quens Rollant, il est mult irascut* (*Rol.* 777)

L'inversion morphologique ne deviendra un procédé régulier qu'au XIVe siècle. On l'explique par la conscience d'une forme interrogative de la conjugaison caractérisée par l'expression et l'inversion du sujet (*viens-tu, vient-il, vient-elle*).

e) L'infinitif remplace quelquefois l'indicatif dans l'interrogation avec la nuance « délibérative » : *Que dire ?* (§ 107)

132. Phrases de volonté

En règle générale, l'indicatif et le conditionnel (ou l'imparfait du subjonctif irréel) étaient (comme ils sont encore) les modes des phrases déclaratives et interrogatives ; les autres modes, associés à différentes marques lexicales ou grammaticales, servaient aux autres modalités.

L'**impératif**, comme aujourd'hui, exprimait statutairement (§ 90) l'ordre et la défense adressés à un destinataire (*va, alez*) éventuellement associé au locuteur (*alons*) ; la modalité pouvait être soulignée par *or, car* (*ne* marquant la défense) :

> « *E ! car nos en fuiums* » (*Rol.* 1911)

Le **subjonctif** suppléait l'impératif à la 3e personne :

> *Respunt Marsilie* : « *Or diet, nus l'orrum* » (*Rol.* 424)
> [Marsile répond : « Qu'il parle maintenant, nous l'écouterons »]

L'**indicatif futur** se rencontrait comme aujourd'hui (§ 76) :

> « *Biaux niez, vos* ***remaindroiz*** *anuit mes o moi, si en serai plus aeise* »
> [Cher neveu, vous resterez ce soir encore avec moi, j'en serai plus heureuse]
> (*Queste* 79, 21)

L'**infinitif**, associé à *or* et à *ne*, pouvait exprimer l'ordre et la défense avec plus de force : *Or du voir dire* ! *Nel dire ja* ! (§ 107)

Du fait que l'expression du pronom sujet était possible à l'impératif et pouvait manquer au subjonctif, l'ancien français marquait peu de différence entre les phrases proprement **impératives**, visant à imposer une volonté positive ou négative, et les phrases **optatives**, exprimant un fait qui échappe au pouvoir du locuteur (et des destinataires), mais qu'il désire ou craint : le **subjonctif** convenait dans tous ces cas à la virtualité du procès exprimé (§ 96).

L'imparfait du subjonctif, emportant une nuance d'irréel, exprimait le procès dont la présence ou l'absence est regrettée dans le présent ou le passé. Aux exemples de cette valeur donnés au § 96, on peut ajouter ici son emploi en association avec la conjonction *se*, suggérant par ellipse la satisfaction qu'aurait pu apporter la réalisation d'un procès :

> *Se il le peüssent amender* [Ah ! s'ils avaient pu y remédier] ! (Villeh. 439).

133. Phrases exclamatives

Une phrase exclamative exprime la réaction affective du locuteur devant un fait réel ou à l'idée d'un fait imaginé. Dans le premier cas, le mode approprié est l'indicatif qui actualise le procès ; dans le second cas, ce sont le subjonctif et l'infinitif, modes du procès virtuel.

Quand la réaction est provoquée par des degrés insolites de qualité ou de quantité, l'exclamation est marquée par l'emploi d'adverbes comme *si, tant, com, que* ou d'adjectifs comme *tanz* (plur. *tant*), *quieus* (plur. *quel*).

Dans le *Roman de Thèbes*, le fils du roi Ligurge est tué par un serpent ; la demoiselle Isiphile, qui avait la garde de l'enfant, exprime à l'indicatif son désespoir devant le fait accompli (v. 2397 ss.) :

> « *Diex, fet ele, com mar* [pour mon malheur] *fui nee !*
> *A com grant honte sui livree* ! »

Elle imagine au subjonctif imparfait quel bel homme serait devenu l'enfant s'il avait vécu, mais *tant* transforme en un regret exclamatif ce qui sans cet adverbe serait un simple système hypothétique déclaratif (v. 2417 ss.) :

« Enfes, petite creature,
clere face, tendre feture,
tant fusses genz et avenanz
se peüsses avoir vinz ans ! »

Une nuance exclamative résultait implicitement du contexte dans quelques emplois du subjonctif (*Or chaz ma feme* ! § 96 R b) ou de l'infinitif (*Morir* ! § 107).

Les mots exclamatifs s'employaient sans corrélatif plus facilement qu'en français moderne :

La veïssiez si grant dulor de gent,
Tant hume mort e nasfret e sanglent ! (*Rol.* 1665)
[Trad. Bédier : Si vous eussiez vu tant de souffrance,
tant d'hommes morts, blessés, ensanglantés !]

Remarque : La modalité exclamative a souvent pour marque auxiliaire ou pour seule marque l'**interjection**. L'ancien français employait entre autres les suivantes :

— **AÏE** : appel à l'aide (sans doute déverbal du verbe *aïdier*) ; ce mot, croisé avec *ahi* (peut-être *ah* + *hi*) qui marquait l'indignation (*Rol.* 763), a beaucoup élargi son sens.

— **LAS** : adjectif prédicatif accordé avec un nom thème inexprimé. Se rencontre 4 fois, précédé ou non de *a* (= *ah*) dans *Alexis* :

A ! lasse, mezre, cum oi fort aventure ! (441)
[Ah ! malheureuse, infortunée (lat. *misera*), quelle aventure j'ai vécue !]

La soudure est faite dès l'ancien français :

Halas ! con grant domages lor avint el quaresme aprés ! (Villeh. 46)

Précédé de *e* (= *hé*), il donnera *hélas*, qui se rencontre sous sa forme étymologique *E ! lasse* [Ah ! malheureuse] dans la bouche de Bramimonde, la femme de Marsile (*Rol.* 2723).

— **MERCI** : nom féminin signifiant « récompense » (lat. *mercedem*, salaire), d'où « faveur », « grâce » ; s'employait anciennement pour demander pitié ou pardon, comme le pape et l'empereur de Rome après la mort d'Alexis :

« *Mercit, mercit, mercit, saintismes hom* ! » (*Alexis* 359)

Mais la locution *par la merci de* [par la grâce de], déterminée par un nom ou un adjectif possessif (*par la tue mercit, Alexis* 368) et allégée de sa préposition (*tue mercit, Alexis* 282 ; *vostre merci, Cour.* 2125 ; *Deu mercit, Rol.* 1259), devint une formule de remerciement si détachée de son sens originel qu'elle apparaît dès le XIIe siècle renforcée par *grant* de la même façon qu'aujourd'hui :

« *Granz merciz, sire* » *dirent li losengier* (*Cour.* 111)

— **DEHAIT** (*dehé, dahé* ...) : formule de malédiction :

Dahait, fet il, qui el vos quiert ! (*Yvain* 5749)
[Maudit soit, dit-il, qui vous demande autre chose !].

On l'explique par haplologie à partir de *Dé hé ait* [qu'il ait la haine de Dieu], dont la forme complète apparaît dans *Roland* :

Dist Oliver : « *Dehait ait li plus lenz* ! » (1938).

— **DIVA** : sans doute composé des impératifs de *dire* et d'*aler* ; accompagne une question ou un souhait ; probablement continué par les formes contractées *dea, dya, da* (*Oui da*).

— **HU(I)** : conservé dans *hue* ! ; base ou dérivé régressif du verbe *hu(i)er* (gallo-roman **hucare* ?) ; onomatopéique (cf. *hou* !).

E. LA PHRASE COMPLEXE

134. Marques d'unité entre propositions

L'ancien français exprimait en général plus fortement que le français moderne l'unité de sens entre propositions voisines. L'absence de ponctuation dans les manuscrits a sans doute favorisé la conservation ou la création de marques soulignant l'articulation phrastique du discours. Trois traits sont à noter :

1. L'abondance des marques de coordination :

Dans ce passage de la *Mort Artu*, les mots de coordination imprimés en gras sont presque tous superflus :

> ***Lors*** *commence li palés a vuidier de genz ;* ***si*** *descendent li grant et li petit* ***et*** *vont es prez dehors la vile, la ou il fesoient acoustumeement les batailles en une place mout bele.* ***Et*** *messire Gauvains prist le glaive au chevalier* ***et*** *dit qu'il li portera en champ,* ***et*** *Boorz prist l'escu.* ***Et*** *Lancelot monte erranment,* ***si*** *s'en vet jusques el champ... (84).*

Le mot *si* et le mot *et* se disputent la prédominance selon les auteurs. *Et,* conjonction, entraîne rarement l'inversion du sujet (*Et Lancelot monte erranment...*), à la différence de *si,* adverbe (*si descendent li grant et li petit*).

2. La fréquence des marques de corrélation :

Il y a corrélation entre deux propositions voisines (coordonnées ou subordonnées entre elles) lorsque chacune porte une marque impliquant la présence de l'autre (CFC § 251).

L'ancien français marquait très souvent la corrélation d'une proposition principale à une subordonnée précédente dans des cas où le français moderne se passe normalement de cette marque :

> ***Quant*** *Primault s'oï manecher*
> ***Lors*** *n'ot en lui que corocher* (*Renart* XIV, 945)
> [Quant Primaut s'entendit menacer
> (Alors) il fut rempli de courroux].

Cet usage a des antécédents en latin, où *tum* en tête d'une principale rappelait *cum* commençant la subordonnée ; ce système corrélatif, et d'autres comme *ut...ita, quam...tam, qualis...talis, ubi...ibi, unde...inde, qui(s)...is* perpétuaient un système indo-européen.

Il est difficile de dire si, en ancien français, le modèle corrélatif est une conséquence de la règle rythmo-syntaxique imposant un élément tonique devant le verbe, ou si c'est l'inverse. Certes, le mot corrélatif en tête de la proposition principale était très souvent un adverbe (élément tonique), comme *lors, donc, adonc,* et particulièrement *si* :

> *et **quant** il furent ensemble, **si** lor fu ceste parole mostree* (Villeh. 94)
>
> *« et **se** il vos demandent conment ge le faz, **si** ne leur en dites onques riens de mon estre ne ou je sui »* (*Mort Artu* 41, 75)

Mais il pouvait aussi être la conjonction *et*, atone (usage sans doute hérité, cf. ***Ubi** ille dixit, **et** discessit,* Aulu-Gelle) :

> ***Quant** Deus done farine, **et** deables tolt sac*
> [Quant Dieu donne de la farine, alors le diable dérobe le sac]
> (*Proverbes français* CFMA 1736)
>
> ***S'**en volt ostages, **e** vos l'en enveiez* (*Rol.* 40)
> [S'il en veut des otages, alors envoyez-lui-en].

La vérité est peut-être que la règle rythmique a servi de catalyseur à l'emploi d'adverbes corrélatifs en tête des principales.

3. La fragilité des subordonnants :

Il apparaît qu'en revanche les mots atones que sont la conjonction *que* et les pronoms relatifs en position zéro dans la subordonnée étaient assez facilement sous-entendus dans les contextes où leur présence était impliquée soit par un corrélatif (*celui*, §§ 139, 142 ; *tant* § 146), soit par la transitivité du verbe recteur (§ 136), ellipse proscrite en français moderne.

135. Conjonctions et adverbes de coordination

Aux §§ 118 et 120, la coordination est présentée comme un rapport entre mots (ou groupes de mots) dans le cadre de la proposition. Pour la grammaire transformationnelle, toute coordination entre mots dérive par ellipse d'une coordination entre propositions : *Olivier est venu et Roland est venu → Olivier et Roland sont venus.* Quoi qu'il en soit, comme toutes les conjonctions aptes à coordonner des mots peuvent aussi coordonner des propositions alors que l'inverse se révèle faux, c'est dans le cadre de la phrase complexe que l'inventaire des mots de coordination trouve sa meilleure place.

Des conjonctions coordonnantes du latin classique, le français n'a conservé que *et, aut, nec* devenues *et, ou, ne.*

ET, la plus abstraite, remonte à l'adverbe indo-européen **eti* (conservé en grec dans ἔτι, « encore, de plus »).

Son emploi le plus antique — marque d'articulation et de relance du récit — est conservé dans les textes narratifs, comme la *Mort Artu* (cf. § 134, 1) ou la chronique militaire de Villehardouin :

> ***Et** drecierent a* [contre] *une barbacane. II. eschieles emprés la mer* [près de la mer]. ***Et** li murs fu mult garniz d'Englois et de Danois, **et** li assaus forz et bons et durs. **Et** par vive force monterent. II. chevalier sor les eschieles et. II. serjant, **et** conquistrent le mur sor als* [sur eux]. ***Et** monterent sor le mur bien. XV., **et** se combatoient main a main as haches et as espees. **Et**...* etc.

Le § 171 de la *Conquête de Constantinople,* d'où sont extraites ces lignes, contient 14 propositions indépendantes ou principales : 10 commençant par *et*, 3 commençant par *si*, 1 commençant par *ensi.* On y observe que l'ellipse est, avec la conjonction, une des marques de la coordination : le verbe *fu* est sous-entendu après le sujet *li assaus* (avec une valeur temporelle bien différente de celle qu'il a après le sujet *li murs*).

L'usage moderne de n'exprimer *et* que devant le dernier terme d'une série de plus de deux coordonnés diffère de l'usage latin qui était de l'exprimer devant tous les termes à partir du second. L'ancien français pratiquait librement l'un ou l'autre usage :

Biaus ert ***et*** *aligniés* ***et*** *grans ;*
De cors, de vis ***et*** *de faiture*
Ot en lui bele creature (*Amadas et Ydoine* 62)

Comme en latin, avec la même valeur (littéraire) de style, *et* pouvait être exprimé aussi devant le premier élément coordonné :

Il en apelet ***e*** *ses dux* ***e*** *ses cuntes* (*Rol.* 14)

Parmi ses nombreuses nuances d'emploi aujourd'hui perdues, on rappellera la fonction corrélative qu'il remplissait, en alternance avec *si*, en tête d'une proposition principale (§ 134, 2).

OU, comme *et*, pouvait être exprimé entre tous les termes (mots ou propositions) d'une série de plus de deux, ou seulement devant le dernier ; il pouvait même figurer devant un premier terme pour insister sur la disjonction : *ou vous vueilliez ou non* (*Mort Artu* 104, 33).

NE (qui deviendra *ni* sporadiquement dès le XIVe siècle par fermeture de l'*e* en hiatus) pouvait comme aujourd'hui introduire une proposition négative coordonnée à une première négative :

Tu n'ies mes hom ***ne*** *jo ne sui tis sire* (*Rol.* 297)
[Tu n'es pas mon vassal, ni je ne suis ton seigneur].

Mais, comme *neque* remplaçant en latin *et non,* il se rencontrait aussi en tête d'une proposition négative coordonnée à une positive :

En Rencesvals irai Rollant ocire
Ne *Oliver n'en porterat la vie* (*Rol.* 963).

Coordonnant des mots dans une proposition négative, il pouvait figurer comme en latin devant tous les mots coordonnés :

il ne sentoit ***ne*** *mal* ***ne*** *dolor* (*Auc.* XXIV, 7)

ou seulement à partir du second :

Jo si nen ai filz ***ne*** *fille* ***ne*** *heir* [héritier] (*Rol.* 2744).

Ne remplaçait *et* ou *ou* en contexte négatif comme en français moderne, mais aussi (non obligatoirement) chaque fois que le contexte laissait planer un doute sur la réalité du procès (interrogation, condition, comparaison d'inégalité, indétermination concessive) :

De coi avez ire ***ne*** *duel ?* (*Erec* 2513)

S'il nos trovout ***ne*** *pooit prendre* (Béroul 1557)

Plus se fait fiers que leon ***ne*** *leupart* (*Rol.* 1110)

Qui aint ***ne*** *hace Renart* (*Renart* éd. Roques 1231)
[Qui que ce soit qui aime ou qui haïsse Renart].

C'est au latin vulgaire que remontent la plupart des **adverbes** usités en ancien français comme conjonctions de coordination :

SI, de *sīc* (§ 134), adverbe entraînant l'inversion, pouvait s'élider comme *se* (de *si*), et prenait souvent la forme *se* par dissimilation devant *li* :

> ***Se*** *li renderai sa baillie* (*Mir. de Théophile* 290).

Suivi d'un pronom atone enclitique, il donnait *sil* ou *sel* (= *si le*), *sim* (= *si me*), *sin* (= *si en*), *sis* ou *ses* (= *si les*)...

Son sens originel, « ainsi, dans ces conditions », rend compte de ses emplois les plus courants, analysés par Chr. Marchello-Nizia dans sa thèse éditée sous le titre « *Dire le vrai : l'adverbe SI en français médiéval* » (1985) :

— En tête d'une proposition autonome coordonnée à une autre autonome ou à une phrase précédente (§ 134, 1), il résume la situation ainsi énoncée pour en faire le thème d'un nouveau propos (« prédicat ») ; aussi ne figure-t-il jamais **au début** d'un texte (récit ou discours rapporté).

— En tête d'une principale en corrélation avec une subordonnée précédente (§ 134, 2), il fait également du contenu de cette subordonnée le thème du propos qu'énonce la principale.

— Dans la proposition même où il figure, il peut être précédé d'un élément (adverbe de phrase ou sujet accompagné de compléments) dont il marque ou rappelle le caractère thématique :

> *Aprés le travail et la painne*
> *que ele avoit le jor eüe,*
> ***si*** *est a l'ostel bien venue* (*Yvain* 4886)

Et li rois, qui fu remez avec ses autres neveuz, ***si*** *les meinne en une chambre delez le jardin* [Et le roi, qui était avec ses autres neveux, les conduit dans une pièce qui donnait sur le jardin] (*Mort Artu* 86, 2).

Du sens originel dérivent, par d'autres voies et à différentes époques, d'autres valeurs inventoriées et interprétées dans le livre cité, entre autres :

— l'emploi adversatif encore rare, mais promis à une longue existence :

> *Par foi, ja n'en dirai parole ;*
> ***Et si*** [pourtant, mais] *vos dirai une rien...* (Béroul 178) ;

— l'emploi dans la formule *si fait* (§ 22, 1 R c) en réponse à une phrase négative, à l'origine du mot-phrase *si* moderne ;

— l'emploi comme adverbe de manière ou d'intensité en corrélation avec une subordonnée de conséquence ou de comparaison suivante (§§ 146, 148) ;

— l'emploi hérité du latin dans les formules du type *si m'aït Deus* à valeur globale assertive (§ 96 R d).

MAIS de *magis* (« plus », d'où « plutôt ») ayant en latin vulgaire remplacé *sed* (voué à se confondre avec *se* ou *si*), avait ordinairement en ancien français son sens moderne adversatif ; il n'entraînait pas l'inversion.

L'origine comparative explique sa valeur dans la locution adverbiale *ne...mais*, « ne...plus » et dans la locution exceptive *ne...mais...que* qu'il faut voir, avec *ne...el...que*, à l'origine de *ne...que*.

AINZ de **antius* (§ 17 R b) et son synonyme ***ainçois*** (vu comme son dérivé même s'il remonte à **antecessius*, neutre adverbial de l'adjectif *antecessus*) concurrençaient *mais* après une proposition négative dont ils reprenaient le sens positivement :

> ***Ne*** *veski mie longement l'empeerris* [l'impératrice], ***ains*** *morut* (R. de Clari § 115)

PUIS (lat. **postius* dérivé de *post* ou *postea*) avait dès *Alexis* (v. 21, 33, 35) l'emploi de la conjonction moderne *puis* ; mais il était adverbe (antonyme temporel de *ainz*), entraînait l'inversion du sujet, et pouvait occuper des places variées :

> *Seit ki l'ociet, tute pais* ***puis*** *avriumes* (*Rol.* 391)
> [Vienne qui le tue, nous aurions ensuite la paix totale].

OR (écrit aussi *ore, ores*, § 17) devait à son sens originel (**ha hora*, « à l'heure où nous sommes ») une compatibilité presque exclusive avec le présent et le passé composé (aspect accompli du présent, § 87). Son aptitude à figurer en position 1 explique son emploi non seulement en tête des phrases de volonté (§ 132), mais encore comme mot de coordination annonçant du nouveau dans le récit : *Or dit li contes que...* [Le conte dit maintenant que...]. C'est en moyen français qu'il prendra la valeur logique moderne (introduction de la mineure d'un syllogisme).

LORS (ou *lor, lore, lores*, lat. *illa hora*) était l'homologue de *or* représentant un repère temporel passé (même si le verbe était au présent de narration, comme au début du passage de la *Mort Artu* cité au § 134, 1) ou futur.

DONC (également *donque, donques, adonc, idonc* et *dont* § 50 R a) a comme *ainz, puis, or* et *lors* une origine temporelle : il remonte (par l'étape impériale *dunc*, analogique de *tunc*, renforcée en **dunque*) au latin classique *dum* de double nature (adverbe injonctif : *Tange dum* ! « Touche donc ! » ; conjonction de temps marquant la durée, « tant que »). En ancien français, l'emploi modal était conservé :

> *Pren* ***dont*** *la terre au marchis Berengier* ! (*Ch. de Nîmes* CFMA 330)

Au sens temporel, le mot était devenu adverbe sans doute par confusion avec *tum/tunc*, « alors » :

> *Cons fut de Rome, des melz ki* ***dunc*** *i erent* (*Alexis* 17)
> [Il était comte de Rome, parmi les meilleurs qui y étaient alors].

Il pouvait assumer (comme *si, et*) la fonction de corrélatif (après *quant, se, com, qui...*) :

> *Li arcevesques,* ***quant*** *vi pasmer Rollant,*
> ***Dunc*** *out tel doel unkes mais n'out si grant* (*Rol.* 2222)
>
> ***Se*** *vos serf mes,* ***dont*** *soie je honiz* (*Charroi de Nîmes* CFMA 114)
> [Si je vous sers désormais, alors que je sois déshonoré].

De tels contextes prêtaient à un glissement du sens temporel au sens consécutif, favorisé peut-être par la confusion phonique (et graphique) de *don(c)* avec le relatif *dont* marquant l'origine. Il ne reste rien de temporel dans cet emploi du XIIIe siècle :

> *Et por quoi, fet li rois, n'i vendra il* [n'y viendra-t-il pas] ? *S'est-il donques corrouciez a nos* ? (*Mort Artu* 66, 27)

CAR (ou *quar*, ou *quer*, forme tonique) remonte à *quare* qui présentait en latin un emploi injonctif (*Quare agite*, Catulle) à côté d'un emploi adverbial interrogatif (« pourquoi ? »), ou consécutif (« c'est pourquoi »).

L'emploi injonctif se retrouve en ancien français (§ 132) ainsi qu'une valeur consécutive dans les plus anciens textes :

Cum bone peine, Deus, e si boen servise
Fist cel saint hom en cesta mortel vide !
***Quer** or est s'aneme de glorie replenithe* (*Alexis* 611)
[C'est pourquoi son âme est maintenant pleine de gloire].

Mais par un glissement opéré sans doute en latin vulgaire du sens consécutif au sens causal (*qua re* interprété comme *ea re qua*, « pour cette raison que »), *car* avait dès l'ancien français son sens moderne :

*Ja mais ledece n'avrai, **quar** ne pot estra* (*Alexis* 492)
[Je n'aurai plus jamais de joie, car ce ne peut être].

Il ressortissait à la subordination autant qu'à la coordination ; en effet :

— une proposition commençant par *car* pouvait être antéposée
— *car* pouvait répondre à la question *porquoi* ?
— *car* pouvait être repris par *et que* (cf. § 143, R.).

QUE (continuant *quia* et *quod*) concurrença *car* jusqu'au XIVe siècle dans un emploi familier (que le français populaire conserve aujourd'hui) ; comparer :

*...metez la jus la corone, **que** ele n'est pas vostre* (*Queste* 42, 1)
*...lessiez la corone, **car** vos n'i avez droit* (*Queste* 42, 11).

Sur 1000 lignes de la *Queste*, ce *que* apparaît 3 fois contre 89 *car* ; mais dans les parties en prose d'*Aucassin*, le rapport devient 11 contre 1.

Outre les conjonctions simples dont l'inventaire précède (conservées en français moderne à l'exception de *ainz, lors* et *si*), l'ancien français disposait d'un grand nombre d'adverbes composés aptes à souligner l'articulation du discours, tels que *encore* (temporel, additif ou adversatif comme en français moderne ; du lat. *hinc *ha hora* ou *hinc ad horam*), *ensi* (var. *ainsi, ainsin* par assimilation régressive et progressive ; lat. *in sic*), *ensorquetot* (« par-dessus tout »), *neïs* ou *nees* (« même » § 38), *neporquant* (« pourtant »), *partant* (« par conséquent »), *toutes voies* (« en tout cas, toutefois »). Leur connaissance relève du lexique.

136. Articulation des conjonctives pures

Il est montré au § 97 comment les propositions « conjonctives pures » du français moderne introduites par *que* (cf. CFC §§ 260-264) remontent à des propositions du bas latin introduites par *quod* ou *quia*.

L'ancien français avait également hérité l'usage de donner à *que* pour corrélatif le pronom neutre *ço, ce* :

***Ço** sent Rollant **que** la mort li est pres* (*Rol.* 2259)

***Ço** peiset mei **que** ma fins tant demoret* (*Alexis* 460)
[Cela m'est pénible que ma fin tarde tant]

*Mes **ce** li met le grant duel* [douleur] *ou* [au] *cuer **qu**'il pense bien qu'il en morra grant partie en ceste Queste* (*Queste* 21, 7).

Se li pesa molt et desplot
***ce que** il n'i avoit esté* (*Ch. Ch.* 312)
[Il fut très peiné et contrarié de ne pas y avoir été].

Cet emploi se restreindra de siècle en siècle au profit de mots concurrents comme *le, en* (exemples donnés à la fin du § 97).

Le CS *il* au sens neutre était corrélatif d'une conjonctive régime dans la construction impersonnelle :

> ***Il*** *est juget* ***que*** *nus les ocirum* (*Rol.* 884)

La conjonction *que* était souvent omise (avec ou sans corrélatif) après un verbe recteur de sens fortement transitif comme *savoir, cuidier, voloir, prometre* :

> ***Ço*** *sent Rollant de sun tens n'i ad plus* (*Rol.* 2366)
> [Roland sent que son temps est fini]

> *Damoiselle, fet il, sanz faille,*
> *Sachiez ne l'oseroie fere* (*Vair Palefroi* 1142)

> *Je cuit plus sot de ti n'i a* (*Feuillée* 341)
> [Je crois qu'il n'y a personne de plus sot que toi].

Au contraire, elle pouvait être lourdement répétée (comme elle l'est encore en français populaire) si l'insertion d'une incidente risquait d'obscurcir l'articulation :

> *ele ot paor* ***que****, s'ele i entroit,* ***qu'****eles ne l'ocesiscent* (*Auc.* XVI, 26)

137. Fonctions des conjonctives pures

Comme en français moderne, les conjonctives pures assumaient en principe dans la phrase complexe les fonctions « directes » (celles qu'un nom peut remplir sans préposition) ; le plus souvent, elles étaient complément d'objet, ou régime d'un verbe ou d'une construction impersonnels : des exemples en sont donnés au § 140 et surtout au § 97 où est étudiée la valeur des modes dans les conjonctives pures.

La fonction apposition était représentée là où *que* avait un corrélatif comme *ce, le, il.*

La fonction sujet proprement dite, qu'une conjonctive pure exerce en français moderne dans une phrase comme « Qu'il parte m'est indifférent », n'était pas discernable en ancien français de la fonction régime d'un verbe impersonnel, puisque le corrélatif *ce* ou *il* pouvait manquer (§ 115 R) ; du moins la conjonctive suivait-elle toujours le verbe.

Dans le texte suivant, la substitution de *ce que* à *que* a permis l'antéposition d'une proposition sujet :

> *mes* ***ce que*** *il se desguisa en semblance de nouvel chevalier m'en toli la droite connoissance* [mais le fait qu'il se déguisa en nouveau chevalier m'empêcha de le reconnaître] (*Mort Artu* 30, 38).

Remarque : En latin, les subordonnées complétives au subjonctif régies par un verbe exprimant l'interdiction, la crainte, l'empêchement étaient introduites par la conjonction *ne* de sens non négatif : *Timeo ne veniat*, « Je crains sa venue ». Par un usage semblable (hérité, emprunté ou spontané), l'ancien français usait, dans les complétives au subjonctif introduites par *que* dépendant des mêmes types de verbes, d'un *ne* « explétif » (ou « abusif ») qu'on peut tenir pour une marque redondante du sémantisme de ces verbes :

*Ge vos deffent que vos **n'**i adesez* (*Cour.* 71)
[Je vous défends d'y toucher]

*Ge criem qu'il **ne** me face ennui* (Béroul 2422).

Cette pseudo-négation était facultative ; elle pouvait être confondue avec la véritable négation *ne* :

Crient sei que ja soz covertor
***ne** gise o li ne nuit ne jor* (*Rom. de Troie* 15207)
[Il craint que jamais sous une couverture
elle ne couche avec lui ni la nuit ni le jour].

138. Subordonnées interrogatives

Il est montré au § 98 que la différence de mode distinguant en latin classique l'interrogation indirecte de l'interrogation directe avait disparu en latin vulgaire avant les premiers textes français.

En ancien français comme en latin, les pronoms, adjectifs et adverbes interrogatifs étaient les mêmes dans les deux types d'interrogation ; l'ancien français employait *qui* et *que* là où nous disons *ce qui, ce que* :

*Et Josephes li demanda **qui** l'avoit cele part amené* [Et Joseph lui demanda ce qui l'avait amené par là] (*Queste* 85, 3)

*ne sevent **que** funt* [ils ne savent ce qu'ils font] (*Alexis* 270)

*Mes or me dites **que** vostre filz devint* [mais dites-moi maintenant ce que votre fils est devenu] (*Queste* 81, 5)

Mais *ce que* apparaît dès le XIIe s., surtout s'il n'y a pas demande de réponse :

*or oiés **ço que** senefie li ors e li encens e li myrres* (Maurice de Sully, *Sermons*, 2.43).

En français moderne, la marque la plus spécifique de l'interrogation indirecte est la substitution de *si* à *est-ce que* dans l'interrogation totale. En ancien français, où *est-ce que* ne marquait pas l'interrogation totale directe (§ 131 R a), l'emploi de *se* s'observe effectivement dans l'interrogation indirecte :

*Sire, fet ele, por Dieu, dites moi **se** Lancelot est ceenz* (*Queste* 1, 8)

mais il n'était pas totalement exclu de l'interrogation directe (l'un et l'autre emploi remontant au latin vulgaire) :

*Dame, fet il, **s'**il vos remanbre* [vous souvient-il]
del nain qui hier vos correça
et vostre pucele bleça ? (*Erec* 1110)

La principale différence entre l'interrogation directe et l'indirecte en ancien français était donc l'existence d'un verbe recteur dans le second cas ; les autres marques ont été créées en moyen français.

139. Subordonnées relatives ; l'héritage latin

Le système latin de complémentation d'un nom ou d'un pronom par une proposition relative différait du système français moderne par des traits plus ou moins liés au caractère flexionnel du pronom relatif (§§ 46-48).

La variation casuelle à 5 cas du latin classique, réduite à la seule opposition *qui*/*que* en français moderne, maintenait en ancien français un datif *cui* (souvent dissimulé sous la graphie *qui*), dont les emplois sont insolites pour un lecteur du XXe siècle (§ 47, 1 ; § 48, 3).

L'absence de variation du relatif en genre et en nombre justifie aujourd'hui l'obligation de placer la relative aussitôt après l'antécédent. En ancien français, où cette variation n'existait déjà plus, la relative suivait obligatoirement l'antécédent, mais la règle de juxtaposition n'était pas encore si contraignante :

> *Et il fit son tré tendre enmi l'ost, et li marchis de Monferrat le suen delez, en* ***cui*** *garde le roi Phelippe l'avoit commandé,* ***qui*** *sue seror avoit a fame* [Et il fit dresser sa tente au milieu de l'armée, et le marquis de Monferrat, à la garde de qui l'avait confié le roi Philippe, qui avait sa sœur pour femme, dressa la sienne auprès] (Villeh. 112)

Le système corrélatif *cil...qui*, où *cil* s'était substitué au latin *is* (§ 134, 2), était aussi à sens unique, mais non encore soudé comme il l'est en français moderne :

> ***Cil*** *est mult proz* ***ki*** *sunet l'olifant* (*Rol.* 3193)
> [Celui qui sonne l'olifant est très preux].

Le latin juxtaposait facilement deux propositions relatives se rapportant au même antécédent :

> *Leges latronum esse dicuntur* ***quibus*** *pareant,* ***quas*** *observent*
> [on dit que les brigands ont des lois auxquelles ils obéissent et qu'ils respectent] (Cicéron, *De Officiis* 2, 40).

Le français moderne a pour usage de marquer par *et* la coordination entre deux telles relatives, pour parer à toute confusion d'antécédent (favorisée par l'invariabilité du relatif en genre et en nombre). Cette règle était inconnue de l'ancien français :

> *Un palais* ***qui*** *ere l'empereor* [était à l'empereur] *Alexi,* ***qui*** *ere appellez l'Escutaire* (Villeh. 136).

En latin, une coordination de ce type permettait de remplacer le second pronom relatif par un pronom personnel (*et eas observent*), usage que maintenait l'ancien français :

> *En Surie ne poez vos rien faire, et si le verroiz bien a cels meïsmes* ***qui*** *nos ont deguerpiz et* ***il*** *sont alé as autres porz* [En Syrie vous ne pouvez rien faire, et vous le verrez bien d'après ceux mêmes qui nous ont quittés et qui sont allés aux autres ports] (Villeh. 96).

Une autre solution, connue du latin mais proscrite en français moderne, était de supprimer le second relatif même si sa fonction différait de celle du premier :

> *Celui*
> ***Qui*** *j'amoie et trahie m'a* (*Chast. de Vergi* 738)
> [Celui que j'aimais et qui m'a trahie].

Les propositions relatives sans antécédent, restreintes en français moderne à un signifié indéfini du singulier exprimé par *qui* (animé) ou *quoi* (inanimé), avaient en latin des emplois beaucoup plus étendus, grâce aux indications de genre, de nombre que donnait le pronom relatif. L'ancien français conserva ces libertés, et le pronom *qui* pouvait y désigner une personne nettement définie et suppléer même un antécédent pluriel comme il a été montré au § 47,1 (vers 32 et 300 d'*Alexis*).

Dans le domaine inanimé, *qui, que, dont* aussi bien que *quoi* pouvaient introduire une relative sans antécédent ou dont l'antécédent était le reste de la phrase :

Uns vavasors endementiers
*Entra laiens, **qui** molt les nut* (*Perc.* 5832)
[Un vavasseur, sur ces entrefaites,
Entra, ce qui leur nuisit beaucoup]

Si voustre vie estoit finee,
***que** Damedieux puit esloignier* ! (*Galeran de Bretagne* 6328)
[Si votre vie était finie,
ce que Dieu puisse écarter !]

Mais la queue remest en gages
***Dont** mout li poise* (*Renart* éd. Roques 13430)
[Mais sa queue resta en gage,
ce dont il est fort affecté].

Ces constructions remontant au latin survivront en français classique.

Remarque : L'ancien français a institué dans les adages une corrélation *qui...si* où *qui* est un relatif sans antécédent de sens général, et *si* l'adverbe soulignant la valeur de thème de ce qui précède (§ 134) :

***Qui** est plus bele **s**'est plus sainte* (Rutebeuf, *Des règles* 162)
[Celle qui est la plus belle est la plus sainte].

140. *Qui* au sens de « si l'on »

L'ancien français présente de nombreux emplois d'une construction composée d'une relative introduite par *qui* sans antécédent, laquelle n'est ni sujet ni objet dans la principale, et que l'on traduit en remplaçant *qui* par *si l'on* ; le verbe est en principe au conditionnel (ou à l'imparfait du subjonctif irréel) et la principale comporte souvent le corrélatif *si*/*donc*/etc. :

***Chi** purreit faire que Rollant i fust mort,*
Dunc perdreit Carles le destre braz del cors (*Rol.* 596)
[Si l'on pouvait faire que Roland y fût tué,
Charles en perdrait le bras droit du corps].

On a rapproché de cette construction des tours latins comme :

*Ista virtus est, **qui** malum fert fortiter* (Plaute)
[Le courage, c'est si l'on supporte vaillamment le malheur]

mais ils n'ont pas une fréquence comparable, et l'existence de tours équivalents en italien, en allemand, en anglais, dans les langues celtiques et slaves, en grec, en indo-iranien suggère une génération spontanée par anacoluthe à partir des phrases où la relative sans antécédent est sujet.

Le français moderne ne conservera de ce tour que des formules : *comme qui dirait ; tout vient à point qui sait attendre.*

141. Relatives complexes

Deux types de relatives complexes assez fréquents en ancien français posent un problème d'analyse :

1. *Les chevaus **que** vous dites **que** pris avés* (*Aiol* 3594)
[Les chevaux que vous dites avoir pris]

2. *Le cerf, **qu'il** cuida **qui** a lui parlast* (*Eustache le Moine* 4, 2)
[Le cerf qu'il crut entendre lui parler].

Dans ces deux phrases, le 1er *que* ne peut être que relatif, la conjonction *que* ne pouvant apparaître avant le verbe *dire* ou *cuidier*. Le second *que* dans la phrase 1 peut être la conjonction *que*, mais *qui* dans la phrase 2 ne peut être que relatif, sujet de *parlast* ; l'interpréter par *qu'il* prononcé [ki] (et souvent graphié *qui* dans les manuscrits) soulèverait deux objections : pourquoi n'a-t-on pas *ques* (= *que les*) dans la phrase 1, et pourquoi *qui* apparaît-il dans des contextes semblables avec un antécédent féminin ? La meilleure solution consiste à voir dans le premier *que* un pronom relatif non marqué en cas, repris par anacoluthe sous la forme marquée *que* ou *qui* dans la seconde proposition (Ph. Ménard, *Syntaxe de l'ancien français*, § 83 Rem.).

142. Ellipse du relatif

La tendance signalée au § 134 à supprimer le mot subordonnant quand la principale suffit à l'impliquer se manifeste dans le domaine des relatives :

N'an i a nul sanblant ne face
que il l'an poist (*Perc.* 2140)
[Il n'y a personne qui ne témoigne son anxiété].

N'i a celoi a l'altre ne parolt (*Rol.* 1803)
[Il n'y en a pas un qui ne dise à l'autre].

143. Propositions temporelles

Les subordonnées participiales étant étudiées aux §§ 109 et 111, il ne sera question ici que des subordonnées conjonctives, et de certains systèmes corrélatifs équivalents. La plupart des exemples seront empruntés à la thèse de Paul Imbs, *Les propositions temporelles en ancien français* (1956).

A la différence des conjonctives pures, dont la conjonction (*que*) marque simplement la valeur substantive globale de la proposition introduite, les temporelles comportent une marque de relation que certaines conjonctions comme *quant, com* amalgament au morphème de substantivation, et que d'autres comme *lors que, aprés que, ainz que* lui juxtaposent.

a) Expression de la concomitance

QUANT (du latin *quando*) était le plus souvent en tête de phrase, la subordonnée posant en thème la situation temporelle du récit. Généralement, un adverbe corrélatif occupait la place 1 de la proposition principale, à moins que ce ne fût la conjonction *et* (§ 134, 2) :

> *Li arcevesques,* ***quant*** *vit pasmer Rollant,*
> ***Dunc*** *out tel doel unkes mais n'out si grant* (*Rol.* 2222)
>
> ***Or*** *est grant doel,* ***quant*** *l'arcevesques chiet* (*Rol.* 2082)
> [La douleur est grande, quand l'archevêque tombe].

Le corrélatif pouvait manquer, si la place 1 était occupée par un autre mot tonique :

> ***Quant*** *il se drecet* [se relève], ***li soleilz*** *est culchet* (*Rol.* 2481).

Les corrélatifs se feront plus rares, à mesure que se répandra l'expression du pronom sujet :

> ***Quant*** *Nicolete oï Aucassin,* ***ele*** *vint a lui* (*Auc.* XXVI, 1).

Dans une phrase comme la suivante, où la place 1 de la principale est occupée par le pronom *il*, le corrélatif n'est pas supprimé pour autant, mais il est accolé à la conjonction, avec laquelle il constitue une locution composée pléonastique :

> *Mais il n'en i avoit tant* ***adont quant*** *le chités* [la cité] *fu prise* (Robert de Clari XCI,15).

COM(E) (de *quomodo*, § 17, 1 ; employé dès le IVe siècle au sens temporel) avait pour corrélatif le plus fréquent *si* (de *sic* associé en latin à *quomodo* comme à *ut* comparatif) :

> ***Cum*** *ad oret,* ***si*** *se drecet en estant* (*Rol.* 3110)
> [Quand il a fini son oraison, il se relève].

Le groupe *si com*, probablement resserré dès le latin, alternait sans nuance discernable avec *com* :

> *Par main en l'albe,* ***si cum*** *li jurz esclairet* (*Rol.* 667)
> [Le matin à l'aube, quand paraît la lumière du jour].

Com(e) et *si com(e)* alternaient dans les textes et jusque dans les variantes des manuscrits avec *quant* — d'ailleurs bien plus fréquent. Pourtant, *(si) com(e)* prédomina dès le XIIe siècle devant un imparfait :

> ***Si con*** *Renart se dementoit*
> *Ez vos* [voici] *un vilein qui venoit* (*Renart* VIII, 55)

Le groupe soudé *tant com* avait un sens propre, « aussi longtemps que » :

> *Fiert de l'espiet* ***tant cume*** *hanste li duret* (*Rol.* 1322)
> [Il frappe de son épieu tant que dure la hampe].

OU remonte à *ubi*, adverbe interrogatif et relatif de lieu devenu en latin classique la plus banale conjonction de temps. C'est sans doute à sa première valeur (conservée jusqu'à nos jours) que remontent, par un nouveau glissement du lieu au temps, les emplois temporels relevés en ancien français (§ 51 R).

Une locution pléonastique *la ou* exprimait la concomitance :

> ***La u*** *Aucassins et Nicolete parloient ensanble,* ***et*** *les escargaites de le vile venoient tote une rue* [Pendant qu'Aucassin et Nicolette parlaient ensemble, les soldats du guet de la ville parcouraient toute une rue] (*Auc.* XIV, 23).

Aux groupes pléonastiques comme *adonc quant, lors quant, si com(e), tant com*, l'ancien français tendit dès le XIIe siècle à substituer soit les simples *quant, com*, soit des groupes comme *lors que, tant que* plus analytiques, originellement composés d'un adverbe ou d'un nom antécédent et du relatif universel *que* (*illa hora qua*> *lore que*), et devenus locutions conjonctionnelles en passant par tous les degrés de cohésion. Paul Imbs a dressé cet inventaire des groupes formés sur un nom :

— sur ***heure*** (lat. *hora*) : *a l'ore que, (a) cele ore que, (a) tele ore que, ore que, lors que* (XIIe, Chrétien de Troyes) ;

— sur ***jorn*** (lat. *diurnu*) : *al jor que, a cel jor que, le jor que* ;

— sur ***foiz*** (lat. *vice*) : *à la fois que, a cele fois que, (a) une fois que* ;

— sur ***lieu*** (*locu*) : *iluec que, lues que* ;

— sur **point** (*punctu*) : *el point que, au point que, en/a cel point que* ;

— sur **terme** : *al terme que* ;

— sur **tens** : *el tens que, en icel tens que, au tens que* ;

— sur **un pronom neutre** : *à ce que, en ce que* :

et ***en ce tens que*** *li rois Aguisanz aloit les rens cerchant a l'espee, il garde devant lui et voit monseigneur Yvain tout navré* (*Mort Artu* 186, 5)

De tous ces groupes, seuls survivront *le jour que, une fois que, a l'ore que* (écrit *alors que* au XVe s.) et *lors que*, séparable jusqu'au XVIe siècle et dont l'*s* ne se prononcera qu'au XVIIe siècle, sous l'influence des locutions à base de *ce* comme *parce que*.

Ce procédé de formation permettait d'introduire dans le système des conjonctions la précision qui régnait dans le domaine des adverbes et des compléments prépositionnels. Ainsi, pour spécifier qu'un procès se passe pendant la durée d'un autre, *com(e)* pouvait être remplacé par :

— *(en)dementres que* (lat. *dum interim*), *(en)dementiers que* (*dum interius*), *entruesque* (*inter hoc* + *s* adverbial) devenu par fausse coupe *truesque* :

Endementres que *li rois parloit einsi, si entra laienz uns preudons* (*Queste* 7, 19).

— *(en) (i)tant que* :

En itant que *il sunt en iteu* [tel] *parlement,*
Enz el us [par la porte] *de la sale entra tut erraument*
(*Roman de Horn* 3678)

— *que que* :

Que qu'*il chancele, Erec le bote* (*Erec* 979)
[Tandis qu'il chancelle, Erec le pousse]

— *tandis que* :

Tandis qu'*il estoit en cel penser, li avint une aventure merveilleuse* (*Queste* 146, 4)

— *ce temps pendant que* (XIIIe) qui deviendra *cependant que* en moyen français.

Le temps émondera ce matériel pléthorique.

b) Expression d'un procès antérieur

La conjonction *quant* suivie d'un temps composé pouvait comme aujourd'hui exprimer l'antériorité du procès subordonné par rapport au procès principal :

Et ***quant*** *el l'ot assés escouté,* ***si*** *commença a dire* [Et quand elle l'eut assez écouté, elle se mit à parler] (*Auc.* XII, 36)

Avec les locutions composées dont le premier élément exprimait soit la postériorité (*puis que, depuis que, des puis que, tres puis que, puis cele ore que, aprés ce que, emprés ce que*), soit la brièveté de l'intervalle (*lues que, maintenant que, tantost/si tost + com/que*), la marque temporelle verbale était possible :

> ***Puis que*** *out ço dist,* ***si*** *s'en alat* (*Voyage de St Brendam* 555)
> [Après qu'il eut dit cela, il s'en alla]

mais pouvait plus facilement manquer :

> ***Aprés ceo k'****ot enfant, ra la dame sungié* (*Becket* 186)
> [Après avoir accouché, la dame fit un nouveau songe]
>
> *Si descendi* ***lues qu'****il la vit* (*Yvain* 2379)

Au XIIIe siècle, *puis que* céda du terrain à *aprés ce que*, apparu au XIIe ainsi qu'*aprés que* qui déterminait seulement un nom ou un adverbe : *la nuit* ***aprés que*** *cest* [cela] *fait fu* (Marie de France, *Espurgatoire* 2279), *grant piece* ***aprés que*** *il revint* (Cligès 5157).

c) Expression d'un procès ultérieur

Le rapport d'ultériorité pouvait être marqué par une corrélation **adverbe ... conjonction** en ancien français (*ainz/ainçois...que*) comme en latin (*ante/prius/*antius...quam*) :

> *Mes* ***ainz*** *fu la novele dite*
> *Au chastel* ***que*** *il i venissent* (*Yvain* 3298).

Comme en latin (*antequam, priusquam*), la juxtaposition était possible (*ainz que, ainçois que*) :

> ***Ainz qu'****il soit jor les requerrons* (*Thèbes* 3773)
>
> ***Ançois que*** *vos receüssiez l'omage de vostre seignor estiez vos a moi* (*Queste* 98, 15).

Dès le XIIe siècle, *ainz que* était concurrencé par *devant ce que, devant que, avant que.*

La négation explétive *ne* usitée aujourd'hui dans ce contexte en français littéraire (*avant que vous ne partiez*) était très rare en ancien français, mais une nuance comparable était exprimée par la substitution de *nul* à *aucun* et de *ne* (lat. *nec*, § 135) à *ou* :

> *Ainz ke* ***nuls*** *le sachet* ***ne*** *l'oie* (Marie de Fr., éd. Rychner *Guigemar* 524)
> [Avant que personne ne le sache ou ne l'entende dire].

Devant que avait la particularité de n'être employé qu'après une principale négative :

> *Quant il vint ou* [au] *palés, si dist la dame a Boort qu'il menjast ainz qu'il s'armast* [de manger avant de s'armer]. *Et il dit qu'il* ***ne*** *menjeroit* ***pas devant qu'****il eüst sa bataille menee a fin* (*Queste* 172, 13).

Devant que, dans ce contexte négatif, rejoignait le sens de « jusqu'à ce que » exprimé couramment, après une principale positive ou négative, par *tant (...) que, jusque* (*josque, dusque, dosque*) né par fausse coupe de *enjusque* (*endusque*, etc.) du latin *inde usque ad, deci* (ou *si*) *que, des* (*ci* ou *si*) *que, tres que, tresci* (ou *tressi*) *que* :

> *Aprés mangier se dorment* ***tant que*** *l'aube creva* (*Fierabras* 5885)
> [Après le repas, ils s'endorment jusqu'au lever du jour].

P. Imbs a relevé une grande variété de conjonctions concurrentes, que le hasard fait rencontrer. Il importe plus ici de signaler un **système corrélatif** (dit « épique ») dont la méconnaissance peut entraîner des erreurs de traduction ; le premier élément en est une indépendante négative au futur ou au passé, le second une indépendante commençant par *ainz* (*ainçois*) ou *si* :

*Jamais **n'**en isterés,*
***Anchois** sera Synagons retornés* (*Le Moniage Guillaume* II, 4337)
[Vous n'en sortirez pas
avant que Synagons ne soit revenu]

***N'**arestera **si** iert a l'ost Francor* (*Aspremont* 2751)
[Il ne s'arrêtera pas avant d'avoir rejoint l'armée des Francs]

***Ne** fina **si** vint à Renart* (*Renart* XI, 266)
[Il n'eut de cesse avant d'arriver auprès de Renard].

Remarques : a) Si deux subordonnées étaient coordonnées entre elles, la conjonction pouvait être répétée devant la seconde, ou tout simplement supprimée :

*Et **quant** il l'orent mené en une chambre et il fu desarmez, si voit jesir ses deus cousins Boort et Lyonel en deus liz* (*Queste* 2, 12)

Au cours du XIIe siècle apparaît (d'abord après les locutions composées de *que*) le système moderne de reprise par *que* :

***Quant** Antioche fu conquise,*
Et la cité de Niches prise,
*E **que** Jerusalem fu pris* (Wace, *Rou* SATF III 9659).

b) On relève en ancien français des cas de « subordination inverse » (CFC § 268, 2) :

Ja einz ne verrat passer cest premer meis
***Que** jel sivrai od mil de mes fedeilz* (*Rol.* 83)

*Si n'ot gaires alé **quant** il voit un chevalier...* (*Queste* 41, 28).

144. Subordonnées de cause

Si l'on met à part les conjonctions *car* et *que* étudiées au § 135 sous le chef de la coordination, mais dont certains emplois rappellent leur origine subordonnante, les conjonctions françaises introduisant une subordonnée de cause sont de deux sortes :

— Deux locutions composées, *por o que* (de *pro hoc quod*) et *por ço* (*ce*) *que*, remontant à un modèle bas latin *pro eo quod* (dont l'élément antécédent *pro eo* pouvait être détaché du relatif-conjonction ou lui être attaché) :

*si fist faire une mot rice feste, **por çou qu'**il cuida Aucassin son fil conforter* [Il fit faire une très belle fête, croyant consoler son fils Aucassin] (*Auc.* XX, 10).

Dans ces locutions, la préposition *por* avait la valeur causale que conserve *pour* aujourd'hui devant un infinitif passé (*condamné pour avoir volé*) et qu'elle partageait avec la préposition *par* (lat. *per*) ; comparer : *por quoi*/*par quoi, por tant*/*par tant* (= en raison de quoi), *por amor*/*par amor.* Dès l'ancien français se rencontre la locution *par ço* (*ce*) *que*, qui ne l'emportera sur la précédente qu'au XVIIe siècle.

Le rôle du pronom *ço* (*ce*) pourvait être joué par l'adverbe *tant* ; celui de la préposition *por* était quelquefois joué par *de* ou *a* :

et cil se deffendent bien, ***a ce qu'****il sont bon chevalier* (*Mort Artu* 174, 52).

— Plusieurs conjonctions temporelles (*quant, puis que, des que*, ...) pouvaient exprimer la cause par un glissement naturel (souvent hérité du latin) :

Quant *ge lasus ne puis Dieu guerroyer,*
Nul de ses homes ne vueil ça jus lessier (*Cour.* 537)
[Puisque je ne peux combattre Dieu là-haut,
Je ne veux épargner aucun de ses hommes ici-bas].

« Sire, sachiez veraiement que messire Lancelos est malades, ***puis que*** *il n'est venuz a ceste assemblee »* (*Mort Artu* 67, 4).

145. Subordonnées de but

L'ancien français n'a pas disposé d'une conjonction spécifiquement finale. C'est le mode subjonctif qui nuançait de finalité

— la locution *por ço (ce) que* (ailleurs causale § 144) comme il est montré au § 100 c ;

— la conjonction *que* :

Ainz dist soëf, ***que*** *nus hom ne le sache* (*Cour.* 922)
[Mais il dit bas, pour que nul ne le sache]

— un pronom relatif :

Quar li metons enz el chief la corone
Dont *la cervele li espande en la bouche* (*Cour.* 1902)
[Mettons-lui sur la tête la couronne (appropriée)
pour que sa cervelle se répande dans sa bouche].

Baptisez la ***pur quei*** *Deus en ait l'anme* (*Rol.* 3981)
[Baptisez-la grâce à quoi Dieu ait son âme].

La conjonction moderne *pour que* n'avait pas le sens final en ancien français ; on rencontre (très rarement) *a fin que.*

Le subjonctif est la seule marque de subordination dans une phrase comme la suivante, où *si* donne un sens thématique à la proposition précédente :

Prometez li. M. mars, ***si*** *nous soit en aïe*
[Promettez-lui mille marcs pour qu'il nous vienne en aide]
(*Gui de Nanteuil,* M 700).

146. Subordonnées de conséquence et de manière

Le rapport est de pure conséquence quand la conjonction *que*, en corrélation avec *tel, tant, si* intensif, est suivie de l'indicatif (§ 100 d) :

Or sui ***si*** *graime,* ***que*** *ne puis estra plus* (*Alexis* 110)
[Je suis maintenant si triste, que je ne puis l'être plus].

Le rapprochement de *si* et *que* a donné la conjonction *si que* :

il fu autresi espris et alumez come il avoit onques esté plus nul jor, ***si qu'****il rencheï el* [retomba dans le] *pechié de la reïne autresi comme il avoit fet autrefoiz* (*Mort Artu* 4, 7)

Le corrélatif peut manquer :

Parmi la cuisse l'a feru
Que [si bien que] *del cheval l'a abatu* (*Eneas* 5872)

Si le procès subordonné est non pas consécutif au procès principal, mais simultané, on peut parler plus proprement de manière que de conséquence. Telle était souvent la valeur de *(si) que... (ne)* en ancien français :

L'en li amaine l'auferrant en la place ;
Li quens i monte, ***si que*** *estrier n'i baille* (*Cour.* 412)
[On lui amène le cheval de combat sur la place ;
Le comte monte dessus, sans prendre l'estrier].

Et Loeÿs respondi, ***que*** *n'i targe :* (*Cour.* 2398)
[Et Louis répondit sans tarder]

La présence d'un corrélatif facilitait l'ellipse de *que* :

Tant *ad erret nen est dreiz que plus vivet* (*Rol.* 497)
[Il est allé si loin qu'il ne mérite pas de vivre plus longtemps]

Dunc ad ***tel*** *doel pur poi d'ire ne fent* (*Rol.* 303)
[Il en est si mécontent qu'il est près d'éclater de colère].

147. Propositions concessives (ou adversatives)

La nuance irréelle-concessive que le français moderne exprime par *même si* pouvait être marquée en ancien français par une proposition indépendante au subjonctif imparfait irréel (tour conservé en français littéraire) :

Sui je pas bele dame et gente,
Digne de servir un preudome,
Et ***fust*** [fût-il] *empereres de Rome ?* (*Rose* 5768)

Le subjonctif associé à des adverbes de quantité comme *tant, bien, tot,* ou de temps comme *encore, ja,* exprimait, souvent en corrélation avec *si,* diverses nuances de la concession :

Mes il est de tel cruauté
Qu'il ne se daingne ancor refraindre [relâcher]
Tant *me* ***voie*** *plorer ne plaindre* (*Rose* éd. Langlois 3229)

Bien *vos* ***poist,*** *si i iroiz* (*Erec* éd. Fœrster 4018)
[Cela a beau vous peiner, vous y irez]

Encoir *ne* ***soit*** *ma parole franchoise,*
Si la puet on bien entendre en franchois (Conon de Béthune III, 10)
[Encore que mon parler ne soit pas du pur français
On peut tout de même bien le comprendre en français].

Biax sire Diex (...), qui m'esleüstes a vostre serjant, ***tout*** *n'en* ***fusse*** *je mie dignes,...* [Mon seigneur Dieu, qui m'avez choisi pour serviteur, tout indigne que j'en fusse...] (*Queste* 95, 32)

De ces constructions ont dérivé en ancien français des locutions conjonctives telles que *tant soit ce que, bien soit ce que, ja soit ce que :*

Cligés, ***ja soit ce qu****'il li poist,*
S'en part tantost com il li loist (*Cligès* 4291)
[Cligès, quelque désagrément qu'il éprouve,
s'en va dès qu'il lui est possible].

Le verbe *avoir* au subjonctif était précédé du groupe objet *mal gré* (« mauvais gré ») dans la locution *mal gré en ait il,* « ne lui en déplaise » :

Mort le trebuche, ***malgré en aient il*** (*Garin le Loherain* I, 173)
[Il l'étend mort, dussent-ils en avoir mauvais gré].

Un des procédés les plus courants d'expression de la « concession » était l'emploi des « relatives indéfinies » (héritées du latin), dont les pronoms, adjectifs et adverbes introducteurs ont été étudiés au § 39 et le mode (indicatif ou subjonctif) au § 99.

Les conjonctions latines *cum, quanquam, quamvis* avaient disparu. *Si* conditionnel devenu *se* apparaît dès les premiers textes français suivi de l'indicatif avec le sens adversatif particulier qu'il présente encore aujourd'hui :

Se *jo ai parenz, n'en i ad nul si proz* (*Rol.* 2905)
[Si j'ai des parents, il n'y en a pas un aussi preux]

Mes ***se*** *li feux les a nercies,*
Pour ce ne sont pas empoiries (*Thèbes* 4925)
[Mais si le feu les a noircies
elles n'en sont pas moins bonnes].

La conditionnelle introduite par *se* était souvent suivie d'une principale introduite par *si* entraînant l'inversion :

Se *li valez est fos et nices,*
S*'est il espoir mout gentix hom* (*Perc.* 1010)
[Si ce jeune homme est déraisonnable et naïf
Du moins semble-t-il être d'âme très noble].

Suivi d'un temps de l'« irréel » (§§ 102-103), *se* précédé de *neïs* était l'équivalent de notre *même si* moderne :

« *Si m'est plus bel de l'assembler que del lessier,* ***neïs s****'il m'i devoit ocirre* » [Je trouve plus beau de l'attaquer que de le laisser aller, même s'il devait m'y tuer] (*Mort Artu* 179, 8)

Quant (de *quando*) pouvait — comme aujourd'hui — prendre un sens conditionnel-adversatif :

Quant *tu deüs estre serjanz Jhesucrist, tu devenis serjanz au deable* [Alors que tu aurais dû être serviteur de Jésus-Christ, tu es devenu serviteur du diable] (*Queste* 126, 16).

D'autres conjonctions résultèrent par resserrement de séquences **adverbe** + ***que*** tirées des propositions relatives indéfinies : *com que, comment que, combien que :*

Et ***comment qu****'il fussent au commencement au desus, il furent desconfit en la fin* (*Mort Artu* 105, 13).

Une conjonction d'un autre type fut créée en ajoutant à la conjonction coordonnante adversative *mais* la conjonction subordonnante *que* :

« *Et je la vos otroi, fet Galaad,* ***mes que*** *je en deusse estre grevez* [même si je devais en subir un dommage] » (*Queste* 40, 25).

Remarque : *Quoique* ne deviendra conjonction de concession qu'au XIVe siècle ; *bien que*, réduction de *combien que*, apparaîtra au XVIe.

148. Propositions de comparaison

La relation de comparaison, plus encore que la conséquence, appelle l'usage de systèmes corrélatifs soit dans la subordination, soit dans la coordination.

Les subordonnées comparatives d'inégalité commençaient en ancien français comme en français moderne par la conjonction *que* (du latin *quam*) ayant pour corrélatif un adjectif ou adverbe au comparatif ou exprimant la comparaison ou l'altérité ; le verbe, lorsqu'il n'était pas sous-entendu, était régulièrement précédé du *ne* « explétif » (ou « abusif ») que maintient le français moderne :

Plus *en abat* ***que*** *jo* ***ne*** *vos sai dire* (*Rol.* 2339)

La rose est ***plus que*** *nule autre flors bele* (*Cligès* 205)

Si me veistes ja en ***autre*** *point* ***que*** *je* ***ne*** *suis ore* (*Queste* 73, 27)

Contrairement au français moderne, l'ancien français usait d'une autre conjonction, *com(e)*, dans les comparatives d'égalité (distinction que font aujourd'hui l'allemand avec *als*/*wie* et l'anglais avec *than*/*as*) ; les corrélatifs étaient *si, aussi, issi, einsi (ainsi), ensement (ainsiment), autresi, tant, autant, itant, tel*... :

la chose est ***einsi*** *avenue* ***come*** *ele me fu promise* (*Queste* 197, 7)

Et li rois, qui ***tant*** *les amoit* ***come*** *s'il les eust de sa char engendrez, les salua* (*Queste* 21, 20)

Tex *hons* ***come*** *vos estes ne doit pas concevoir poor en son cuer* (*Queste* 17, 21)

Le rapprochement de deux corrélatifs donnait des locutions conjonctives (dont la plus fréquente est *si com*) :

Asne est fols par nature
Si cum *dit escripture* (Ph. de Thaon, *Bestiaire*)

Si l'encaeinent ***altresi cum*** *un urs* (*Rol.* 1827)
[Ils l'enchaînent comme un ours]

(Un passage de *si com* et *tant com* au sens temporel est montré au § 143 a).

Ces locutions pouvaient commencer la phrase, le corrélatif étant repris en tête de la principale :

Si cum *li cerfs s'en vait devant les chiens,*
Devant Rollant ***si*** *s'en fuient paiens (Rol.* 1874)

Et ***tot ausi come*** *je les desparti et fis aler par universe monde por preeschier la veraie loi,* ***tout ausi*** *vos depart ge li uns ça et li autres la* (*Queste* 271, 26)

de tant come *il* ***plus*** *l'asavore,* ***de tant*** *en est il* ***plus*** *desirranz (Queste* 159, 4)

L'emploi d'un corrélatif n'était pas une obligation (et son redoublement encore moins) :

Faites la guer ***cum*** *vos l'avez enprise* (*Rol.* 210).

Le français moderne fait l'économie de l'opposition *que/comme,* marque redondante d'une différence ressortant suffisamment du contexte. C'est au XVIIe siècle que *comme* fut éliminé au profit de *que,* mais déjà en ancien français l'empiétement de *que* n'était pas rare :

La bouce avoit fresce et novele
Autresi que *une pucelle* (*Blancandrin* 482)

Des couples latins d'adverbes corrélatifs mentionnés au § 134, 2, l'ancien français a gardé *quant* (de *quantum/quanto*)... *tant* (de *tantum/tanto*) employés surtout pour la comparaison des degrés :

Tant *s'entrefont maus endurer,*
Quant *cil veut la mestrise avoir* (*Rose* 8434)
[Ils se font d'autant plus endurer de maux
Qu'il veut plus se conduire en maître]

Quant plus *lou chastie et reprent,*
Tant plus *embrase et plus esprent* (*Fabliaux*, Méon II, 13, 359)
[Plus il est corrigé et réprimandé,
Plus il s'embrase et s'éprend].

Le corrélatif *tant* pouvait être remplacé par *et* :

Quant *je* ***plus*** *vos acointe,* ***et*** *je vos truis* ***plus*** *fols* (*Merlin* TLF 42, 28)
[Plus je vous fréquente, plus je vous trouve fou].

Le couple *quant... et* pouvait être remplacé par *que... et* (où *que* occupe la place du latin *quo*) et par *com... et* :

Que plus *vesqui la lasse fame,*
Et plus *ses maus li empira* (Gautier de Coincy éd. Poquet 266, 202)

Comme *il* ***plus*** *le demanderent,* ***et meins*** *en apristrent* [Plus ils s'enquirent, et moins ils en apprirent] (*Mort Artu* 37, 7)

Le tour corrélatif moderne *plus... (et) plus* ne se rencontre qu'exceptionnellement dans l'ancienne langue :

Plus *vit li aingniaus,* ***plus*** *empire li piaus*
(*Proverbes français* CFMA 1657)

Remarques : a) L'emploi des modes dans les propositions comparatives est étudié au § 100 f.

b) Certains contextes amènent l'emploi successif d'un *que* de comparaison et d'un *que* introducteur de conjonctive pure (§ 136). La séquence *que + que,* proscrite en français moderne, se rencontre (très rarement) en ancien français. Mais le plus souvent un seul *que* assumait la fonction des deux :

Mielz voeill murir ***qu'****entre paiens remaigne* (*Rol.* 2336)
[J'aime mieux mourir que de la voir rester entre les mains des païens].

Le relais *ce* offrait une bonne solution :

Mieuz est il qu'il le giete delez la fontaine (...) ***que ce qu'****il l'ocie de s'espee* (*Tristan* en prose 25, 5).

La solution moderne *que se* (= que si) n'était pas inconnue :

> *...mialz feire ne porrïens*
> ***que s'****en Bretaigne en alïens* (*Cligès* 5234)
> [nous ne pourrions mieux faire
> que si nous allions en Grande-Bretagne].

149. Propositions de condition

La condition, comme la comparaison, tend naturellement à s'exprimer dans le cadre de systèmes corrélatifs : une **protase** énonce l'hypothèse dont découle l'**apodose.** L'ancien français marquait fortement cette solidarité logique :

1° par la **corrélation** entre la conjonction *se* dans la protase et une conjonction ou un adverbe dans l'apodose ; des exemples de *se... si* et de *se... et* sont donnés au § 134, 2 ; voici *se... donc* :

> ***Se*** *ton chief avoec moi n'en port,*
> ***Donc*** *ne me pris un faus besant* (*Cligès* 3444).

L'adverbe corrélatif n'a d'autre fonction que de rappeler l'existence d'une protase (« thème » logique du propos de l'apodose) et de tenir la place 1.

Il disparaît souvent quand la place est occupée par un nom ou pronom sujet ou par un adverbe de sens plein (plus ou moins sollicité par le « rythme ») :

> *« Certes, fet Galaad,* ***se*** *je compaignie vousisse avoir,* ***je*** *ne te refusasse mie »* (*Queste* 35, 19)

> ***Se*** *li quens savoit leur afaire*
> ***Tost*** *en avroient grant contraire* (*Jehan et Blonde* 1555).

2° par un **décalage temporel** manifestant l'antériorité logique de la protase sur l'apodose dans les systèmes hypothétiques à l'indicatif. Ainsi, pour énoncer un procès à venir possible donné pour condition d'un autre procès à venir, l'ancien français usait, comme le français moderne, de l'indicatif présent dans la protase et du futur dans l'apodose :

> *Se vos* ***morez*** *en tel maniere, ce* ***sera*** *damages granz* (*Queste* 73, 2).

Des exemples d'un décalage parallèle entre une protase à l'indicatif imparfait et une apodose au conditionnel (futur du passé) sont donnés au début du § 103.

Le latin classique employait le futur dans les deux propositions à l'indicatif exprimant les procès supposés à venir (*si morieris... erit*) ou marquait le décalage par l'emploi du futur antérieur dans la protase (*si mortuus eris*). Le présent remplaçait le futur dans la protase quand le procès conditionnant était posé dans l'immédiat :

> *Si mihi* ***dantur*** *duo talenta (...), hanc tibi noctem* ***dabo*** [Si l'on me donne deux talents, je t'accorderai cette nuit-là] (Plaute, *Asinaire*).

Un glissement de cette antériorité chronologique à l'antériorité logique a entraîné l'emploi du présent, dominant en roman primitif, puis obligatoire en français, dans toute protase, même postposée, d'une apodose au futur.

Il n'y a pas à s'étendre ici sur les **systèmes hypothétiques à base de *se*** dont les variations modales et temporelles dans le domaine de l'irréel sont étudiées aux §§ 102-103.

D'autres conjonctions de sens conditionnel ont été employées anciennement : *in o quid* (hapax des *Serments de Strasbourg*, sans doute prononcé *en o que* ; lat. *in hoc quid*), *par si que, par un si que, par tel si que, por ainsi que, par tel covent que* (suivies de l'indicatif ou du subjonctif), *que, por (ce) que, por quoi, mais que* (suivies du subjonctif) :

> *Il ont plus poinne que colier*
> ***Por que** il vuellent bien aprendre*
> [Ils ont plus de peine qu'un portefaix
> pour peu qu'ils veuillent bien apprendre]
> (Rutebeuf, *Dit de l'Université de Paris* 44)
>
> *Vez ci que je vous faz hommage,*
> ***Mes que** je raie mon domage* (Rutebeuf, *Théophile* 242)
> [Voici, je vous fais hommage,
> à condition que mon dommage soit réparé].

Des **propositions relatives** ont le sens conditionnel (§ 99 b, § 140).

Enfin, comme en français moderne, des systèmes hypothétiques d'un registre plus léger et plus vif consistaient en **deux indépendantes corrélatives**, une protase de modalité interrogative ou impérative, une apodose commençant généralement par *si/et/* etc. :

> *Biaus Sires, le volez vos*
> *Savoir, **e** je le vos dirai* (*Fabliau du Povre Mercier* Ms E84)
>
> *Tolez le moi, **si** m'arés mort* (*Guillaume d'Angleterre* CFMA 2466)
> [Enlevez-le moi (cet anneau), vous m'aurez tué]
>
> *Venget li reis, **si** nus purrat venger* (*Rol.* 1744)
> [Vienne le roi, il pourra nous venger].

Toutes ces constructions sont latines, comme l'emploi du subjonctif imparfait en tête de phrase mentionné au § 121, 8.

Le *que* béquille du subjonctif fait au XIIIe siècle de rares apparitions :

> ***Que fust** seur aux la force moie,*
> *Mout volentiers m'en vengeroie !* (*Thèbes* 3879)
> [Si j'avais sur eux la domination,
> Je m'en vengerais très volontiers].

On a relevé des exemples anciens de deux constructions modernes (l'une familière, l'autre littéraire aujourd'hui) :

> *Bien set qu'il li aprismeroient,*
> *Ne se porroit vers els deffendre* (*Eneas* 46)
> [Il sait bien que s'ils s'approchaient de lui,
> Il ne pourrait se défendre contre eux]
>
> (protase et apodose au conditionnel)
>
> ***N'iert** por mon pere, qui les lui est assis,*
> *Je le fendroie* (*Aliscans*, éd. Halle 2650)
> [N'était à cause de mon père, qui est assis à côté de lui
> Je le pourfendrais].

Index

Les numéros renvoient aux pages. Les mots d'ancien français sont imprimés en italique ; les termes grammaticaux en lettres droites ; les suffixes et les entrées de paradigmes verbaux en lettres capitales. Les abréviations suivantes sont usitées :

adj. (adjectif) - adv. (adverbe) - a. fr. (ancien français) - art. (article) - c. (comme) - compl. (complément) - Cond. (conditionnel) - conj. (conjonction) - coord. (coordination) - CR (cas régime) - CS (cas sujet) - déf. (défini) - démonst. (démonstratif) - dés. (désinence) - dial. (dialectal) - f. (féminin) - fut. (futur) - Gér. (gérondif) - Impér. (impératif) - impft (imparfait) - Ind. (indicatif) - Inf. (infinitif) - interj. (interjection) - interr. (interrogatif, interrogation) - lat. (latin) - loc. (locution) - m. (masculin) - n. (nom) - numér. (numéral) - p. (personne, personnel) - Part. (participe) - pas. (passé) - pl. (pluriel) - prép. (préposition) - pr. (pronom, présent) - s. (simple) - sg. (singulier) - Subj. (subjonctif) - subord. (subordonné) - suff. (suffixe) - v. (verbe)

A

D

E

F

G

M

N

O

T

U

V

X, Y, Z